은유가
만드는 삶

모든 예술가들이 감춰온 기발함의 기원

은유가 만드는 삶

김용규·김유림 지음

천년의상상

그림이 천 개의 낱말만큼 가치가 있다면

은유는 천 개의 그림만큼 가치가 있다.

— 조지 레이코프 & 마크 존슨

차례

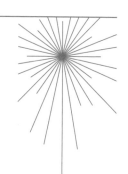

세상 사는 기쁨은 어디서 오나

시에서 사용되는 은유적 사고라는 동일한 기제가 일상적인 개념, 즉 시간, 사건, 인과관계, 정서, 윤리학, 사업 등에서도 마찬가지로 나타난다.

— 조지 레이코프

당신은 인간의 삶을 풍요롭고 의미 있게 만드는 것이 무엇이라 생각하는가? 갑작스럽고 생뚱한 질문인가? 그래서 답하기가 조금 망설여지는가? 아마 그럴 것이다. 그래서 당신이 답을 생각하는 동안 참고로 삼을 만한 이야기를 하나 들려주려 한다. 책으로 출간되어 널리 알려진 이야기이기는 하지만, 당신이 생각을 정리하는 데 도움이 될 것이다.

　제2차 세계대전 중 소련군에게 포로로 잡힌 폴란드 병사

4,000여 명이 소비에트사회주의공화국연방의 볼로그다 근교 그 랴조베츠 포로수용소로 이송됐다. 그러나 다른 수용소로의 이 송과 처형 그리고 노역에 의한 죽음으로 숫자가 점점 줄어 마지 막까지 남은 포로는 79명에 불과했다. 그들은 다이너마이트로 파괴되어 거의 폐허가 된 수도원 건물에 갇혀 고된 노동과 추위, 굶주림에 시달리며 언제 죽을지 모르는 생의 남은 날들을 마치 도살장에 끌려온 가축처럼 하루하루 이어갔다.

그러던 어느 날 그들은 엉뚱한 생각을 하나 해냈다. 뭔가 지 적인 행위를 하자는 것이었다. 그런데 책도 신문도 없어 독서조 차 할 수 없는 곳에서 그들이 할 수 있는 일은 없었다. 다만 자신 이 알고 있는 지식을 기억에 의존해 서로에게 이야기해주는 것 뿐이었다. 그들은 수용소 측에 여러 번 탄원하여 일과가 끝난 후 식당에 모여 강의를 들을 수 있도록 허락받았다. 물론 사전에 강 의안을 제출하여 검열을 받아야 한다는 조건이 붙었다. 그 후 교 수 출신 한 포로가 책의 역사를, 신문사 편집장 출신 한 포로가 영국의 역사와 여러 민족의 이주 역사를, 공대 교수 출신 포로는 건축사를, 저명한 산악인이었던 또다른 포로는 남아메리카에 대해 강의했다.

그중에 폴란드 귀족 출신으로 법학을 전공했지만 파리에 유학하여 화가가 된 유제프 차프스키Józef Czapski, 1896~1993가 끼어 있었다. 그는 자신이 젊은 시절 매료되었던 프랑스 작가 마르셀 프루스트의 《잃어버린 시간을 찾아서》를 강의하기로 하였다. 당신도 알다시피, 프루스트가 14년에 걸쳐 일곱 권 분량으로 쓴 이 소설은 현대문학에서 가장 길고 훌륭한 소설로 손꼽히는 작품이다. 차프스키는 원작 소설도, 참고 서적도 하나 없는 곳에서 오직 기억에만 의존하여 강의했다. 그 강의가 그 자리에 참석했던 한 군의관이 기록한 노트를 통해 훗날 세상에 전해져 책으로 출간되었다.

그들은 왜 이런 행위를 했을까? 왜 그들은 영하 45도의 혹한 속에서 종일 이어진 야외 노동으로 이미 녹초가 된 몸을 추스르며 책의 역사와 이주민의 역사를, 건축사를, 그리고 문학을 서로에게 강의했을까? 그들은 왜 마르크스와 엥겔스 그리고 레닌의 초상화가 내려다보고 있는 얼음같이 차가운 수용소 식당에 쪼그려 앉아 폭포처럼 쏟아지는 잠과 싸워가며 더는 아무짝에도 쓸모 없는 강의에 귀를 기울였을까?

당신은 어떻게 생각하는가? 그것은 그들이 밥만 먹고 일만 하는 소나 말이 아니라 인간이라는 것을 자신에게 증명하고 싶었기 때문이었을 것이다. 언제 죽임을 당할지 모르는 처지지만, 자신들이 생리적 욕구에만 만족하는 짐승이 아니라 책과 역사와 건축과 문학을 사랑하는 인간이라는 사실을 확인하고 싶어서였을 것이다. 그리고 무엇보다도 삶의 기쁨과 풍요와 의미가 어디에서 나오는지를 뼈저리게 깨달았기 때문일 것이다. 차프스키는《무너지지 않기 위하여》라는 제목으로 출간한 책의 서문에 다음과 같이 썼다.

이를 통해 우리는 당시 우리의 현실과는 아무런 상관도 없던 '정신'의 세계를 생각하고, 그것에 반응할 수 있었다. 그 큰 옛 수도원의 식당에서 보낸 시간들은 온통 장밋빛이었다. 이 기묘한 '교외수업'은, 영영 길을 잃어버린 것 같다고 느끼던 우리에게 다시금 세상 사는 기쁨을 안겨주었다.[1]

1

자, 그럼 다시 물어보자. 당신은 인간의 삶을 진정 풍요롭고 의미 있게 만드는 것이 무엇이라 생각하는가? 아직도 답하기가 망설여진다면, 우리가 먼저 밝히겠다. 아마 그것은, 적어도 오늘날 대다수 사람이 흔히 생각하는 물질적 풍요나 직업이나 취미 생활이나 맛집 기행 같은 건 아닐 듯하다. 차프스키가 전한 이야기에서 보듯 최악의 상황에서도 인간의 삶을 짐승의 그것과 구분하게 하는 것은 시이고 소설이고 학문이고 건축이고 예술이다. 그리고 이것들이 인간의 삶을 풍요롭고 의미 있게, 최소한 인간답게 만든다.

그런데 이제 곧 본문에서 확인하겠지만, 우리들이 노상 접하는 일상 언어는 물론이고 시, 소설, 노래, 동시, 동요, 회화, 조각, 건축 그리고 각종 공연예술 등 이들 모두는 은유적 사고의 산물이다. 개념적 은유 이론의 창시자인 조지 레이코프George Lakoff는 이 말을 "은유적 사고는 우리의 정신적 삶에서 의식적이든 무의식적이든 정상적이며 편재적이다. 시에서 사용되는 은유적 사고라는 동일한 기제가 일상적인 개념, 즉 시간, 사건, 인과관계, 정서, 윤리학, 사업 등에서도 마찬가지로 나타난다"라고 표현했다.

그렇다면 인간의 삶을 풍요롭고 의미 있게 만드는 것은 다른 무엇이 아니라 은유적 사고다. 은유가 언어와 학문과 예술을 통해 인간의 삶을 풍요롭고 의미 있게 만든다. 우리는 그것을 증명하기 위해, 그리고 우리 저자들이 제3의 사유 패턴으로 규정한 은유적 사고를 당신이 쉽고 흥미롭게 익힐 수 있도록 이 책을 썼다.

'북클럽 은유' 시리즈 2권인 이 책은 1부에서는 시, 2부에서는 동시와 동요, 3부에서는 가요를 포함해 케이팝K-Pop의 노랫말 안에, 예컨대 방탄소년단BTS의 랩 안에 들어 있는 은유적 사고와 표현 들을 추적해 분석한다. 그다음 1권에서 소개한 은유 패턴metaphorical pattern에 맞춰 도식화하는 훈련을 당신과 함께 해볼 것이다. 이어서 당신 자신이 시, 동시, 동요와 노랫말을 만들어보는 훈련을 할 것이다.

4부에서는 후기 자본주의 시대를 사는 우리에게는 시보다, 동시와 동요보다, 그 어떤 노랫말보다 더 자주 파고들어 더 강하게 영향을 미치는 각종 광고 안에 들어 있는 은유적 사고와 표현들을 같은 방식으로 분석하고 도식화하는 훈련을 할 것이다.

5부에서는 각 예술 분야에서 우리에게 널리 알려진 작품과 그것에 영향을 끼친 시대정신 내지 문예사조를 몇 골라 그 안에 들어 있는 은유적 사고를 추적해 분석하는 흥미진진한 훈련을 해보려 한다. 그럼으로써 예술작품에 대한 당신의 작품 분석력과 해석력, 그리고 궁극적으로는 은유적 사고력을 향상해 언젠가는 당신 스스로 창의적 예술작품을 만들 수 있게 하고자 한다.

그 작업을 통해 당신의 삶이 더 풍요로워지도록 돕고자 한다.

2

이 책은 2014년 《생각의 시대》를 출간한 직후부터 여러 기업체와 시·도교육청 그리고 대학교—특히 매 학기 계속해온 KAIST의 컨버전스 최고경영자AMP과정—에서 진행한 강의 중 은유에 관한 내용을 뽑아 다양한 실용적 사례들을 더해 정리한 것임을 밝혀둔다. 강의에 초청해주시고, 또 참석해준 많은 분의 호응과 요청이 없었으면 은유가 지닌 놀라운 설득력과 창의력에 대한 탐색을 더 넓고 깊게 밀고 나가지 못했을 것이다.

그런 만큼 감사해야 할 분들이 이루 셀 수 없이 많다. 그중에서도 특히 인공지능연구원AIRI의 김영환 원장, KAIST의 최호진 교수, 고려대학교 의과대학 임춘학 교수, 연세대학교 의과대학 김어수 교수, 한국외국어대학교의 김원명 교수, 삼성물산 김봉영 前 사장, SK 아카데미 우만석 전 센터장, 대교의 박수완 전 대표, 대구광역시교육연수원 박윤자 전 연수부장, 꿈꾸는 교육 공동체 고형욱 목사, 이성원 교장에게 이 자리를 빌려 고마움을 전하고 싶다. 출간을 결정해준 천년의상상 선완규 대표, 책이 세상에 나가는 데에 도움을 준 김창한 편집장과 남미은 편집장 그리고 신해원 마케터도 고맙다.

근래 들어 챗GPT와 같은 생성형 AI의 열풍이 거세다. 그 회오리를 타고, AI가 창작을 하는 시대에도 창의성 훈련이 필요할까, 그보다는 생성형 AI와 협업하는 방법을 익혀야 하지 않을까 하는 의문이 일어나고 있다. 그렇다! 우리와 아이들은 이제 생성형 AI를 효율적으로 다루는 방법을 배워야 한다. 그러나 그것은 임기응변에 불과하다.

착각하지 말자! 경쟁력이란 본디 남이 가지고 있지 않은 나의 능력에서 생겨나는 법이다. 영국에 가면 모두가 영어를 잘하지만, 그들 모두가 셰익스피어나 조앤 K. 롤링이 아니지 않은가! 머지않아 모두가 생성 AI와 협업을 하게 되면, 경쟁력은 앞으로도 여전히 각자가 지닌 창의력에 의해 좌우될 수밖에 없다. 이 책이 당신과 당신 아이의 경쟁력이 될 창의력과 설득력을 기르는 훈련소이자, 풍요롭고 의미 있는 삶으로 안내하는 이정표가 되길 바란다.

2023년, 청파동에서
김용규, 김유림

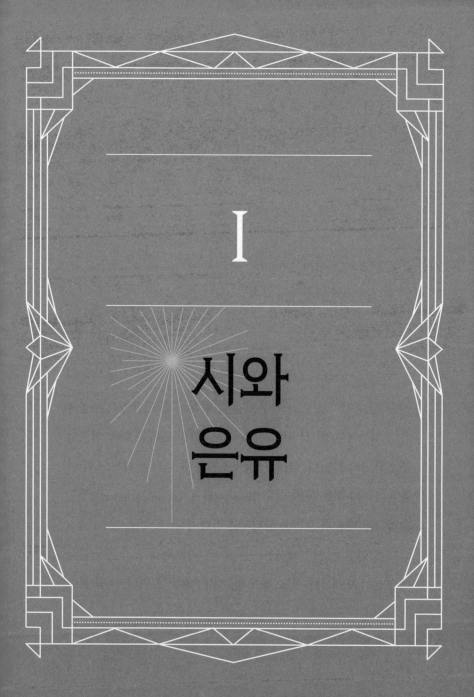

I

시와
은유

북부 이탈리아 전역에 르네상스가 들불처럼 번지던 16세기 초에 시대의 거장 라파엘로 산치오Raffaello Sanzio, 1483~1520가 바티칸 교황청 궁전에 〈파르나소스〉를 그렸다. 〈그림 1〉은 그 일부다.

그리스 신화에 의하면, 파르나소스Parnassos는 본디 델포이에 있는 아폴론 신전 사제의 이름이었다. 그가 최초로 새鳥를 이용해 점을 친 예언가로 높은 명성을 누렸기 때문에, 사람들이 아폴론을 모시는 델포이 신전이 자리한 산을 그의 이름을 따서 파르나소스산이라 불렀다. 즉, 파르나소스산은 음악의 신이기도 한 아폴론이 거주하는 곳이자, 뮤즈muse(시와 음악을 관장하는 여신)들의 고향으로 예술과 문학을 상징하는 장소이다.

이런 연유로 서구에서는 일찍부터 '파르나소스'가 문학인과 예술인이 모여 사는 장소를 뜻하는 지명으로 쓰였다. 예를 들어 프랑스 파리의 유서 깊은 예술가 거리인 몽파르나스Montparnasse는 '산'을 뜻하는 '몽mont'과 '파르나소스'의 프랑스어 표현인 '파르나스parnasse'의 합성어다. 아마 당신도 한 번쯤 들어보았을 몽파르나스 거리에는 지금도 모딜리아니, 샤갈, 사티, 헤밍웨이 그리고 피카소, 만 레이 등 예술가들이 즐겨 찾던 카페와 술집들이 모여 있다. 그러니 라파엘로가 그린 '파르나소스'는 예언가 파르나소스가 아니고, 파르나소스산의 실제 풍경도 아니다. 파르나소스는 그리스 신화 속에 등장하는 아폴론과 뮤즈의 거처이자 예술인들이 모여 사는 예술의 성지다.

라파엘로 산치오, 〈파르나소스〉 부분, 1509~1510   그림 1

파르나소스에서 시작된 일

〈그림 1〉을 보면, 맨 오른쪽에는 음악의 신 아폴론이 뮤즈들에
둘러싸여 악기를 연주하고, 왼쪽에는 르네상스 당시 서구에서
숭배받던 '4대 시인'이 서 있다. 그들이 선 위치가 각자의 위상을
말해주는데, 중앙 맨 앞에 푸른 옷의 시각장애인 호메로스가 서
있다. 우리 쪽에서 보아 그 뒤 오른쪽에는 초록색 옷을 걸친 로
마의 시성詩聖 베르길리우스가, 왼쪽에는 르네상스가 낳은 불후
의 시인 단테가 붉은색 옷을 입고 서 있다. 그들 뒤에 플라톤이
"열 번째 뮤즈"라고 치켜세운 사포*Sappho, 기원전 6세기가 고개를 살
며시 내밀고 있다.

　이 같은 위치 배정은 한마디로 호메로스가 시대를 뛰어넘는
'시인 중의 시인'이라는 것을 상징한다. 그런데 이유가 뭘까? 라
파엘로는 왜 호메로스를 그리 높이 평가했을까? 영국의 고전학
자 험프리 키토Humphrey D. F. Kitto, 1897~1982에 의하면, 그것은 호메

---

*　그리스 레스보스섬에 살았던 여성 시인이다. 고대 그리스에는 서사시인 호메로스와
서정시인 사포가 있었다고 평가된다. 플라톤은 예술을 관장하는 아홉 명의 뮤즈에 버금
간다는 의미에서 사포를 '열 번째 뮤즈'라 불렀다. 서구에서는 19세기 말 낭만주의가 유
행하며 사포의 시가 재조명되었는데 에즈라 파운드, 슐레겔 형제, 보들레르 등 걸출한
문인이 사포를 '시의 여신'으로 찬미했다.

로스의 《일리아스》와 《오디세이아》 안에 그리스 문명의 핵심이자 나중에 서양문명의 본질로까지 발전한 사유의 방법들이 담겨 있기 때문이다.[1] 그중에서 가장 우뚝한 하나가 은유다.

1권에서 이미 살펴보았듯이, '아킬레우스는 사자' 같은 호메로스의 은유는 아킬레우스의 외모가 사자와 비슷하다는 것을 나타내는 문예적 수사법 가운데 하나가 아니다.* 그것은 아킬레우스의 여러 속성 가운데 조명하고자 하는 본질—용맹함과 잔혹함—을 드러내어, 그것으로부터 '그와 맞서 싸우지 마라'라는 새로운 생각을 이끌어내게 하는 독특한 사유방식이다.**

우리 저자들이 '은유 패턴' 또는 '제3의 사유 패턴'이라 이름 붙

---

* 호메로스가 대상의 외모를 꾸미는 문예적 수사법(미사여구법)으로서의 은유를 전혀 사용하지 않았다는 것은 아니다. 예를 들면 "눈보다 더 희고 날래기가 바람 같았습니다(《일리아스》, 10, 437)", "상아보다 흰(《오디세이아》, 18, 196)"과 같은 것이 그렇다. 그 밖에 그가 아킬레우스는 "마치 태양처럼", 그의 투구는 "별처럼", 그의 방패는 "달처럼" 빛난다고 한 표현에서도 전례를 찾을 수 있다.(브루노 스넬, 김재홍 옮김, 《정신의 발견》, 까치, 2006, 300~302쪽 참조.)

** 독일의 고전문헌학자 브루노 스넬Bruno Snell, 1896~1986은 은유를 '형용사적 은유'와 '동사적 은유'로 구분했는데, 형용사적 은유는 수사법으로서의 은유를 가리키고, 동사적 은유는 '아킬레우스는 사자다'처럼 대상의 본질을 밝히는 은유를 말한다. 호메로스가 다른 인물들에 대해 사용하는 '뻔뻔스러운 개', '완고한 당나귀', '겁 많은 사슴'과 같은 은유도 마찬가지로 외형적 유사성과는 무관하고 그 인물의 본질과 연관되어 있다. 당연히 태풍, 파도, 바위와 같은 자연물에 대해 사용한 은유를 통해 호메로스가 표현하고자 하는 것도 오직 태풍의 '거칢', 파도의 '거셈', 바위의 '굳건함'과 같은 본질적 유사성이다.(같은 책, 307~312쪽 참조.)

인 이 사유법을 우리는 '북클럽 은유' 1권《은유란 무엇인가》에서 '원관념→본질→보조관념→창의'로 이어지는 도식으로 표현했다. 이 도식을 잘 기억해두자. 앞으로 차츰 확인하게 되겠지만 이 도식이 인간의 모든 창의적 작업의 근간인 은유적 사고를 도식화함으로써 누구나 은유를 익히고 배울 수 있게 한 최초의 모형이기 때문이다. 이 말은 '아킬레우스는 사자'라는 호메로스의 표현에는 다음과 같은 은유 패턴 도식이 들어 있다는 뜻이다.

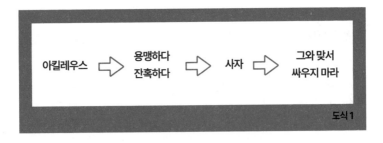

도식 1

호메로스의 은유적 사고는 이후 세월을 따라 사포, 베르길리우스, 단테와 그들을 계승한 서구의 숱한 시인과 예술인에게로 이어졌다. 시와 노랫말 같은 언어적 표현만이 아니라 회화, 조각, 음악, 무용 같은 비언어적 표현에서도 대상의 본질을 드러내고 창의를 이끌어내는 놀라운 역할을 담당해왔다. 바로 이것이

I.

약 2,800년 전 파르나소스산에서 일어난 일이자 지금까지 이어진 일이고 앞으로도 계속될 일이다.

그렇다고 해서 모든 시가 은유적 사고의 산물이라는 오해는 하지 말자. 시의 범주는 매우 넓어, 그중에는 은유적 사고에 의해 만들어지지 않은 것들도 많다. 예컨대 풍자, 해학, 반어, 위트, 패러디, 역설 등으로 구성된 시도 숱하다. 그런데도 시는 여전히 은유적 사고를 대표하는 표현물이다. 그래서 우리는 시를 이 책의 1부에서 다룬다.

시를 은유 패턴에 맞춰 분석해 도식화하는 일은 '북클럽 은유' 시리즈의 1권 《은유란 무엇인가》에서도 여러 번 예를 들어 소개했다. 그런 만큼 이제부터는 1권의 11장 '실습-하기―실용'에서 소개한 '빈칸-채우기'를 통해 시 안에 들어 있는 은유적 사고를 익히고, 한 걸음 더 나아가 은유적 사고가 담긴 시를 스스로 지어보는 훈련을 할 것이다. 이때 1권의 12장 '은유를 만드는 세 가지 묘책'에서 설명한 원칙과 요령이 필요할 때마다 당신을 도울 것이다. 그래서 당신에게 미리 알리고 싶은 말이 있다. 2권이나 3권에 앞서 시리즈의 1권을 먼저 읽는 것이 좋다는 점이다.

그런데 잠깐! 본격적 훈련에 들어가기 전에 따라-하기에 속하는 시 낭송의 유익함을 다시 한번 강조하고 싶다. 1권 〈도식 19〉

에서 소개한 '학습의 왕도 II' 화살표가 가리키듯이 따라-하기
가 학습의 출발인 데다 그것이 분석-하기, 실습-하기와 '상호보
완적으로' 또 '상호순환적으로' 실행될 때 당신의 은유적 사고력
이 가장 효율적으로 길러질 것이기 때문이다. 이 말은 시 낭송이
'은유로 시 짓기 훈련'의 출발점이라는 의미다. '학습의 왕도 II'
화살표 이야기를 다시 꺼낸 것이 그래서인데, 기억을 되살리자
면 다음과 같다.

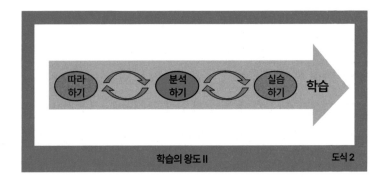

시 낭송의 유익함

낭독의 유익성에 대해서는 1권에서 아우구스티누스, 이황, 정약

용 등 동서양의 뛰어난 학자들의 학습법을 소개하며 자세히 설명했다. 그런데 그 이야기를 여기서 다시 꺼내는 것은 그 중요성 때문이기도 하지만, 낭독의 대상이 '시'라는 데에 방점이 찍힌다. 교육신경과학적 측면에서 보면, 시 낭송의 유익성은 적어도 다음 두 가지에서 나온다.

1) 시 낭송은 낭독이라는 것이다. 낭독의 유익성은 이미 잘 알려져 있다. 우리는 보기, 듣기, 말하기와 달리, 읽는 능력은 갖추고 태어나지 않는다. 다시 말해 태어날 때 우리의 뇌에는 읽기를 위한 뇌신경망이 형성되어 있지 않다. 지역에 따라 문명에 따라 다르지만, 읽기는 대개 기원전 8~기원전 6세기 전후에 인류가 문자를 보편적으로 사용하기 시작하면서 비로소 우리의 뇌에 주어진 새로운 과제다. 따라서 우리의 뇌에는 읽기만을 담당하는 부분이 따로 없다. 그래서 보기, 듣기, 말하기를 교육을 통해 배우는 아이는 없지만, 읽기는 누구든 별도로 학습을 해야 가능하다.[2] 다트머스대학교의 도나 코흐Dona Coch 교수는 〈읽는 뇌 만들기〉에서 이 말을 다음과 같이 했다.

대중들의 생각과 달리 읽기는 타고난 것이 아니다. 뇌는 읽기 위해 설계된 것은 절대 아니다. 읽기란 비교적 최근에 발명되어 우리 교육체계와 사회에 의해 높은 가치가 부과된 문화적 발명품이다. 우리는 읽기를 배우면서 스스로 특수화되는 다수의 신경계를 빌려다가 그것을 토대로 읽을 수 있는 뇌를 능동적으로 만들고 있는 것이다.[3]

우리가 읽기를 할 때 시각과 기억을 담당하는 후두엽, 귀로 듣는 단어의 의미를 이해하는 베르니케Wernicke 영역, 주의력과 공간 감각을 담당하는 두정엽 등 뇌의 많은 부분에서 뇌신경들이 동시에 활성화된다. 여기까지는 낭독이든 묵독이든 큰 차이가 없

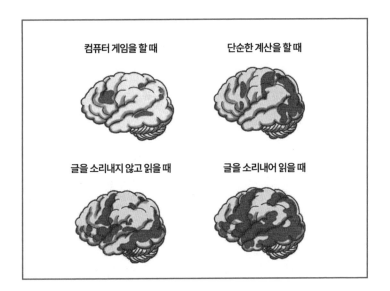

컴퓨터 게임을 할 때   단순한 계산을 할 때

글을 소리내지 않고 읽을 때   글을 소리내어 읽을 때

I.

다. 그러나 낭독은 여기에다 문장 형성과 발음을 위한 구강 운동을 담당하는 브로카Broca 영역까지 활성화되어야 비로소 가능한 가장 놀라운 인간 능력 가운데 하나다.[4]

왼편의 그림은 도호쿠대학교의 가와시마 류타川島隆太 교수가 촬영, 발표해 널리 알려진 뇌 영상이다. 낭독이 뇌를 가장 다양하게 활성화하는 것으로 나타난다. 그렇지 않은가? 2009년 5월에 방영되어 아이를 기르는 어머니들 사이에 한동안 화제가 되었던 〈읽기 혁명〉이라는 KBS 특집 다큐멘터리가 있다. 제작팀과 인터뷰에서 류타 교수는 자신이 공개한 뇌 영상에 대해 다음과 같이 설명했다.

"또 하나 특히 재미있는 일은 소리를 내서 책을 읽으면 뇌 전체가 발달한다는 사실입니다. 묵독을 하더라도 물론 뇌는 많은 활동을 합니다. 하지만 낭독을 하는 편이 훨씬 더 많이 활동한다는 점을 알 수 있습니다."

그렇다! 낭독은 뇌의 다양한 부분이 합심해 만들어낸 뛰어난 발명품 가운데 하나다. 그만큼 당신과 당신 아이의 뇌 발달에 좋다는 뜻이다.

2) 시 낭송은 단순한 낭독이 아니라는 것이다. 시 낭송은 자신도 모르게 은유적 사고를 따라가는 낭독이다. 우리는 시인들의 시를 낭송하고 암송하며 그 안에 보조관념으로 형상화된 이미지들에 자신도 모르게 사로잡히고, 앞에서 도식화한 대로 '본질→형상화→창의'로 이어지는 은유적 사고 과정을 자신도 모르게 따라가게 된다. 그러는 가운데 우리의 뇌에 은유적 사고와 표현을 할 수 있는 뇌신경망 역시 자신도 모르게 형성된다.

당신에게는 이 말이 별스럽지 않게 느껴질 수 있다. 하지만 아니다! 기능성 자기공명영상fMRI 촬영이나 양전자방출단층촬영 PET을 통해 뇌 활동을 관찰하는 교육신경과학자들은 낭독이 주로 언어를 관장하는 좌반구에 있는 신경망들에 의해 진행되는 반면, 특이하게도 은유 해석하기, 유추하기, 반어법, 유머, 빈정거림, 제목 없는 이야기에서 주제 뽑기, 서술문 이해 등은 우반구에 있는 뇌신경망들이 활성화되어 일어난다는 사실을 밝혀냈다.[5] 시가 바로 이런 것들로 이뤄져 있다.

루트번스타인R.&M. Root-Bernstein 부부가 함께 쓴 《생각의 탄생》에는 다음과 같은 글이 실려 있다.

시인 에이미 로웰Amy Lowell은 시 낭송을 듣거나 문학작품을 낭독하는 것이 형상화 기술을 증진시킬 수 있다고 말한다. 어린이들에게 책을 읽어주는 것이 지력知力을 촉진시킨다는 결과가 나오는 것도 같은 이유일 것이다. 시 낭송이나 소설 낭독에 귀를 기울일 때 내면의 소리는 커지고 눈은 종이책에서 해방된다. 그 결과 이미지를 만들어내는 일에 집중할 수 있게 된다.[6]

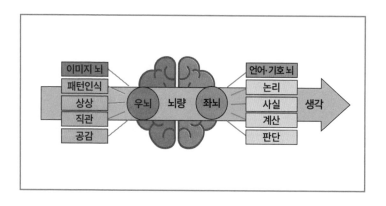

그렇다. 낭송, 특히 시 낭송은 언어를 관장하는 좌뇌의 다양한 부분을 활성화해 발달시킬 뿐 아니라, 은유적 사고를 할 수 있는 우뇌의 신경들까지 연결해 새로운 뇌신경망을 구축한다. 게다가 좌뇌와 우뇌를 연결하는 신경 다발인 뇌량corpus callosum을 강화하는 결과까지 가져온다. 교육신경과학자들은 이러한 결과는

전문 연주가들이 음악을 연주할 때나 나타나는 현상으로 매우 특별하다고 한다.[*]

어떤가? 시 낭송은 뇌신경과학 측면에서 보아도 꿩 먹고 알 먹고가 아닌가? 그런데 이런 유익한 효과가 시 낭송을 할 때 아동들의 뇌에서 활발히 그리고 효율적으로 일어난다. 그렇다면 아이들이 받아야 할 아주 중요한 교육 가운데 하나가 시를 낭송하는 것 아니겠는가!

하지만 어디 그뿐인가? 시 낭송은—노래하기나 악기 연주가 그렇듯—나이가 든 어르신들의 치매를 예방하는 데에도 효과적이라는 연구 결과도 나와 있다. 이 말은 시 낭송이 나이와 관계없이 우리 모두에게 두루 유익하다는 의미다. 그래서 다른 여러 다양한 따라-하기 가운데서 유독 시 낭송을 콕 집어 당신에게 다시 한번 권하는 것이다.

게다가 시 낭송은 마음만 먹으면 누구나 쉽게 할 수 있는 경제

[*] 캐나다의 작곡가이자 토론토대학교 심리학 교수인 글렌 셸렌베르그Glenn Schellenberg의 연구에 의하면, 음악을 공부하고 연주하는 활동이 기억, 감정표현, 음정과 화음 학습을 통해 뇌의 거의 모든 부분, 곧 우뇌와 좌뇌를 모두 활성화해 뇌 발달에 도움을 준다. 특히 어려서부터 성악이나 악기 연주를 훈련한 전문 연주가들의 뇌량이 그렇지 않은 사람에 비해 평균 1.25배 더 굵다는 것도 드러났다.(돈 캠벨·알렉스 도먼, 트리니티 영어연구회 옮김, 《음악으로 행복하라》, 페퍼민트, 2012, 112쪽, 127쪽 참조.)

적인 은유 학습법이다. 시 한 편 낭송하는 데는 길어야 5분이면 족하다. 방법도 간단하다. 누구든 자기가 특별히 좋아하는 시인이 있거든 그의 시집을 구해 반복해서 낭송하고 암송하라. 하지만 이왕이면 여러 시인의 대표시들을 선정해 모아놓은 시선집을 권한다. 그것이 서점에서 시집을 선택해야 하는 수고를 덜어 줄 뿐 아니라, 여러 시인의 다양한 은유적 표현과 독특한 은유적 사고를 접할 수 있게 하기 때문이다. 물론 아이들에게는 동시 낭송을 권한다. 뒤에서 곧 확인하겠지만, 같은 이유에서 어르신들에게는 노래를, 아이들에게는 동요를 자주 부르게 하는 교육도 강력히 권한다. 그럼, 이제 분석-하기와 실습-하기 훈련으로 들어가자!

01. 은유로 시 분석-하기

먼저 기원전 6세기에 서정시를 꽃피운 그리스 최고의 뮤즈였고, 후세에 "사포 이전의 사랑은 불탄 적이 없다"[7]라는 찬사를 이끌어낸 사포의 시를 하나 소개한다. 이토록 오래전에도 은유적 사고를 통해 시가 지어졌다는 것을 다시 한번 확인해주기 때문이다. 사포는 사랑을 다음과 같이 읊었다.

다시 사랑이 온다. 사지를 부수고 고문하는
달콤하고 고통스러운 그는 내가 이길 수 없는 괴물이다.

— 사포, 〈사랑〉

사포는 이 시에서, 보이지는 않지만 느껴지고, 사지를 부수는 고통을 주지만 달콤하기도 한 사랑을 '괴물'이라는 보조관념으로 형상화해 생생히 보여주었다. 짧지만 사랑의 본질을 한눈에 보여주는 이 시에 대해 프랑스의 고전학자 앙드레 보나르Andre Bonnard, 1888~1959는 다음과 같은 해설을 달았다.

사랑은 그런 것이다. 보이지 않는다. 그러나 지나고 나면 아프다. 상처가 남는다. 사지가 다 부서져 나가는 것 같다. 생각만 해도 쓰라리다. 그게 사랑이다. 따라서 사포에게 사랑은 끔찍한 짐승을 닮았다. 알 수 없는 세상의 힘이고, 쿵쿵거리며 엄습해 오는 짐승의 발자국이다.[8]

그렇다, 맞는 말이다. 하지만 은유적 사고를 추적하는 우리의 눈으로 보면, 사포의 은유는 거기서 그치지 않는다. 한발 더 나아가 사랑이란 '도저히 거부할 수 없는 것', 따라서 '내가 이길 수 없는 것'이라는 새로운 생각으로 이어진다. 요컨대 사포의 시에서 원관념은 '사랑'이고 그것의 본질이 '달콤하고도 고통스럽다'이며, 그것을 형상화한 보조관념이 '괴물'이고, 그것에서 이끌어 낸 창의가 '거부할 수 없다', '이길 수 없다'이다. 이 같은 분석 결과를 은유 패턴으로 도식화하면 다음과 같다.

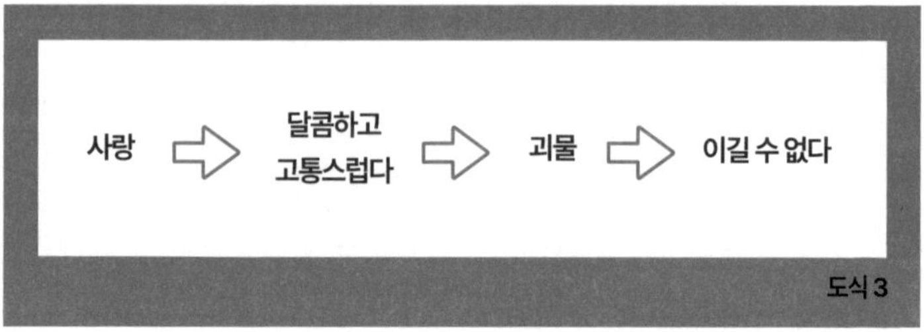

사랑 ⇒ 달콤하고 고통스럽다 ⇒ 괴물 ⇒ 이길 수 없다

도식 3

어떤가? 이미 1권 《은유란 무엇인가》에서부터 이 작업을 필요에 따라 간간이 해왔으므로 생소하지 않을 것이다. 그러니 다음 시구를 분석해 도식화하는 작업은 당신도 함께 해보자. 다음은 사포로부터 적어도 2,500년을 지나 마찬가지로 사랑을 노래한 네루다의 시다.

아, 사랑은 거친 밧줄.
우리를 묶어 아프게 하는
그리고 우리가 상처를 남기고자 한다면,
갈라지고자 한다면,
우리에게 새로운 매듭을 만들어주고 우리를 비난하여
피를 흘리게 하고 함께 불타게 한다.

— 파블로 네루다, 〈사랑〉

I.

우선 이 시는 제목이 '사랑'이다. 시나 노랫말에서는 제목이 은유적 사고의 원관념이나 보조관념인 경우가 많은데, 이 경우는 원관념이다. 그런데 이 시의 첫 행이 "아, 사랑은 거친 밧줄"이다. 그럼, 두 번째 괄호에 들어갈 보조관념은 당연히 '밧줄'이다. 이제 첫 번째 괄호에는 네루다가 전하고자 하는 사랑의 본질을 찾아 넣어야 하는데, 그것이 무엇일까? 간단하다. 그것도 시에 드러나 있다. '우리를 묶어 아프게 하는' 것이다. 그다음 세 번째 괄호에는 보조관념에서 이끌어낸 창의가 와야 하는데, 그것이 바로 우리가 갈라서려고 하면 새로운 매듭을 만들어 '함께 불타게 한다'이다. 당신은 어려움 없이 〈도식 4〉를 완성했을 것이다.

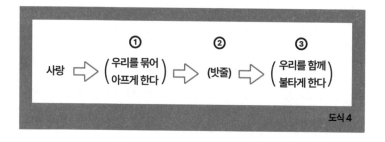

도식 4

그런데 여기서 잠깐 주목하자! 우리는 지난 1권부터 지금까지 주로 서양 시를 예로 들어 이야기를 전개해왔다. 하지만 은유적 사고가 인간의 보편적 사유형식이라면, 우리 시라고 예외이 겠는가. 사실인즉 신화로부터 향가, 가사, 시조, 현대시에 이르기까지 우리 시가詩歌들 가운데에도 은유적 사고의 산물이 숱하다. 그래서 이제부터는 그중에서 우리에게 친근한 현대시 가운데 몇을 골라 거기 담긴 은유적 사고를 추적해 분석하며 훈련해보고자 한다.

숨겨진 은유 찾기

앞에서 살펴본 사포와 네루다의 시처럼 은유적 사고의 4요소, 곧 원관념, 그것의 본질, 보조관념, 그리고 그것에서 이끌어낸 창의가 모두 드러나 있는 시는 은유적 사고를 추적하기가 쉽다. 그렇지만 이미 언급했듯이, 시 가운데는 이 같은 요소들이 부분적으로만 드러나 있거나 아예 숨어 있는 것들이 훨씬 더 많다.

　어문학자들은 이렇게 은유를 구성하는 요소들이 숨어 있는 경우 그 표현들을 '은닉된 은유'라고 하는데, 그런 시들은 당신 스스로 시 안에 들어 있는 '은유적 사고'를 추적해 찾아내야 한다. 그런데 그 작업이 항상 쉽지만은 않다. 그래서 1권《은유란 무엇인가》의 11장 '실습-하기—실용'에서 우리가 고안해 소개한 훈련 방법이 '빈칸-채우기'였다.

빈칸-채우기는 '원관념→본질→보조관념→창의'로 진행되는 은유적 사고에서, 시에 은닉된 요소, 그래서 모르는 요소들을 빈칸으로 놓고 그것을 차례로 찾아 채우는 훈련이다. 그리고 그것에는 어느 것이 빈칸이냐에 따라 다양한 유형이 있을 수 있는데, 〈도식 5〉는 우리 시리즈 1권 《은유란 무엇인가》에서 소개한, 우리가 실습할 때 자주 만나는 네 가지 은유 도식 유형이다.

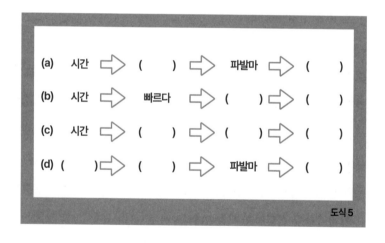

도식 5

(a)는 원관념과 보조관념이 드러나 있는 유형이고, (b)는 원관

념과 원관념의 본질만, (c)는 원관념만, (d)는 보조관념만 드러나 있는 유형이다. 이 네 가지 유형의 빈칸-채우기가 은닉된 은유적 사고를 추적하는 데 도움이 된다. 따라서 우리는 앞으로 다양한 유형의 빈칸-채우기를 통해 시 안에 들어 있는 은유적 사고를 추적해 분석하는 훈련을 할 것이다. 그것이 은유적 사고를 기르는 데 큰 도움이 된다. 과연 그런지, 살펴보자.

은유로 〈모란이 피기까지는〉 분석하기

다음은 김영랑1903~1950 시인의 〈모란이 피기까지는〉이다.

모란이 피기까지는
나는 아직 나의 봄을 기둘리고 있을 테요
모란이 뚝뚝 떨어져버린 날
나는 비로소 봄을 여읜 설움에 잠길 테요
오월 어느 날 그 하루 무덥던 날
떨어져 누운 꽃잎마저 시들어버리고는
천지에 모란은 자취도 없어지고
뻗쳐오르던 내 보람 서운케 무너졌느니

모란이 지고 말면 그뿐 내 한 해는 다 가고 말아

삼백예순 날 하냥 섭섭해 우옵네다.

모란이 피기까지는

나는 아직 기둘리고 있을 테요 찬란한 슬픔의 봄을

— 김영랑, 〈모란이 피기까지는〉

이 시는 1934년 4월 《문학》 3호에 발표되었고, 이듬해 시문학
사에서 간행된 《영랑 시집》에 수록되었다. 어떤 평론가는 이 시
에서 화자話者인 나와 모란이 혼연일체가 되어, 모란이 피기까지
의 기다림과 모란이 떨어져버린 뒤의 절망감 사이의 갈등을 반
복적으로 다루고 있다고 분석한다. 그런가 하면 무용가였던 최
승희와 사귀던 김영랑 시인의 개인사와 연관해 해석하는 이도
있다. 최승희가 봄날의 풋사랑 같은 사연을 뒤로하고 일본으로
건너가 당대 최고 무용가의 길을 걷자, 영랑은 그 빈자리를 이
시로 채웠다는 것이다. 사랑하는 여인은 영영 돌아오지 않는데,
'찬란한 슬픔의 봄'은 해마다 다시 찾아와 기다림과 절망이 교차
하는 시인의 가슴을 아리게 했다. 그래서 그는 모란이 피는 5월
이면 좋아하는 술도 끊고 노래도 멀리하면서 모란꽃 옆을 지켰
다는 이야기다.

그야 어쨌든 이제 우리는 이 시에 들어 있는 은유적 사고를 추적해 은유 패턴에 맞춰 분석해보자. 그러려면 우선 원관념과 보조관념을 찾아야 한다. 1권에서 살펴본 기형도 시인의 〈빈집〉이 그렇듯이,* 이 시에도 수사법으로서의 은유적 표현은 보이지 않는다. 게다가 원관념, 보조관념이 흩어져 숨어 있어 원관념의 본질이나 창의를 찾아내기는 더더욱 어렵다. 한마디로 은유적 사고를 구성하는 네 요소가 모두 은닉되어 있다.

이 말은 우리가 네 요소 모두 빈칸인 ( )→( )→( )→( ) 도식 앞에 섰다는 뜻이다. 1권 《은유란 무엇인가》에서 우리는 이런 도식을 채우는 작업을 '모든 빈칸-채우기'로 부르기로 했는데, 이 작업은 시인들이 은유로 시를 창작할 때 하는 은유적 사고와 같다. 그렇기 때문에 무척 어렵게 생각되지만, 이미 지어진 시에 들어 있는 은유적 사고를 추적하는 모든 빈칸-채우기는 주어진 시를 곰곰이 살펴보면 그리 어렵지 않다. 함께 찾아보자.

---

* 사랑을 잃고 나는 쓰네 // 잘 있거라, 짧았던 밤들아 / 창밖을 떠돌던 겨울 안개들아 / 아무것도 모르던 촛불들아, 잘 있거라 / 공포를 기다리던 흰 종이들아 / 망설임을 대신하던 눈물들아 / 잘 있거라, 더 이상 내 것이 아닌 열망들아 // 장님처럼 나 이제 더듬거리며 문을 잠그네 / 가엾은 내 사랑 빈집에 갇혔네 ─ 기형도, 〈빈집〉

I.

〈모란이 피기까지는〉을 다시 읽어보면, 이 시에서 보조관념은 제목에 예시되어 있다. 모란이 그것이다. 그렇다면 우리는 이제 (   )→(   )→ 모란 →(   )이라는 (d)유형의 빈칸-채우기 앞에 선 것이다. 그런데 역시 곰곰이 살펴보면, 원관념은 '나의 봄' 또는 '나의 사랑'이다. 그러니 오월 어느 날 그 하루 무덥던 날, '모란이 뚝뚝 떨어져버렸다'는 것은 '봄이 가버렸다'는 것, '연인이 떠나버렸다'는 것, 그래서 '삼백예순 날 하냥 섭섭해 운다'는 것을 뜻한다. 이것이 원관념의 본질이다. 그리고 그것을 형상화한 보조관념이 떨어져 누운, 그래서 자취도 없어진 '모란'이다. 요컨대 이 시 안에는 '나의 봄, 내 사랑은 자취도 없어진 모란이다'라는 은유적 표현이 은닉되어 들어 있다.

그럼 떨어져 누운, 그래서 자취도 없어진 모란에서 이끌어낸 창의는 무엇일까? '다시 피길 기다린다'이다. 여기에서 우리는 김영랑 시인의 천부적인 시적 재능을 엿볼 수 있다. 왜냐고? 떠나간 연인이 다시 돌아올지는 알 수 없다. 그러나 모란은 해마다 봄이 오면 다시 핀다. 그래서 시인은 모란이 다시 피기까지 기다리겠다고 다짐하는 것이다. 김영랑 시인은 자신의 사랑을 떨어져 누운 모란꽃잎으로 형상화함으로써, 떠나간 연인에게서 얻은 절망을 묘사했을 뿐 아니라, 그 연인이—봄이 오면 모란이 다시 피듯이—돌아올 것이라는 희망도 함께 표현한 것이다.

정리하자면 원관념인 '내 사랑'과 보조관념인 '모란' 사이의 유사성은 '가버렸다', '떠나버렸다'이다. 이것이 원관념의 본질이다. 그러나 보조관념인 모란만이 가진 원관념과의 비유사성이 '다시 핀다', '다시 돌아온다'이다. 이것이 보조관념에서 이끌어낸 창의다. 그렇다면 우리는 이 시를 일구어낸 은유적 사고를 〈도식 6〉과 같이 나타낼 수 있다.

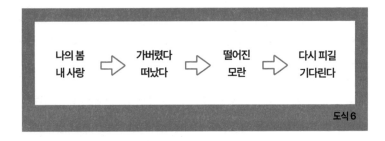

나의 봄
내 사랑 ⇨ 가버렸다
떠났다 ⇨ 떨어진
모란 ⇨ 다시 피길
기다린다

도식 6

어떤가? 어렵다고 생각되는가? 쉽지는 않았겠지만, 은유적 사고를 추적해 분석하는 훈련에는 도움이 되었으리라 생각한다. 그러니 다른 시를 하나 더 골라 함께 분석해보자. 이번에는 도종환 시인의 〈담쟁이〉다.

은유로 〈담쟁이〉 분석하기

저것은 벽

어쩔 수 없는 벽이라고 우리가 느낄 때

그때

담쟁이는 말없이 그 벽을 오른다

물 한 방울 없고 씨앗 한 톨 살아남을 수 없는

저것은 절망의 벽이라고 말할 때

담쟁이는 서두르지 않고 앞으로 나아간다

한 뼘이라도 꼭 여럿이 함께 손을 잡고 올라간다

푸르게 절망을 다 덮을 때까지

바로 그 절망을 잡고 놓지 않는다

저것은 넘을 수 없는 벽이라고 고개를 떨구고 있을 때

담쟁이 잎 하나는 담쟁이 잎 수천 개를 이끌고

결국 그 벽을 넘는다.

— 도종환, 〈담쟁이〉

이 시에도 원관념과 보조관념이 드러난 은유적 표현이 없다. 그러니 원관념의 본질과 창의 역시 보일 리가 없다. 모두 은닉되어

있으므로 이번에도 은유적 사고를 구성하는 네 요소가 모두 빈
칸인 (   )→(   )→(   )→(   ) 도식, 곧 '모든 빈칸-채우기' 도식
앞에 선 셈이다. 그럼에도 꼼꼼히 다시 읽어보면 이 시를 이끄는
은유적 사고가 서서히 드러난다.

우선 은닉된 원관념은 '우리'다. 그것도 '어쩔 수 없는 벽', '절
망의 벽' 앞에 선 우리다. 하지만 그 벽을 '여럿이 함께 손잡고' 올
라가는 우리다. 이 같은 우리를 형상화한 보조관념이 바로 '담쟁
이'다. 제목이 보조관념으로 사용된 경우인데, 그렇다면 '우리는
담쟁이다'가 이 시를 일궈낸 은닉된 은유적 사고다.

그럼 원관념의 본질과 창의는 무엇일까? 이 질문과 함께 우리
는 '모든 빈칸-채우기' 도식이 아니라, 보조관념과 창의가 빈 괄
호로 표기된 (a)유형의 은유 도식 앞에 선다. 이번에는 괄호를 당
신이 채워보라!

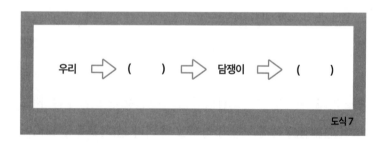

도식7

시인이 꿰뚫어 본 원관념 '우리'의 본질은 무엇인가? 그것은 '어쩔 수 없는 절망의 벽 앞에 섰다'는 것이다. 또 '그 벽을 올라가야만 한다'는 것이다. 그런데 우리는 그 벽을 넘을 수 있을지 없을지 모른다. 아무리 '여럿이 함께 손잡고' 올라간다 해도, 성공할 수도 있지만 실패할 수도 있다. 그러나 담쟁이는 언제나 마주한 벽을 타고 올라 결국 그 벽을 넘는다. 바로 이것이 도종환 시인이 보조관념인 담쟁이에서 이끌어낸 창의다. 그가 절망 가운데에서 길어 올린 희망이다. 그렇다면 당신은 이제 〈도식 8〉을 완성할 수 있다.

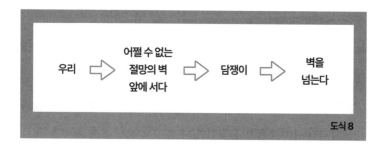

도식 8

어떤가? 이제 이처럼 빈칸-채우기를 통해 사례를 분석하는 작업을 당신도 할 수 있지 않은가? 1권 《은유란 무엇인가》에서 빈칸-채우기의 네 가지 유형을 소개할 때 언급했듯이, 우리 시에는 이 같은 (a)유형의 시가 상당히 많다. 그래서 표준 유형이라고 이름 붙였다. 그런데 이런 유형의 시를 보면 원관념은 겉으로 나타나 있지 않지만 쉽게 짐작할 수 있다. 대부분은 '나' 또는 '우리'다. 보조관념은 대부분 제목이나 본문 가운데 드러나 있으며, 원관념의 본질과 창의도 본문에서 어렵지 않게 찾을 수 있다. 당신은 이제 이런 유형의 시들을 보면, 굳이 빈칸-채우기를 거치지 않고서도 은유 패턴 도식을 어렵지 않게 만들어나갈 수 있을 것이다.

은유로 〈사슴〉 분석하기

노천명1912~1957 시인의 〈사슴〉도 그런 유형의 시다. 지금 한번 시험해보기 바란다.

모가지가 길어서 슬픈 짐승이여
언제나 점잖은 편 말이 없구나.
관이 향기로운 너는
무척 높은 족속이었나 보다.

물속의 제 그림자를 들여다보고

잃었던 전설을 생각해내곤

어찌할 수 없는 향수에

슬픈 모가지를 하고 먼 데 산을 쳐다본다.

— 노천명, 〈사슴〉

생각해보라! 이 시를 일궈낸 은유적 사고에서 원관념이 무엇인가? 그것의 본질은 또 무엇인가? 시인은 그 본질을 무엇으로 형상화했는가? 그리고 그 보조관념에서 어떤 창의를 이끌어냈는가?

어떤가? 생각해보았는가? 우리는 당신이 다음과 같은 생각을 했으리라 믿는다. 이 시에서 은닉된 원관념은 '나'이고, 그것의 본질이 '(모가지가 길어서) 슬프다', '(점잖은 편) 말이 없다', '관이 향기롭다', '높은 족속이다'이다. 그것을 형상화한 보조관념이 '사슴'이며, '전설을 생각한다', '먼 데 산을 쳐다본다'가 그것에서 이끌어낸 창의다. 도식화하면 다음과 같다.

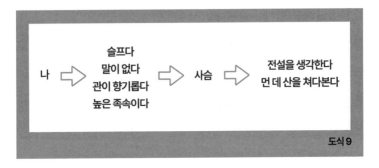

도식 9

어떤가? 당신도 이런 도식을 생각했는가? 그렇다면 당신의 뇌에서는 이미 은유적 사고를 추적해 분석할 뿐 아니라 실행도 할 수 있는 뇌신경망이 생겨난 것이다.

시리즈 1권에서 밝혔듯이, 반복이 학습의 시작이자 왕도다. 그래야 뇌신경망이 더욱 튼튼하게 굳어지므로 당신에게 간곡히 부탁하고 싶은 것이 있다. 우리는 당신이 다양하고 아름다운 우리 시들을 이런 방식으로 반복해서 분석하며 은유적 사고를 꾸준히 훈련하기를 바란다. 다행히 우리에겐 시를 읽는 사람보다 시를 쓰는 사람이 많다는 말이 있을 정도로 시가 많다. 이 말은 당신이 은유적 사고를 훈련하는 데 활용할 교보재敎補材가 그만큼 많다는 의미다. 얼마나 다행인가.

하지만 그림자 없는 빛이란 없는 법이다. 시가 많다는 것은 그것의 내용과 표현 양식이 그만큼 다양하다는 뜻이기도 하다. 따라서 그 안에 들어 있는 은유적 사고를 찾아 추적하기도 쉽지 않다. 그래서 여기에서 은유적 사고를 연마하는 데, 그리고 만일 당신이 원한다면 스스로 시를 쓰는 데에도 도움을 줄 수 있는 매우 특별하지만 아주 유용한 시 유형을 하나 소개하려 한다.

기왕이면 쉽고 유용한 방식으로 훈련을 시작하자는 뜻인데, 어문학자들은 이런 유형을 '설명시exposition poetry'로 분류한다. 이제 곧 보겠지만 설명시에는 보통 원관념의 본질을 형상화한 보조관념이 여럿 나열되어 있다. 그 덕분에 은유적 사고를 추적하는 훈련이 쉽다. 또한 구조가 단순해 그것을 따라 훈련하면 당신이 스스로 시 짓기를 시작하는 데에도 좋은 길라잡이가 된다. 이 말은 이런 유형의 시들이 우리의 목적인 은유적 사고를 기르는 데에 안성맞춤이라는 뜻이다. 무슨 소리냐고? 백문이 불여일견이다. 다음 장에서 직접 살펴보자.

02. 은유로 시 짓기

먼저 설명시가 무엇인지 그리고 어떤 특성을 지녔는지 살펴보기로 하자. 다음은 청마 유치환1908~1967 시인의 〈깃발〉이다.

설명시―유치환, 서정주, 김춘수의 경우

유치환의 〈깃발〉

이것은 소리 없는 아우성.
저 푸른 해원을 향하여 흔드는
영원한 노스탤지어의 손수건.
순정은 물결같이 바람에 나부끼고

오로지 맑고 곧은 이념의 푯대 끝에

애수는 백로처럼 날개를 펴다.

아아 누구던가.

이렇게 슬프고도 애달픈 마음을

맨 처음 공중에 달 줄을 안 그는.

— 유치환, 〈깃발〉

1936년 《조선문단》에 발표되었고, 지금도 많은 사람의 사랑을 받는 이 시는 설명시로 분류된다. 이 시를 일궈낸 은유적 사고에서 원관념은 '깃발'이다. 원관념을 제목으로 사용한 경우다. 그리고 시인은 '소리 없는 아우성', '노스텔지어의 손수건', '나부끼는 순정', '날개를 편 애수', '슬프고도 애달픈 마음'이라는 다섯 가지 보조관념으로 깃발을 설명하고 있다. 그 밖에는 별것이 없다.

이처럼 설명시는 시인이 선택한 대상(사물, 인물, 사건, 시간, 장소 등)에 대한 자신의 시적 정념을 다양한 보조관념으로 형상화해 설명하는 데 몰두한다.[9] 따라서 설명시의 형식적 특성은 크게 다음 두 가지로 요약할 수 있다.

1) 설명시는 은유의 표준 형식인 'A는 B다'를 반복해서 'A는

B1이다, B2다, B3이다……식으로 나열한다는 것이다. 이를 전
문용어로는 '다중 은유multi metaphor' 또는 '확장 은유'라고 하는데,
원관념을 다양한 이미지로 형상화한 다수의 보조관념이 돋보이
는 게 보통이다.

2) 설명시에는 원관념의 본질과 창의에 해당하는 구절이 은
닉 또는 생략된 경우가 많다는 것이다. 이 말은 설명시는 원관념
에 대한 설명에만 충실하기에, 원관념과 다수의 보조관념만 드
러나는 경우가 대부분이라는 것을 뜻한다.

다시 〈깃발〉을 보자. 이 시에서 시인은 원관념인 깃발을 설명
하기 위해 다섯 가지 이미지로 형상화한 보조관념을 차례로 나
열했다. 하지만 형상화된 원관념의 본질과 보조관념에서 이끌
어낸 창의는 생략했다. 그렇지만 이 시는 그것으로 족하다. 보조
관념으로 형상화된 이미지들이 선명하고 아름답기 때문이다. 우
리는 그 이미지들을 통해 바람에 펄럭이는 깃발에 대한 새로운
시각과 이해를 얻는다. 알아보기 쉽게 나타내면 〈도식 10〉과 같
을 것이다.

마치 원관념→( )→보조관념→( )로 구성된 (d)유형의 빈
칸-채우기처럼 보이지만, 아니다. 정리하자면, 설명시에서는 은

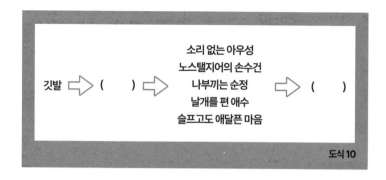

소리 없는 아우성
노스탤지어의 손수건
깃발 ⇨ (   ) ⇨ 나부끼는 순정 ⇨ (   )
날개를 편 애수
슬프고도 애달픈 마음

도식 10

유적 사고가 원관념과 보조관념으로 형상화된 은유적 표현의 나열에서 끝나고, 원관념의 본질은 독자의 '상상' 내지 '짐작'에, 그리고 창의는 독자들의 '감상' 또는 '해석'에 맡겨둔다. 그럼으로써 오히려 더욱 큰 시적 감흥을 불러일으키기도 한다.

서정주의 〈다시 밝은 날에-춘향春香의 말 2〉

이런 유형의 시 가운데 탁월한 하나가 미당 서정주1915~2000 시인의 〈다시 밝은 날에-춘향의 말 2〉이다.

　신령님…….

처음 내 마음은

수천만 마리

노고지리 우는 날의 아지랑이 같았습니다.

번쩍이는 비늘을 단 고기들이 헤엄치는

초록의 강 물결

어우러져 나르는 애기 구름 같았습니다.

신령님…….

그러나 그의 모습으로 어느 날 당신이 내게 오셨을 때

나는 미친 회오리바람이 되었습니다.

쏟아져 내리는 벼랑의 폭포,

쏟아져 내리는 소나기 비가 되었습니다.

　　　　　　　　　— 서정주, 〈다시 밝은 날에-춘향의 말 2〉 부분

　서정주 시인은 〈추천사-춘향의 말 1〉, 〈다시 밝은 날에-춘향의 말 2〉, 〈춘향 유문-춘향의 말 3〉, 이렇게 모두 세 편의 시를 춘향을 위해 썼다. 하나같이 시적 아름다움이 무르익어 뚝뚝 떨어지는 작품이다. 앞서 소개한 것은 〈다시 밝은 날에-춘향의 말 2〉의 서두 부분이다. 여기서 춘향은 이 도령을 '신령님'으로 부르며, 그가 다가오기 전 자신의 평온하던 마음과 사랑이 들이닥친 후 자신의 격동하는 마음을 드러낸다.

시인은 우선 화자인 춘향의 마음을 원관념으로 하고, 사랑이 오기 전 평온하면서도 왠지 설레는 마음을 '노고지리 우는 날의 아지랑이', '초록의 강 물결', '어우러져 나르는 애기 구름'이라는 세 가지 보조관념을 통해 형상화했다. 어디 그뿐인가. 이어지는 연에서는 사랑에 휩싸인 춘향의 마음을 '미친 회오리바람', '쏟아져 내리는 벼랑의 폭포', '쏟아져 내리는 소나기 비'라는 역시 세 가지 이미지로 형상화하여 설명했다. 도식화하면 다음과 같다.

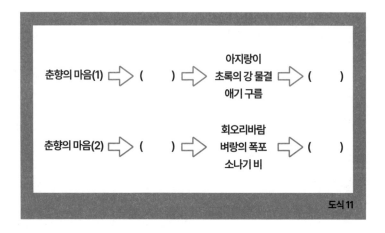

도식 11

이 얼마나 뛰어난 보조관념들인가! 은유적 표현의 잔치라 할 수 있다. 그럼에도 이 시에는 원관념의 본질과 창의가 나타나지 않는다. 그것은 독자의 상상과 감상에 떠맡겼다. 그래도 그것으로 충분하다. 이것이 설명시다. 다른 예를 또 보자.

김춘수의 〈사랑하는 나의 하나님〉

다음은 1969년에 발간된 《타령조, 기타》에 실린 김춘수1922~2004 시인의 〈사랑하는 나의 하나님〉이다. 원관념의 본질과 창의를 부러 생략함으로써 더욱 심오한 종교적 의미를 불러일으킨 경우다.

사랑하는 나의 하나님, 당신은
늙은 비애悲哀다.
푸줏간에 걸린 커다란 살점이다.
시인 릴케가 만난
슬라브 여자의 마음속에 갈앉은
놋쇠 항아리다.
손바닥에 못을 막아 죽일 수도 없고 죽지도 않는

사랑하는 나의 하나님, 당신은 또

대낮에도 옷을 벗는 어리디어린

순결이다.

삼월에

젊은 느릅나무 잎새에서 이는

연둣빛 바람이다.

— 김춘수, 〈사랑하는 나의 하나님〉

이 시에서 원관념은 '하나님'이다. 시인은 '늙은 비애', '푸줏간
에 걸린 커다란 살점', '여자의 마음속에 갈앉은 놋쇠 항아리', '어
리디어린 순결', '잎새에서 이는 연둣빛 바람'이라는 다섯 가지
보조관념을 나열해 하나님에 대해 설명한다. 모두 선명한 이미
지로 묘사된 보조관념들이고, 모두가 기독교에서 말하는 신의
모습이다. 내용인즉 신이 늙고 비애 속에 있다는 것, 그래서 인
간의 모습으로 세상에 와서 푸줏간에 걸린 커다란 살점처럼 십
자가에 달렸다는 것, 그것이 여인의 마음속에 놋쇠 항아리처럼
무겁게 자리하여 쉬 사라지지 않는다는 것, 그럼으로써 그것이
어리디어린 순결이 되었다는 것, 새 생명을 북돋우는 봄바람이
되었다는 것이다.

그러나 이 시에도 보조관념을 이끌어낸 원관념의 본질은 나타나 있지 않고, 보조관념에서 이끌어낸 창의도 드러나 있지 않다. 그래서 조금 난해하기도 하지만 그것으로 족하다. 독자들에게서 더 많은 상상과 더 다양한 해석을 불러일으킬 수 있기 때문이다. 예컨대 이 시가 성부聖父를 '늙은 비애'로, 성자聖子 예수를 '푸줏간에 걸린 커다란 살점'과 '여자의 마음속에 갈앉은 놋쇠 항아리'로, 성령聖靈을 '어리디어린 순결'과 '잎새에서 이는 연둣빛 바람'으로 묘사했다는 해석이 그것이다.

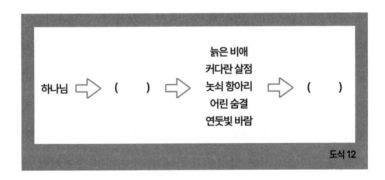

도식 12

물론 모든 설명시가 다 이같이 '불친절한' 형식을 취하는 것은 아니다. 이 시리즈의 1권에서 언급한 김동명 시인의 〈내 마음〉은 다르다. 이 시도 일종의 설명시다. '내 마음은 호수요'. '내 마음은 촛불이요', '내 마음은 나그네요', '내 마음은 낙엽이요'와 같이 네 가지 탁월한 은유적 표현을 반복해 나열하여 내 마음을 설명하기 때문이다.

하지만 이 시에는 이미 우리가 1권에서 자세히 살펴보았듯이 각각의 보조관념에서 이끌어낸 놀라운 창의들이 매번 드러나 있어 은유적 사고를 추적하기가 매우 용이하다. 다만 이 시도 원관념의 본질은 독자의 지레짐작에 맡겼다. 그러나 그것 역시 짐작하기가 어렵지 않다. 예컨대 첫 소절인 "내 마음은 호수요"를 보라. 그다음에 곧바로 "그대 노저어 오오"라는 창의가 뒤따라 나온다. '잔잔하고 평온하다'라는 원관념의 본질을 누구나 짐작할 수 있다. 이 얼마나 친절한가.

서림과 셰익스피어의 은유

서림의 〈독한 꽃—유토피아 없이 사는 법 3〉

다음은 서림 시인의 시집 《유토피아 없이 사는 법》에 실린 〈독한 꽃—유토피아 없이 사는 법 3〉의 일부이다. 이 시에는 형상화된 보조관념이 셀 수도 없이 등장할 뿐 아니라, 김동명의 〈내 마음〉처럼 보조관념에서 이끌어낸 창의가 낱낱이 뒤따라 나온다. 그렇기 때문에 은유적 사고를 훈련하는 데에는 안성맞춤이다. 과연 그런지 보자.

이 도시에서 / 그녀에게 詩는 / 푸른 숲이다. 이슬방울 맺히는 / (……) / 그녀에게 詩는 / 둥글고 부드러운 빵이다. / 폭신폭신한 이불이다. / 발기한 남근이다. / 무기이다. 약이다. 술이다. / 그녀는 詩로 숨을 쉰다. / (……) / 한밤중 詩의 살을 뜯어먹는다. / 머리통부터 발바닥까지 / 부스러기 남김없이 아작아작 씹어 / 배를 채운다. 먹어도 먹어도 / 금세 허기지는 배를 달랜다. 속인다. / 詩로 덮고 잔다. / (……) / 그녀는 詩로 오르가즘에 오른다. / (……) / 그녀에게 詩는, 황산같은 / 시어머니 학대에 저항하는 무기, / 미친 듯 불 뿜는 자동소총이다. / 싯퍼렇게 벼린 식칼이다. 마마보이 / 남편과의 불화를 견디는 / 신경안정제이다. 쌔고 쌘 양주이다. / 中年의 골수 파고드는 허무의 늪 / 건너는 조각배이다. 노도 돛도 없는 / 가랑잎배이다. 꿈이 없어 / 싸나운 꿈자리로 하얗게 설치는 / 그녀에게, 詩는 독한 수면제이다. / 싸나운 꿈을 먹고 피는 / 독한 꽃이다.

— 서림, 〈독한 꽃-유토피아 없이 사는 법 3〉 부분

이 시는 '시'가 무엇인지 또는 그 효용이 무엇인지를 설명한다. 그것을 위해 시인은 '푸른 숲', '부드러운 빵', '폭신폭신한 이불', '발기한 남근', '무기', '약', '술', '저항하는 무기', '자동소총', '식칼', '신경안정제', '양주', '조각배', '가랑잎배', '수면제', '독한 꽃'과 같이 선명한 이미지로 형상화된 보조관념들을 연이어 동원한다. 원관념의 본질은 겉으로 드러나지 않았지만 충분히 짐작할 만하다. 게다가 보조관념에서 이끌어낸 창의가 뒤이은 시구로 줄지어 따라 나온다. 몇 가지만 살펴보자.

먼저 '시는 푸른 숲이다'라는 은유적 표현에는 시가 화자에게 '휴식을 준다' 또는 '해방감을 준다'라는 원관념의 본질이 함축되어 있다. 그것을 형상화한 보조관념이 '푸른 숲'이다. 그것에서 시로 '숨을 쉰다'라는 창의가 뒤따라 나왔다. 또 '시는 부드러운 빵이다'에는 '부드럽다', '뜯어먹는다'라는 원관념의 본질이 드러나 있다. 그것을 형상화한 보조관념이 '빵'이다. 그리고 그것에서 이끌어낸 창의가 '배를 채운다', '허기를 달랜다'이다. 그다음은 '시는 이불이다'라는 표현인데, 이것에는 시가 '위안을 준다', '휴식을 준다'라는 원관념의 본질이 전제되어 있고, 그것을 형상화한 것이 '폭신폭신한 이불'이다. 그것에서 당연히 '덮고 잔다'라는 창의가 나왔다.

그럼 '시는 발기한 남근이다'라는 도발적 표현은 또 어떤가. 이 은유적 표현을 이끌어낸 원관념의 본질은 '누적된 욕망'이다. 그 형상화가 '발기한 남근'이고, 그것에서 시인은 시로 '오르가슴에 오른다'라는 창의를 얻어냈다. 또 '시는 무기다', '불 뿜는 자동소총이다', '싯퍼렇게 벼린 식칼이다'는 어떤가. 시가 '저항의 도구'라는 것은 널리 알려진 시의 효용 가운데 하나다. 시인은 그것을 원관념의 본질로 삼았다. 그리고 그것에서 '무기', '자동소총', '식칼'과 같은 보조관념을 떠올렸고, 그것에서 시어머니의 '학대에 저항한다'라는 창의를 이끌어냈다. '시는 약이다', '신경안정제다', '수면제다'도 마찬가지다. 그것들은 시가 '치유의 도구'라는 시의 효용을 형상화한 보조관념이다. 그것에서 이끌려 나온 창의가 남편과의 '불화를 견딘다'이다.

이 외에도 '쌔고 쌘 양주', '허무의 늪 건너는 조각배'라든지, '싸나운 꿈을 먹고 피는 독한 꽃'이라는 표현도 등장하지만, 너무 많으니 여기서 멈추자. 그 대신 〈도식 13〉과 같이 알아보기 쉽게 나타낼 수 있다.

자, 어떤가? 이 시에는 시의 골격인 은유적 사고 가운데 원관념, 보조관념, 창의가 모두 밖으로 드러나 있지 않은가? 단지 원관념의 본질만 드러나 있거나 숨어 있는데, 숨어 있다 해도 쉽게

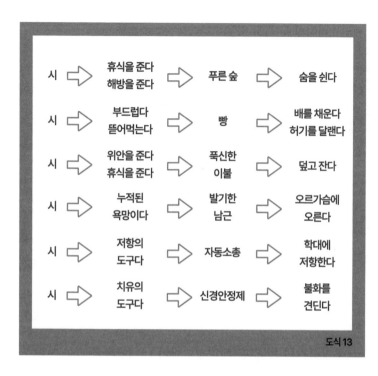

시 ⇨	휴식을 준다 해방을 준다	⇨	푸른 숲	⇨	숨을 쉰다
시 ⇨	부드럽다 뜯어먹는다	⇨	빵	⇨	배를 채운다 허기를 달랜다
시 ⇨	위안을 준다 휴식을 준다	⇨	푹신한 이불	⇨	덮고 잔다
시 ⇨	누적된 욕망이다	⇨	발기한 남근	⇨	오르가슴에 오른다
시 ⇨	저항의 도구다	⇨	자동소총	⇨	학대에 저항한다
시 ⇨	치유의 도구다	⇨	신경안정제	⇨	불화를 견딘다

도식 13

짐작할 수 있다. 은유 도식에 맞춰 은유적 사고를 추적하는 우리의 입장에서 보면, 이 얼마나 친절한 시 형식인가! 그런데 원관념의 본질까지 밝혀놓은 더 친절한 시도 있다.

셰익스피어의 두 가지 경우

다음은 역사상 가장 위대한 작가로 꼽히는 윌리엄 셰익스피어 William Shakespeare, 1564~1616의 장편 극시 《루크리스의 능욕》에 나오는 대사다.

> 너는 빠르게 청춘을 좀먹는 자, 거짓 쾌락을 주는 못된 노예이며, / 슬픔을 구경하는 천박한 자, 죄악을 짊어진 말馬이며, / 미덕의 올가미다. 너는 모든 것을 낳고, / 또한 모든 존재하는 것을 소멸시킨다.
>
> — 윌리엄 셰익스피어, 《루크리스의 능욕》 부분

《루크리스의 능욕》은 셰익스피어가 1594년에 집필한 장편 극시인데, 기원전 509년에 로마의 왕자 섹스투스 타르퀴니우스(타르퀸)가 왕의 가신이자 귀족인 콜라틴의 아내 루크리스를 강간하여 루크리스가 자결하였다는 이야기를 담고 있다. 인용한 대사는 루크리스가 타르퀸에게 능욕을 당한 뒤 그렇게 당하도록 기회와 상황을 만든 '시간'을 향해 한탄하는 독백 가운데 일부다.

여기에서 '너'는 시간이고, 그것이 대사 안에 들어 있는 은유적 사고의 원관념이다. 셰익스피어는 이 원관념을 '청춘을 좀먹는

자', '못된 노예', '천박한 자', '말'이며 '올가미'라는 다섯 가지 보조관념으로 형상화해 설명한다. 그리고 원관념의 본질은 '빠르게', '거짓 쾌락을 주는', '슬픔을 구경하는', '죄악을 짊어진'과 같이 각각을 형상화한 보조관념의 수식어를 통해 밝혀놓았다. 또한 각각의 보조관념에서 이끌어낸 창의도 어김없이 드러내놓았다. 알아보기 쉽게 정리해보면 〈도식 14〉와 같다.

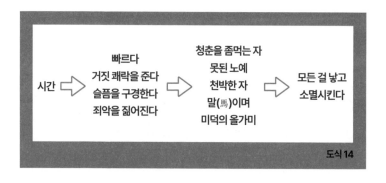

도식 **14**

여기에서 잠깐! 당신이 눈여겨보아야 할 것이 있다. 셰익스피어의 원문에서 보조관념 앞에 놓여 그것을 꾸미는 수식어가 도식에서는 원관념의 본질에 자리한다는 것이다.* 그리고 원문에

---

* 우리는 앞서 시리즈 1권에서 원관념(A)=수식어(C)+보조관념(B)으로 구성된 이 같은 은유적 표현을 '은유 등식 2'라고 이름 붙였다.

시와 은유

서 결론에 해당하는 "너는 모든 것을 낳고, 또한 모든 존재하는 것을 소멸시킨다"가 도식에서 창의에 자리 잡았다.

당신이 이것을 기억하면, 같은 유형의 다른 시구나 시를 분석하는 데에 도움을 주는 또 하나의 요령이 된다. 그뿐이 아니다. 이 말은 당신이 스스로 시를 지을 때도 이런 방식으로 문장을 구성하면 된다는 뜻이다. 과연 그런지, 하나 더 살펴보자!

다음은 역시 셰익스피어의 극시 《아테네의 타이먼》 가운데 한 대목이다.

오, 세상 군왕들도 죽음으로 몰아넣는 사랑스러운 살인자, / 부모 자식 사이도 갈라놓는 다정한 패륜아, / 신성한 결혼의 침상마저 더럽히는 달콤한 배신자야! / 나라와 나라 사이를 피로 물들이는 용맹한 군신軍神아! / (……) / 그러니 네 힘으로 그들을 멸망케 하라! 이 지상을 사람 아닌 짐승들의 제국이 되게 해라!"*

— 윌리엄 셰익스피어, 《아테네의 타이먼》 부분

셰익스피어가 1605~1606년 사이에 토머스 미들턴과 공동으로 쓴 것으로 추정되는 《아테네의 타이먼》은 거부 타이먼이 몰락하자 그의 은덕을 배신하는 아테네 정치가, 상인, 예술인 등의

이기적 행태를 보여주며 배금주의에 사로잡힌 공동체의 실상을 고발하는 작품이다. 인용한 대사는 4막 3장에 나오는 것으로 친구들에게 실망한 타이먼이 뜻하지 않게 캐낸 황금을 손에 쥐고 외치는 내용의 일부다.

카를 마르크스가 1844년에 출간한 《경제학-철학 수고》에서 재조명하여 널리 알려진 이 대사에서 원관념은 '황금'이다. 셰익스피어는 '사랑스러운 살인자', '다정한 패륜아', '달콤한 배신자', '용맹한 군신'이라는 네 가지 보조관념을 동원해 원관념에 대해 설명한다. 그리고 《루크리스의 능욕》에서처럼, 보조관념을 수식하는 말들—곧, '세상 군왕들도 죽음으로 몰아넣는', '부모 자식 사이도 갈라놓는', '신성한 결혼의 침상마저 더럽히는', '나라와 나라 사이를 피로 물들이는'과 같은 수식어—로 원관념의 본질을 드러내고, 보조관념에서 "네 힘으로 그들을 멸망케 하라!

---

* 타이먼의 독백은 무척 길다. 그래서 일부를 생략했는데, 생략한 부분은 다음과 같다. "살짝 붉힌 뺨과 뜨거운 입김으로 눈같이 차가운 처녀의 정절을 녹여버리고 / 무릎을 벌리게 하는 영원불멸한 젊음의 구혼자야! / 내 눈에 보이는 신이여! 물신物神이여! / 너는 결코 합쳐질 수 없는 것들도 서로 입 맞추게 하고 / 어떤 부당한 목적도 너의 화려한 능변으로 치장해 결국은 이루고 마는구나. / 오, 만지기만 하면 인간의 마음을 갈대처럼 흔들어놓는 너 영혼의 시금석아! / 네 노예인 인간이란 배신에 배신을 거듭하는 영원한 변절자다." 모두 탁월한 은유적 표현이니, 은유 패턴 도식에 맞춰 분석하고 도식화해보기를 바란다.

이 지상을 사람 아닌 짐승들의 제국이 되게 해라!"라는 창의를 이끌어냈다. 그것들을 찾는 요령은 앞에서 설명했다. 그러니 도식화하는 일은 이제 당신이 직접 해보길 바란다.

어떤가? 이제 전혀 어렵지 않을 것이다. 만일 당신이 앞에서 우리가 설명한 대로 분석했다면 그것은 필경 〈도식 15〉와 같거나 비슷할 것이다.

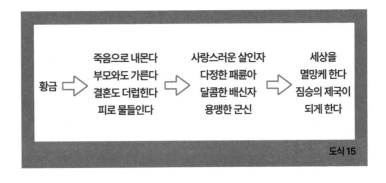

도식 15

물론 이렇게 은유 패턴 도식의 네 요소가 모두 드러나 있는 시구나 시는 그리 흔치 않다. 앞에서 언급했듯이 보통은 시의 살肉이라 할 수 있는 시적 정념이 겉으로 드러나 있고, 골격骨格인 은유적 사고는 그 살 속에 파묻혀 은닉된 경우가 많다. 그래서 당신이 애써 추적하고 분석해 찾아내야 한다. 이 말은 괄호가 여럿인 은유 패턴 도식을 완성하는 훈련을 거듭해야 한다는 뜻이다. 당연히 괄호가 많을수록 작업은 어려워진다. 그러나 그런 과정을 통해 당신의 은유적 사고력이 부쩍 자라날 것이다.

당신도 시를 쓸 수 있다

놀라지 마시라! 은유적 사고력이 자라났다는 말은 당신의 뇌에 은유적 사고를 할 수 있는 뇌신경망이 생겼다는 것, 그럼으로써 만일 당신이 원한다면 스스로 시를 창작하는 능력도 갖추게 되었다는 것을 뜻한다. 그래서 당신에게 큰 박수로 축하를 건네며 강력하게 권하고 싶은 것이 하나 있다. 은유 패턴 도식을 따라 직접 시를 지어보라는 것이다. 이것은 이 2장에서 '분석-하기' 다음으로 실행하는 훈련인 '실습-하기'에 속한다. 무슨 이야기인지 설명하자면 이렇다.

1) **골격을 만들어라.** 예컨대 앞서 소개한 서림 시인의 시 〈독한 꽃〉에서 원관념→본질→형상화→창의로 이어지는 은유-패턴을 '시→( )→( )→( )'처럼 세 요소를 빈칸으로 만들어 (a)유형

의 빈칸-채우기를 시도하라는 것이다.

만일 당신이 '세상을 반영하는 것'이 시라고 생각한다면, 그것이 첫 번째 괄호에 들어갈 '원관념의 본질'이다. 그리고 그 본질을 가령 '거울'이라는 이미지로 형상화한다면, 그것이 두 번째 빈칸에 들어갈 보조관념이다. 당신은 그 보조관념에서 '세상의 어둠을 드러낸다'라는 새로운 생각을 이끌어낼 수 있다. 그럼 당신은 '시→세상을 반영한다→거울→세상의 어둠을 드러낸다'라는 은유적 사고를 은유 패턴에 맞춰 완성한 것이다. 여기까지가 빈칸-채우기를 통해 우리가 훈련하고자 하는 은유적 사고, 곧 시의 골격이다.

2) 살을 붙이자. 그다음에는 당신의 내적 정감 또는 감흥에 따라 시어詩語를 만들어 살을 붙이고 각종 수사법을 사용하여 시를 짓는 작업을 해야 한다. 스스로 해보라. 이 작업에는 그동안 '시 낭송과 암송'을 통해 꾸준히 길러온 당신의 시적 감각과 감성이 도움을 줄 것이다. 그뿐 아니라 당신의 삶의 태도나 철학이 영향을 미칠 것이다. 예컨대 김지하 시인이 〈속 3〉을 쓸 때, 또는 네루다가 〈그 이유를 말해주지〉를 쓸 때─설령 그들 자신은 의식하지 못했을지라도 내면에서는─바로 그런 일련의 작업이 이뤄졌을 것이다.

I.

솔직한 것이 좋다만 / 그저 좋은 것만도 아닌 것이 // 시란 어둠을 / 어둠대로 쓰면서 어둠을 / 수정하는 것 // 쓰면서 / 저도 몰래 햇살을 이끄는 일.

—김지하, 〈속 3〉

그래도 당신들은 물을 것인가 ― 왜 나의 시는 / 꿈에 관해서 나뭇잎에 관해서 노래하지 않느냐고 / 내 조국의 위대한 화산에 관해서 노래하지 않느냐고 / 와서 보라 거리의 피를 / 와서 보라 / 거리에 흐르는 피를 / 와서 보라 피를 / 거리에 흐르는!

—파블로 네루다, 〈그 이유를 말해주지〉 부분

어떤가? 김지하 시인은 직설적으로 썼고 네루다는 에둘러 썼지만, 둘 다 '시→세상을 반영한다→거울→세상의 어둠을 드러낸다'라는 은유적 사고의 골격에 살을 붙여 시를 지었다. 그렇지 않은가? 당신도 할 수 있다. 처음에는 어려워도 훈련하면 이 같은 시를 쓸 수 있다.

그런데 혹시 당신은 시의 본질에 대해 다른 생각을 품고 있는가? 예컨대 시의 본질이 단순히 세상을 반영하는 것이 아니고, 한발 더 나아가 '그릇된 세상과의 불화'라고 생각하는가? 그렇다면 그것을 '싸움'이라는 보조관념으로 형상화할 수 있을 것이고, 그 보조관념에서 '바른 세상을 만든다'라는 새로운 생각을 이끌어낼 수 있다. 그럼 당신은 '**시→그릇된 세상과의 불화→싸움→바른 세상을 만든다**'라는 은유적 사고를 한 것이고, 그것에다 살을 붙여 시를 지으면 된다.

아마 정희성 시인이 〈이것은 시가 아니다〉를 지을 때—비록 반어법을 사용했지만—분명 이와 같은 은유적 사고를 했을 것이다.

친구여, 이것은 시가 아니다 / 아무리 수식한다 해도 / 어차피 노동자일 수밖에 없는 / 나와 내 자식의 운명을 / 바로 보마 // 내 자식이 제 운명을 / 스스로 개척해나갈 수 있는 길을 터주고 / 참세상 함께 만들어가는 / 이것은 시가 아니라 싸움임을 / 분명하게 보마

— 정희성, 〈이것은 시가 아니다〉 부분

그런데 혹시 당신은 시의 본질이 다른 어떤 것이라고 생각하는가? 만일 그렇다면 이제 당신도 은유적 사고 패턴을 하나 만들어 김지하, 네루다, 정희성 시인처럼 당신 자신의 시를 지어볼 수 있다. 자, 함께 해보자!

I.

당신과 함께 하는 시-짓기 훈련

당신은 시의 본질이 무엇이라고 생각하는가? 가령 시는 '사랑', 그것도 '이룰 수 없는 사랑'이라고 생각한다고 하자. 그 역시 멋진 생각이다. 시의 본질은 어쩌면 영원한 짝사랑이고, 시인이란 불가능한 것의 가능성을 꿈꾸는 사람인지도 모른다. 그렇다면 당신은 시를 '연인', 그것도 '무심한 연인'으로 형상화할 수 있고, 그 보조관념에서 예컨대 '그 때문에 놀라고, 그 때문에 기뻐하고, 그 때문에 슬퍼하고, 또 그 때문에 분노한다'라는 창의를 이끌어낼 수 있다.

이로써 당신은 '**시→이룰 수 없는 사랑→무심한 연인→놀라고 기뻐하고 슬퍼하고 분노한다**'라는, 시에 관한 은유적 사고 패턴을 하나 완성한 것이다. 여기에 살을 붙이고 운율에 맞춰 시를 짓는 일은 이제 당신에게 맡긴다. 은유 패턴이 멋진 만큼 당신이 지을 시도 분명 멋지리라 기대한다. 참고로, 우리 저자들은 다음과 같이 지어보았다.

나도 언젠가 들은 이야긴데
하늘을 나는 꿈을 꾸는 고래가 있대

밤마다 바다에서 솟구쳐

은하수로 풍덩 뛰어든대

별들 사이사이를

밤새 헤엄쳐 다니다

아침이 오면 다시

바닷속 깊이 몸을 던진대

그래서, 나도 어디에선가 들은 이야긴데

하늘을 나는 고래를 사랑하는 어부가 있었대

밤마다 그를 만나 그 때문에 놀라고,

그 때문에 기뻐하고, 그 때문에 슬퍼하고,

그 때문에 분노하다가

아침이 오면 다시

제 슬픔 끌어안고 돌아눕는대

세월이 바람처럼 흐르고

사람들이 그를 시인이라 불렀대

살을 붙이고 운율에 맞추며 에둘러 지었는데, 어떤가? 제목은

'시의 전설'이라 정했다. 괜찮은가? 은유 패턴에 맞춰 도식화해 보면, 다음과 같다.

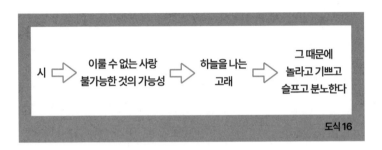

도식 16

　당신도 할 수 있다. 당신이 지은 멋진 시는 다음에 듣기로 하자. 이제 우리는 다음 단계로 넘어가고자 하는데, 만일 이런 식으로 시에 관한 은유 패턴들을 여럿 만들어 서림 시인처럼 차례로 또 적절히 나열한다면, 당신은 〈독한 꽃〉과는 전혀 다른 설명 시 한 편을 얻게 될 것이다. 시도해보기 바란다.

　그러나 어디 이 시만 그럴까? 앞에서 소개한 김동명의 〈내 마음〉이나 셰익스피어의 《루크리스의 능욕》과 《아테네의 타이먼》에서 찾아낸 은유 패턴을 이용해서도 역시 이 같은 시 짓기 훈련을 할 수 있다. 다시 말해 '내 마음→( )→( )→( )', '시간 →( )→( )→( )', '황금→( )→( )→( )'와 같은 (c)유형 도식의 빈 괄호를 차례로 채운 다음, 당신의 감흥에 따라 적절하게 또는 멋지게 살을 붙이고 이곳저곳에 배치해 당신의 시를 지어보기를 바란다.

3) 모든 빈칸-채우기를 시도하라. 이번에는 당신 스스로 원관념을 선택하고, 은유적 사고의 나머지 세 요소인 원관념의 본질, 그것을 형상화한 보조관념, 그것에서 이끌어낸 창의를 차례로 정해 도식 '( )→( )→( )→( )'의 빈 괄호를 모두 채워 골격을 만들라는 것이다. 우리는 1권 《은유란 무엇인가》의 11장 '실습-하기'에서 이 작업을 '모든 빈칸-채우기'라 이름 붙였다. 그다음 당신의 감흥에 따라 시어를 만들고 운율에 맞춰 그것들을 자유롭게 풀어놓아 살을 붙여가며 시를 지어보라!

바로 이것이 시인들이 노상 하는 작업이다. 비록 시인들 스스로는 그것을 의식하지 못하고 "시가 내게로 왔어"라고 고백하지만 말이다. 따라서 이 같은 훈련이 은유적 사고력을 길러주어 당신이 설득력 있고 창의적인 인재가 되는 데 도움이 될 뿐 아니라 어쩌면 당신을 시인으로 만들어줄지도 모른다.

그럼에도 여기서 분명히 짚고 넘어가야 할 것이 두 가지 있다. 하나는 이 책의 목적이 당신을 시인으로 만들고자 하는 데에 있지는 않다는 것이다. 만일 당신이 시인이 되려면 우리가 이 책에서 함께 훈련하는 은유적 사고력 외에도 다른 기량들을 더 길러야 할 것이다. 앞에서 언급했듯이 시는 예컨대 풍자, 해학, 반어, 위트, 패러디, 역설을 통해서도 만들 수 있기 때문이다. 거듭 말하지만, 우리의 목적은 빈칸-채우기를 통해 시를 분석하고 또 스스로 시 짓는 훈련을 함으로써 이 책에서 '제3의 사유 패턴'으로 부르는 은유적 사고력을 기르는 데에 있다.

다른 하나는 당신이 만든 시가 자신에게 자랑스러울 수도 있지만 실망스러울 수도 있다는 것이다. 당신이 그동안 보아온 시들은 전업 시인들이 쓴 것이다. 시인들은 오랜 시간 많은 노력을 들여 시를 지어온 사람들이다. 어느 시인도 처음으로 쓴 시가 만족스러웠을 리 없다. 이후 언어를 갈고 다듬는 수련과 노력을 거쳐 경지에 이른 것이다.

당신도 마찬가지다. 실망하지 말고 꾸준히 써보길 바란다. 왜냐고? 무엇보다도 당신의 은유적 사고력이 향상될 것이기 때문이기도 하지만, 어디 그뿐인가. 시를 쓴다는 것은 아무튼 멋진 일일 테니까. 설령 당신이 전업 시인이 되려고 하지 않더라도 말이다. 시를 쓴다면 적어도 당신의 동료보다 표현력, 상상력, 창의력을 갖춘 사람이 될 것이고, 당신의 삶은 한층 풍요로워질 것이다.

II

동시·동요와
은유

시와 노랫말이 은유적 사고를 익히고 훈련하는 데에 좋은 자료가 된다면, 어린이들이 동시와 동요를 통해 그것을 배우고 익히게 해야 한다는 것은 두말할 여지가 없다.

아동심리학자 장 피아제Jean Piaget, 1896~1980에 의하면, 전前 조작기의 어린이(2~7세)는 대상이 고양이인지 개인지를 구분하는 분류화classification*를 하지만, 모든 대상에게 생명이 있다는 물활론적 사고를 하며 가상적 사물과 상황을 실제 사물이나 상황처럼 인식하고 표현하는 등 상상력이 풍부하다. 그리고 구체적 조작기(7~11세)의 어린이는 고양이와 개는 동물에 속하고 나무와 꽃

* 분류화란 대상을 그것이 지닌 공통 속성을 통해 종류에 따라 구분하는 정신 작업을 뜻한다. 예컨대 대상이 고양이인지 개인지를 구분해 인지하는 작업이다.

피아제의 인지발달 4단계

감각운동기(0~2세)	전 조작기(2~7세)
지각·공감 능력	**상상·은유 능력**
환경과 교류하는 시기로 인지발달이 전적으로 감각과 행동에 의존한다.	단어, 기호, 이미지 같은 상징을 이해하고 상상, 표현하는 등 다양한 언어 활동을 한다.
구체적 조작기(7~11세)	형식적 조작기(11세 이후)
구문·계산 능력	**추론·수사 능력**
시간·공간·질량·인과·수단 개념이 생기고 단순한 논리·계산 작업이 가능하다.	추상적·보편적 사고 능력이 생기는 시기로 추론, 전략 짜기, 미래 계획하기가 가능하다

은 식물에 속하며 동물과 식물은 모두 생물에 속한다고 구분해 위계적으로 서열화하는 범주화categorization*를 할 수 있고 시간, 공간, 수단, 인과관계 등에 대한 일련의 추리를 할 수 있어 기초적인 논리적 사고가 시작되는 시기에 있다.[1]

이러한 이유로 전 조작기에서 구체적 조작기에 이르는 어린이들(2~11세)에게는 상상력을 길러주는 은유적 사고와 합리적

---

* 범주화란 대상이 지닌 공통 속성뿐 아니라 그것의 용도, 관계 등을 고려하여 사물이나 개념을 위계적으로 조직하는 작업을 뜻한다. 예컨대 대상이 고양이인지 개인지 만이 아니라 그 둘이 모두 동물에 속한다는 것을 구분해 인지하는 작업이다.

사고력을 길러주는 논리적 사고 모두를 학습하고 훈련하게 하는 것이 매우 중요하다. 그런데 실제 교육은 그렇지 못하다. 조금 자세히 설명하자면 이렇다.

아이는 대략 1세 전후에 말을 배우기 시작하여 2세 무렵에는 새로운 대상을 대할 때마다 "뭐야, 뭐야?"라고 묻는다. 그러면 어른은 보통 "응, 저건 멍멍이야", "이것은 야옹이야"라고 답을 한다. 때로 아이가 고양이를 보고 멍멍이라고 부를 때에는 "아냐, 저건 멍멍이가 아냐, 야옹이야"라고 바로잡아주기도 한다. 이때부터 아이는 이미 동일률(A=A: 멍멍이는 멍멍이다)과 모순율(A≠~A: 야옹이는 멍멍이가 아니다) 훈련을 받는 셈이다.

이후 같은 훈련과 교육이 가정과 유치원에서 지속되기 마련이고, 특히 일생 중 상상력이 가장 뛰어난 전 조작기가 끝나고 구체적 조작기가 시작되는 6세 전후 초등학교에 진학하면 더욱 강화된다. 학교 교육이 동일률과 모순율, 곧 같은 것과 다른 것을 구분하는 훈련을 근간으로 하는 합리적 사고를 가르치는 것이기 때문이다. 그 결과 구체적 조작기의 아이들이 논리적 사고력은 차츰 기르게 되지만, 상상력을 기반으로 하는 은유적 사고력은 오히려 쇠퇴한다.

그리하여 형식적 조작기(11~15세)에 이르면, 아이들은 추론과 같이 복잡한 논리적 사고를 할 수 있게 되고, 대부분 탐정소설이나 추리물 애니메이션에 흥미를 갖게 된다. 그리고 이때부터 이전에 하던 엉뚱한 행동, 예컨대 막대기를 마법 빗자루인 것처럼 다리 사이에 끼우고 하늘을 나는 흉내를 내며 뛰어다니거나, 붉은 보자기를 어깨에 두르고 "슈퍼맨!" 하고 외치며 높은 곳에서 뛰어내리는 행동 등은 사라진다. 아이가 막대기는 〈해리 포터〉에 나오는 마법 빗자루가 아니고, 자신은 슈퍼맨이 아니라는 사실을 자연스레 터득하였기 때문이다.

신중하게 설계되고 계획된 학습

어쩌면 당신은 지금도 어린이들에게 은유적 사고(A=B)를 돕는 교육이 전혀 행해지지 않는 것은 아니라고 말할 수 있다. 왜냐하면 여전히 가정과 유치원 그리고 학교에서 아이들에게 동요와 동시를 부지런히 가르치기 때문이다. 그렇다. 아이들은 어려서부터 동요를 따라 부르고 초등학교에서 동시를 배우며 그 안에 담긴 은유적 사고를 '암암리에' 또는 '간접적으로' 훈련받는다고 볼 수 있다. 그러나 유치원과 초등학교에서 동시와 동요를 가르치는 주목적은 아이들의 정서 함양이지, 은유적 사고의 훈련이 아니다. 그렇기에 그것만으로는 부족하다.

우리는 은유적 사고를 훈련하는 교육이 늦어도 초등학교 고학년부터는, 다시 말해 구체적 조작기의 어린이들부터는 어떤 방식으로든 '의도적으로' 그리고 '체계적으로' 이뤄져야 한다고 생각한다. 시리즈 1권 《은유란 무엇인가》에서 소개한 스웨덴의 심리학자 안데르스 에릭슨이 《1만 시간의 재발견》에서 했던 주장을 떠올려보자. 그는 단순하고 기계적인naive practice 학습이 아니라 신중하게 설계되고 계획된deliberate practice 학습이 비범한 사람과 평범한 사람의 격차를 만든다고 주장했다.

동시와 동요는 짧고 구조가 단순해서 은유적 사고를 추적하고 분석해 훈련하기가 쉽다. 특히 동요는 한번 배우면 외워서 따라 부르기에 좋다. 흥겹게 노래를 부르면서 정서뿐 아니라 은유적 사고력도 향상할 수 있다면 얼마나 좋겠는가. 그러기 위해서는 신중하게 설계되고 계획된 동요·동시 학습 과정이 필요하다.

지난 1권에서 교육신경과학의 연구 결과를 통해 살펴보았듯 학습은 반복적인 '따라-하기'와 '분석-하기' 그리고 '실습-하기'를 통해 효과적으로 이루어진다. 그렇다면 아이들의 은유적 사고력을 기르는 탁월한 방법 가운데 하나 역시 동시 또는 동요를 반복해 낭송하고 또 분석하고 실습하는 교육일 것이다. 그런데 시 낭송과 암송이 아동들에게 끼치는 영향에 대해서는 앞서 1부 '시 낭송의 유익함'이라는 글에서 이미 충분히 살펴보았다. 그래서 이제부터는 분석-하기와 실습-하기를 차례로 훈련하고자 한다.

여기서 한 가지 미리 알리고 싶은 사항이 있다. 시가 은유적 사고에서만 나오는 것이 아니듯 동시와 동요 또한 모두 은유를 통해 만들어지는 것은 아니다. 그렇지 않은 것이 훨씬 더 많다. 그러나 앞에서 언급했듯이 어린이야말로 은유적 사고를 훈련하기에 적합할 뿐 아니라 긴요한 시기에 있다는 것을 고려하면, 이는 매우 안타까운 일이다. 작가들이 은유를 기반으로 동시와 동요를 더 많이 창작하고, 교육학자들이 그런 동시와 동요를 통한 은유적 사고의 학습과 훈련 방법을 더 다양하게 개발하여 교육 현장에서 체계적으로 적용하기를 기대한다.

어쨌든 이제부터 우리는 동시와 동요 가운데 은유적 사고를 기반으로 지어진 작품을 골라 은유 패턴에 맞춰 분석하는 훈련을 해보고자 한다. 그런 다음 빈칸-채우기를 통한 동시와 동요 짓기도 시도해볼 것이다. 다시 말해 은유 패턴 도식에 빈칸을 만들고, 그것을 하나하나 채워가며 동시와 동요를 직접 만드는 훈련을 해보려 한다. 은유적 사고력을 기르는 데에 썩 좋은 방법이다. 그러니 당신이 누구이든—다시 말해 아빠든 엄마든 형이든 누나든, 아니면 선생님이든—이 훈련을 가능한 한 아이와 함께 해보기를 바란다. 자, 그럼 시작해보자!

03. 은유로 동시 짓기

맨 먼저 아동문학의 아버지 소파小波 방정환1899~1931 선생이 남긴 동시 〈여름비〉와 〈눈〉을 골랐다. 이유는 동시도 처음부터 은유적 표현과 사고를 빌려 시작했다는 것을 알리고 싶기 때문이다.

여름에 / 오는 비는 / 나쁜 비야요. / 굵다란 은젓가락 / 나려던져서 / 내가 만든 / 꽃밭을 / 허문답니다.

— 방정환, 〈여름비〉 부분

하늘에서 오는 눈은 / 어머님 편지 / 그리우던 시절이 / 한이 없어서 / 아빠 문안 / 누나 안부 / 눈물의 소식 / 길고 길고 한이 없이 / 길다랍니다.

— 방정환, 〈눈〉

분석해보자! 〈여름비〉에서는 '여름비'가 원관념이고, '굵다', '나려던진다'가 원관념의 본질이며, '은젓가락'이 그것을 형상화한 보조관념이고, '꽃밭을 허문다'가 그것에서 이끌어낸 창의적 표현이라 할 수 있다. 은젓가락이니까 화단을 파헤쳐 허물 힘이 있지 않겠는가!

〈눈〉에서는 '눈'이 원관념이고, '하늘에서 오다'가 원관념의 본질이며, '(하늘나라에 계신) 어머님 편지'가 보조관념이고, '(한없이) 길다'가 창의적 표현이다. 남편과 어린 자녀들을 두고 먼저 하늘나라로 가신 어머님의 편지니까 길고 길고 한없이 길지 않겠는가!

이것이 소파 선생이 두 동시에서 각각 전개한 은유적 사고다. 도식화하면 다음과 같다.

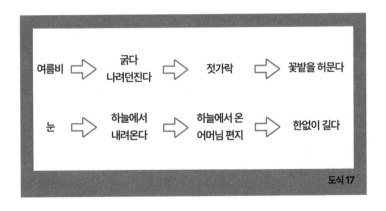

도식 17

동시는 보통의 시에 비해 짧고 구조가 단순하다. 게다가 은유적 표현들이 여기저기에 드러나 있는 경우가 많다. 그런 만큼 분석해 도식화하기가 쉬워서 자세한 설명이 필요하지 않다. 그러면서도 은유적 사고를 훈련하는 데에는 큰 도움이 된다.

이번에는 지금 활발히 활동하고 있는 남정림 작가의 동시 〈단풍〉과 〈밤송이〉를 차례로 살펴보자. 방정환 선생의 동시보다는 구조가 복잡하고 은닉된 표현이 많지만, 그래도 어렵지는 않다.

너도 좋아하는 아이 생겼니? / 그 아이 생각에 얼굴부터 발갛게 물들잖아 / 수업시간에 곁눈질해서 훔쳐도 보고 / 자꾸만 보고 싶다고 / 예쁜 메시지를 나무에 걸어두었잖아

— 남정림, 〈단풍〉

어디에서 몰려온 고슴도치일까? / 밤사이 나무 위로 / 살금살금 올라온 예쁜 침입자 / 가시 돋은 등만 내놓고 / 얼굴은 어디 파묻은 걸까?

— 남정림, 〈밤송이〉 부분

〈단풍〉에서는 '내 마음'이 생략된 원관념이고, '얼굴부터 발갛게 물들다', '자꾸만 보고 싶다'가 원관념의 본질이며, '단풍잎'이

은닉된—그러나 제목으로 예시된—보조관념이고, '나무에 걸어
두다'가 보조관념에서 이끌어낸 창의적 표현이다. 마음이 아니
라 단풍잎이니까 나무에 걸어둘 수 있지 않겠는가.

〈밤송이〉에서는 제목인 '밤송이'가 원관념이고, '가시 돋은
등', '예쁜 침입자'가 원관념의 본질이며, 그것을 형상화한 '고슴
도치'가 보조관념이고, '얼굴을 파묻다'가 보조관념에서 나온 창
의적 표현이다. 고슴도치니까 얼굴을 파묻어 보이지 않게 하지
않았겠는가! 이것이 남정림 작가의 두 동시 안에 들어 있는 은유
적 사고다. 도식화하면 다음과 같다.

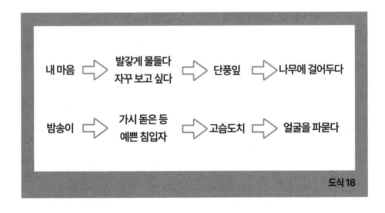

도식18

자, 어떤가? 앞에서 살펴본 일반적인 시 분석보다 훨씬 간단

하고 쉽지 않은가? 이번에는 어린이가 직접 지은 동시를 하나 골라 분석해보자. 다음은 초등학교 3학년 학생이 지은 〈효모〉라는 동시이다.

효모는 혼자 번식한다 / 여자 친구도 / 남자 친구도 / 아무 필요 없다 // 나도 효모인가 보다

이 동시에서 원관념은 '나'다. 그리고 보조관념은 '효모'다. '혼자서 논다'가 나와 효모, 둘 사이의 유사성, 곧 원관념의 본질이다. 그리고 '아무 필요 없다'가 보조관념에서 이끌어낸 창의다. 이 동시 안에 들어 있는 은유적 사고는 '나→혼자서 논다→효모→아무도 필요 없다'로 도식화할 수 있다.

초등학교 3학년이면, 친구가 무척 필요할 때다. 이 동시에는 친구를 갖고 싶은 마음이 반어법을 통해 역설적으로 표현되어 있다. 그런데 무슨 영문인지 이 어린 작가가 친구들에게 무척 서운했던 것 같다. 그 마음이 그대로 드러난 예쁘고 귀여운 동시다. 그래서 이 어린이가 하루빨리 친구들과 화해하고, '효모는 빵을 부풀린다 / 여자 친구도 / 남자 친구도 / 모두 어울려 놀게 한다 // 나도 효모인가 보다'나, 아니면 '레고는 합칠수록 커지고

강해진다 / 여자 친구도 / 남자 친구도 / 모두 모여라 // 나도 레고인가 보다'라고 읊을 수 있기를 기대한다.

이 밖에도 예쁜 동시들은 많다. 하지만 그것들을 골라 그 안에 전개되어 있는 은유적 사고를 추적해 은유 패턴에 맞춰 도식화하는 흥미로운 작업은 이제 당신에게 맡기고자 한다. 다시 당부하지만, 우리는 당신이 이 흥미롭고 유익한 작업을 되도록 아이와 함께해, 당신 자신은 물론이거니와 아이의 은유적 사고력을 기르는 데에 도움을 주기 바란다.

은유적 사고를 이끄는 질문들

자, 그럼 이제 빈칸-채우기를 이용한 동시 짓기를 시작해보자! 방법은 앞에서 소개한 은유로 시 짓기를 할 때와 다를 바 없다. 다른 점이 하나 있다면 당신이 필요할 때마다 적당한 질문을 던져 아이를 도와주면 좋다는 것이다. '이건 또 무슨 소리인가?' 싶을 텐데, 설명하자면 이렇다.

1권에서 이미 언급했듯이, 우리에게는 설령 표현하고 싶은 대상이 있다고 해도 그것을 선명한 이미지로 형상화한 보조관념을 떠올리는 일, 또 그것에서 창의를 이끌어내는 일이 그리 쉽지 않다. 아이에게는 더욱 그럴 것이다. 이때 당신이 적당한 질문을 던져 아이를 도우라는 말이다. 알고 보면, 바로 이것이 빈칸-채우기 훈련이다.

다시 말해 표현하고자 하는 대상(원관념)이 정해지면, "이것은 무엇과 닮았어?"나 "무엇같이 보여?", "이것을 보면 무슨 생각이 나?" 아니면 "이 소리는 무엇같이 들려?", "이것을 맛보면 무슨 생각이 나?" 등과 같이 아이가 마주한 대상과 유사성이 있는 구체적 사물이나 현상이 무엇인지, 그것을 보거나 듣거나 맛보면 무슨 생각이 나는지를 물어보라는 것이다. 그러면 아이가 당신과 함께하는 빈칸-채우기를 훨씬 쉽고 흥미롭게 해낼 것이다.

가령 당신과 아이가 방정환 선생처럼 '여름비'를 원관념으로 정했다고 해보자. 이 동시 안에 들어 있는 은유적 사고를 추적해 분석하는 훈련을 하려면, 아이는 '여름비→( )→( )→( )'와 같은 (c)유형의 빈칸-채우기를 해야 한다. 아이로서는 막막할 수 있다. 이때 당신이 나서 도우면 된다.

즉 당신이 "여름비 하면 뭐가 생각나?" 하고 물으면 아이가 보조관념을 떠올리는 데에 도움이 될 것이다. 그랬더니 아이가 "화가가 생각나"라고 대답했다고 하자. 엉뚱하게도 아이가 '화가'를 보조관념으로 선택한 것이다. 당신이 다시 "왜?"라고 묻자, 아이가 "하늘에 무지개를 그려놓으니까"라고 답했다면, 그것이 원관념의 본질이다. 그럼 이제 보조관념에서 이끌어낸 창의를 물어볼 차례다. 그래서 당신이 "무지개가 뜬 하늘을 보면 무슨 생각이 들어?"라고 물었더니, 아이가 "크레파스는 어디에서 샀을까 궁금해"라고 답했다면, 그것이 당신의 아이가 보조관념에서 이끌어낸 창의다. 도식으로 정리하자면, 다음과 같다.

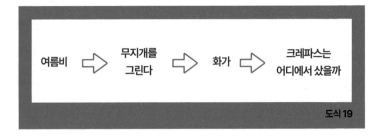

도식 19

어떤가? 천진하고 예쁜 은유적 사고가 아닌가? 그대로 글로 옮겨놓아도 동시가 될 것 같지 않은가? 가령 이렇게 말이다.

여름비가 하늘에 무지개를 그렸다 / 여름비는 하늘나라 화가인가보다 / 여름비야, 너는 어디에서 크레파스를 샀니? / 하늘나라 학교 앞에도 문방구가 있니?

II.

어떤가? 썩 괜찮은 동시를 지은 것 같지 않은가? 아마 당신과 당신의 아이는 이보다 훨씬 기발한 은유적 사고를 할 것이고 훨씬 더 참신한 동시를 만들겠지만, 이 시점에서 중요한 것은 당신이 적당한 때에 알맞은 질문을 던져 당신 자신과 아이의 은유적 사고를 돕는다는 것, 그래서 당신과 아이가 나름의 동시를 함께 만들어가는 일이다. 그럼으로써 당신의 아이가 흥미와 자신감을 가지고, 되도록 자주 은유적 사고를 기르는 빈칸-채우기 훈련을 하게 되어야 한다.

04. 은유로 동요 짓기

동시를 다룬 김에 동요도 잠시 살펴보자. 동요의 노랫말은 사실상 동시다. 거기에 단지 곡이 붙었을 뿐이다. 그런데 바로 그 때문에 동요가 동시보다 더 널리 알려져 있고 아이들이 더 좋아해 자주 부른다. 은유 사고를 학습하는 효과도 그만큼 크다. 이것이 은유를 기반으로 하는 동요를 더 많이 창작하고, 동요를 기반으로 하는 은유적 사고 훈련을 더 많이 실행해야 하는 이유이기도 하다. 당신도 알 만한 동요를 몇 곡 골라 살펴보자. 먼저 윤석중 작사, 홍난파 작곡의 〈낮에 나온 반달〉이다.

낮에 나온 반달은 하얀 반달은 / 햇님이 쓰다 버린 쪽박인가요 / 꼬부랑 할머니가 물 길러 갈 때 / 치마끈에 달랑달랑 채워줬으면

— 윤석중 작사, 홍난파 작곡, 〈낮에 나온 반달〉

여기에서는 '반달'이 원관념이고, '반원이다', '하얗다'가 원관념의 본질이며, 그것을 형상화한 '쪽박'이 보조관념이고, '치마끈에 채우다'가 역시 '반달'이라는 원관념에서는 이끌어 낼 수 없는 창의적 표현이다. 반달이 아니고 쪽박이니까 치마끈에 달 수 있지 않겠는가.

오늘날 도시에서는 달을 보기가 쉽지 않지만, 소동파의 〈적벽부〉나 두보와 이백의 한시에서 보듯이, 예부터 사람들은 달을 보면 시적 감흥이 일고 생각이 많아졌던 것 같다. 그래서인지 동시와 동요에도 달에 관한 것이 많다. 〈낮에 나온 반달〉 외에도 달을 노래한 동요 가운데 잘 알려진 하나가 윤극영 작사·작곡의 〈반달〉이다.

푸른 하늘 은하수 하얀 쪽배에 / 계수나무 한 나무 토끼 한 마리 /
돛대도 아니 달고 삿대도 없이 / 가기도 잘도 간다 서쪽 나라로

— 윤극영 작사·작곡, 〈반달〉

은유 패턴에 맞춰 분석해보면, '반달'이 원관념이고 '하얗다', '반원이다'가 원관념의 본질이며, '쪽배'가 그것을 형상화한 보조관념이고, '돛대도 삿대도 없이 잘도 간다'가 보조관념에서 이끌

어낸 창의적 표현이다. 쪽배니까 돛대도 삿대도 없다고, 그래도
잘도 간다고 할 수 있지 않겠는가. 반달을 원관념으로 한 두 노
랫말을 만든 은유적 사고를 각각 도식화하면 다음과 같다.

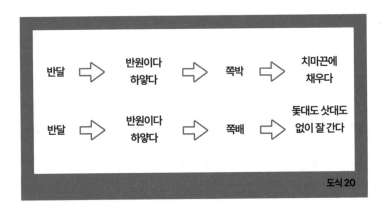

도식 20

이처럼 동요도 은유 패턴에 맞춰 도식화하기가 어렵지 않다.
동시처럼 짧고 단순하기 때문이다. 이번에는 권오순 작사, 안병
원 작곡의 〈구슬비〉를 보자. 역시 당신도 잘 알고 있을 이 동요
의 노랫말은 다음과 같다.

송알송알 싸리잎에 은구슬 / 조롱조롱 거미줄에 옥구슬 / 대롱대
롱 풀잎마다 총총 / 방긋 웃는 꽃잎마다 송송송 / 고이고이 오색실

II.

에 꿰어서 / 달빛 새는 창문가에 두라고 / 포슬포슬 구슬비는 종일 / 예쁜 구슬 맺히면서 솔솔솔

— 권오순 작사, 안병원 작곡, 〈구슬비〉

얼마나 정겹고 예쁜 동요인가! 여기에서는 '구슬비'가 원관념이고, '입자가 둥글다'가 원관념의 본질이며, '구슬'이 보조관념이고, '실에 꿰다', '창문가에 두다'가 보조관념에서 이끌어낸 창의적 표현이다. 빗방울이 아니고 구슬이니까 실에 꿸 수도 있고, 창문에 걸어놓을 수도 있지 않겠는가.

하나 더 살펴보자! 이슬기 작사, 박혜정 작곡의 동요 〈가을바람〉의 노랫말은 또 어떤가.

가을바람 살랑살랑 지나간 뒤에 / 은행나무에 노랑나비 가득 앉았어요 / 팔랑팔랑 떨어지는 은행 이파리 / 노랑나비 떼가 되어 날아갑니다

— 이슬기 작사, 박혜정 작곡, 〈가을바람〉

여기에서는 '은행잎'이 원관념이고, '노랗다', '나무에 앉다'가 원관념의 본질이며, '노랑나비'가 그것을 형상화한 보조관념이

고, '떼가 되어 날아가다'가 보조관념에서 이끌어낸 창의적 표현이다. 은행잎이 아니라 나비니까 떼 지어 날아가지 않겠는가! 그렇다면 이 동요들은 다음과 같이 각각 도식화할 수 있는 은유적 사고의 산물이다.

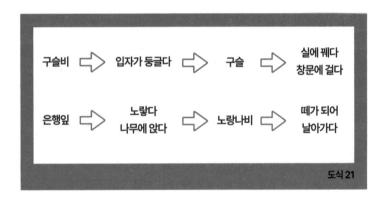

도식 21

달과 호떡과 할머니

앞에서 언급했듯이, 동시는 시에 비해, 동요는 가요나 가곡에 견주어 그 내용이 짧은 데다 은유적 사고가 밖으로 드러나 있는 경우가 많다. 게다가 곡이 붙어 있어 노래로 부르면 흥이 나기에 잊히지 않고 자주 입가에 맴돈다. 그만큼 은유를 구사하는 뇌신경망이 잘 구축되고 강화된다는 뜻이다. 당신이 성인이라 해도 은유적 사고를 훈련하기에 좋은 도구다. 아이들과 함께할 수 있어 더 좋다.

이를 위해 가장 좋은 방법은 우리가 앞에서 동시 짓기를 하며 이미 훈련한 '빈칸-채우기'로 동요 짓기를 당신 아이와 함께 해보는 것이다. 예를 들면 예부터 사람들이 자주 노래한 '달'을 원관념으로 정한 다음 나머지는 모두 빈칸으로 만든 (c)유형의 빈칸-채우기를 해보라.

달 ⇨ (   ) ⇨ (   ) ⇨ (   )

도식 22

이때 아이를 돕기 위해 당신이 "달은 어떻게 생겼어?"와 같은 물음을 먼저 던지는 것이 중요하다! 그랬더니 아이가 "노랗고 둥글게 생겼어"라고 대답했다고 하자. 그것이 아이가 생각하는 원관념의 본질이다. 그다음 "그럼 그것은 무엇과 비슷해?"나 "무엇과 닮았어?"라고 물어보자. 그랬더니 아이가 "호떡같이 생겼어"라고 대답했다면, 그것이 아이가 형상화한 보조관념이다. 그 다음에 당신이 "호떡을 보면 무슨 생각이 나?"라고 물었더니, 아이가 "돌아가신 할머니가 생각나. 할머니가 호떡을 자주 만들어 주셨잖아"라고 답했다고 하자. 이것이 아이가 보조관념인 호떡에서 이끌어낸 창의다.

그러면 당신과 아이는 '달→노랗고 둥글다→호떡→할머니가 생각난다'와 같은 은유적 사고를 함께 완성한 것이다. 그다음 이은유적 사고에다 살을 붙여 흥겨운 노랫말을 만들면 된다. 이번엔 그 일을 당신에게 맡긴다. 정겹고 예쁜 노랫말이 되길 바란다. 만일 당신이 곡도 붙일 수 있다면 더 바랄 것이 없겠다. 그러나 그럴 수 없다면, 다른 제안을 하나 하겠다.

그것이 뭐냐고? 당신과 아이가 만든 은유 패턴을 예컨대 윤석중 시인이 지은 〈낮에 나온 반달〉의 운율을 따라 노랫말로 만든 다음, 홍난파 선생의 곡에 맞춰 노래로 불러보라는 것이다. 이를 테면 아래와 같이 만들어보라는 것이다.

밤에 나온 달은 둥근 달은 / 할머니가 만들어준 호떡인가 봐 / 하늘 나라에서도 호떡 만들어 / 우리 새끼, 먹으라고 내놓았나 봐 어떤가? 그럴듯한가? 모든 학습의 성패는 아이의 관심과 흥미를 이끌어낼 수 있느냐 없느냐에 달려 있다. 관심과 흥미만 이끌어낼 수 있다면, 아이들은 우리가 생각하는 것보다 훨씬 창의적이다. 모르긴 해도 당신과 아이는 우리가 상상하는 것보다 훨씬 더 참신하고 기발한 물음과 대답으로 멋진 노랫말을 만들어낼 수 있을 것이다.

어디 〈낮에 나온 반달〉뿐이겠는가? 당신은 앞에서 분석해 만든 〈구슬비〉, 〈은행잎〉의 은유 도식에 빈칸들을 만들어놓고 아이와 함께 채운 다음, 곡에 맞춰 노랫말을 만들어 노래로 불러보아도 좋다. 그 밖에도 새롭고 흥미로운 동요들이 많으니, 그중 아이가 좋아하는 노래를 골라 분석한 다음, 도식으로 만들어 그것을 따라 아이가 스스로 노랫말을 만들게 해보라!

가장 좋은 것은 아이가 흥미를 보이는 대상을 원관념으로 정하고, 같은 작업을 함께 해보는 것이다. 당연히 아이의 흥미가 더 커질 것이고 은유적 사고력도 그만큼 더 향상될 것이다. 물론 당신이 옆에서 때마다 적절한 질문을 던져 아이를 도와주는 일은 계속해야 한다.

혹시 아직도 어렵다고 생각되는가? 그래서 시도하기가 꺼려지는가? 무슨 일이든 처음에는 그렇다. 특히 원관념을 형상화해

보조관념을 만드는 일은 누구에게나 만만치 않은 작업이다.

그래서 이번에는 당신이 아이와 함께 동시나 동요를 짓는 데 상대적으로 부담이 작은 유형의 동시와 노랫말을 소개하려고 한다. 왜냐하면 이 유형의 동시나 노랫말은 보조관념을 따로 만들 필요가 없는 특별한 유형의 은유로 만들어졌기 때문이다. 앞 장에서 원관념의 본질과 창의를 만들어내야 하는 부담이 없는 설명시를 통해 시 짓기 훈련을 시작했듯 이번에도 쉬운 것부터 시작하여 당신과 아이들의 관심과 흥미를 이끌어냄으로써 은유적 사고력을 기르자는 뜻에서다.

05. 의인화로 동시·동요 짓기

당신은 아는가? 동시 또는 동요에서 가장 자주 발견되는 은유적 사고가 의인화擬人化, anthromorphization라는 것을! 1권에서 잠시 설명했듯이, 의인화란 사람이 아닌 대상에 사람처럼 생명과 성격을 부여하여 사고하는 것을 말한다. 그리고 그러한 사고를 언어로 표현하는 것을 수사법에서 의인법擬人法, personification이라 한다. 의인화는 비단 동시나 동요뿐 아니라 우화와 동화에도 빈번하게 사용되는 은유적 사고의 한 형태다.

인류의 계통발생적 인지발달 과정과 개인의 개체발생적 인지발달 과정 사이에는 유사성이 존재한다. 고대 인류는 물, 바위, 나무와 같은 사물이나 불, 바람과 같은 자연현상에도 영혼이 있고, 그렇기 때문에 그것들이 살아 있다고 생각하는 물활론적 사고를 했다. 그래서 그것들을 의인화했다. 그런데 그것은 2~7세

아동들의 특징이기도 하다. 이 말은 의인화가 인류에게나 개인에게나 맨 먼저 나타난 은유적 사고라는 뜻이다.

같은 현상을 어문학적 측면에서 살펴보자면, 사고와 언어가 아직 발달하지 않은 문명의 여명기에는 사람들이 불, 물, 바람과 같이 생명이 없는 대상의 움직임이나 동식물의 형태 또는 동작을 표현하기가 쉽지 않았다. 그래서 고대인들은 그것들을 어쩔 수 없이 사람의 행동에 견주어—이른바 의인화하여—은유적으로 표현할 수밖에 없었다. 예를 들면 '불이 살아난다', '불이 죽는다'나 '불이 춤춘다' 또는 '시냇물이 달린다', '별이 잠잔다', '새가 운다' 또는 '새가 노래한다'와 같은 표현이 그렇다. 이 점에서는 어린이들도 고대인들과 같은 상황에 놓여 있는 셈이다. 이것이 동시와 동요에 의인화된 표현들이 자주 등장하는 이유다.

그렇다면 우리는 동시와 동요에서 보이는 의인화된 표현도 은유 패턴에 맞춰 분석할 수 있다. 예컨대 '불이 춤춘다'를 보자. 이 은유적 사고에서 불은 사람이다. 은유 패턴에 맞춰 도식화하면 '불'이 원관념이고, '활발히 움직인다'가 그것의 본질이며, '사람'이 생략된 보조관념이고, '춤춘다'가 보조관념에서 이끌어낸 창의다. '새가 노래한다'도 마찬가지다. 여기서는 새가 사람이다. 도식화하자면 '새'가 원관념이고, '아름다운 소리를 낸다'가 원관념의 본질이며, '사람'이 생략된 보조관념이고, '노래하다'가 그것에서 이끌어낸 창의적 표현이다.

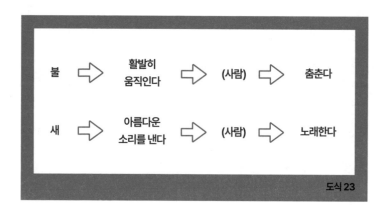

도식 23

〈도식 23〉에서 확인할 수 있듯이 의인화된 모든 은유적 사고에서 보조관념은 언제나 '사람'이고, 그렇기에 항상 생략된다. 즉 의인화는 생물이든 무생물이든 원관념을 사람이라는 보조관념을 통해 개념화하는 은유적 사고다. 무생물을 생물처럼 표현할 때 수사법에서는 활유법活喩法*이라고도 한다. 여기에서 우리는 의인화한 은유 표현에 담긴 은유적 사고의 도식을 다음과 같이

---

* 예를 들어 '하늘이 운다'라고 하면 의인법이지만, '하늘이 으르렁거린다'라고 하면 활유법이다.

일반화할 수 있다.

이제 동요 몇 곡을 예로 들어 분석하며 그 안에 의인화되어 담긴 은유적 사고를 추적해 도식화해보자.

새가 울고 바위가 듣는다

다음은 김종상 작사, 신상춘 작곡의 동요 〈서로가 서로를〉이다.

산새가 숲에서 울고 있는데 / 바위는 조용히 듣고 있었다 / 바람이 구름을 밀고 있는데 / 하늘은 가만히 보고 있었다

—김종상 작사, 신상춘 작곡, 〈서로가 서로를〉

이 동요는 의인화를 사용한 동요의 모범이라 할 수 있다. 노랫말 전체가 의인화된 표현으로만 구성되어 있다. 새, 바위, 바람, 하늘을 의인화하여—다시 말해 사람이라는 보조관념을 통해 개념화하여—각각 '울고 있다', '듣고 있다', '밀고 있다'. '보고 있다'라는 창의를 얻어냈다. 그것은 원관념에서는 이끌어낼 수 없는, 오직 보조관념인 사람에게서만 이끌어낼 수 있는 은유적 표현이다. 도식화하면 다음과 같다.

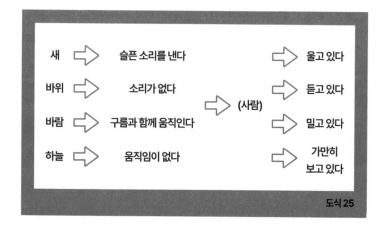

도식 25

의인화란 이처럼 '사람'을 보조관념으로 규정하여 새로운 사고 내지 표현을 얻어내는 은유적 표현방법이다. 다른 동요들을 더 보자. 이번에는 손미경 작사, 문원자 작곡의 〈눈사람〉과 이원수 작사, 정세문 작곡의 〈겨울나무〉이다.

하루 종일 서 있는 눈사람 / 무얼 생각하는지 궁금하지요 / 다리 아플까 춥진 않을까 / 하루 종일 서 있는 눈사람

— 손미경 작사, 문원자 작곡, 〈눈사람〉

나무야 나무야 겨울나무야 / 눈 쌓인 응달에 외로이 서서 / 아무도 찾지 않는 추운 겨울을 / 바람 따라 휘파람만 불고 있느냐

— 이원수 작사, 정세문 작곡, 〈겨울나무〉

〈눈사람〉에서는 눈사람이 원관념이고, '하루 종일 서 있다'가 원관념과 보조관념 사이의 유사성, 곧 원관념의 본질이며, 역시 '사람'이 생략된 보조관념이고, '무얼 생각하다'. '다리 아프다', '춥다'가 '눈사람'이라는 원관념에서는 이끌어낼 수 없는 창의적 표현이다. 〈겨울나무〉에서는 '겨울나무'가 원관념이고, '외로이 서 있다'가 원관념의 본질이며, 역시 '사람'이 생략된 보조관념이고, '휘파람 불다'가 '사람'이라는 보조관념에서 이끌어낸 창의다. 각각 도식화하면 다음과 같다.

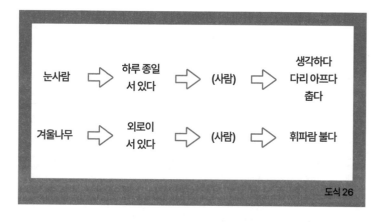

도식 26

어떤가? 보통의 시를 분석하기보다 훨씬 쉽고 흥미롭지 않은가? 그래서 이번에는 당신에게 세 가지 동요를 주고 당신이 직접 분석해 도식화해보는 훈련을 제안하려 한다. 물론 이번에도 아이와 함께 해보기를 권한다. 첫 번째 동요는 널리 알려진 강소천 작사, 한용희 작곡의 〈꼬마 눈사람〉이고, 두 번째는 전세준 작사, 이수인 작곡의 〈바람 소리〉이며, 세 번째 동요는 김완기 작사, 황옥경 작곡의 〈아기 나무 작은 열매〉이다.

한겨울에 밀짚모자 꼬마 눈사람 / 눈썹이 우습구나 코도 삐뚤고 / 거울을 보여줄까 꼬마 눈사람

— 강소천 작사, 한용희 작곡, 〈꼬마 눈사람〉

동시·동요와 은유

별들이 소곤소곤 속삭이는 밤하늘에 / 바람 소리 노랫소리 아득히 퍼지면서 / 아기별 귓속으로 살며시 파고들어 / 자장자장 노래 들려줍니다

—전세준 작사, 이수인 작곡, 〈바람 소리〉

아기 나무 초록색 작은 열매가 / 조롱조롱 매달려 소근거려요 / 빨리 자라서 형아 될 테야 / 어서 자라서 누나 될 테야 / 고운 햇살 사알짝 얼굴 내밀면 / 빨간 열매 동그란 꿈을 꿉니다

—김완기 작사, 황옥경 작곡, 〈아기 나무 작은 열매〉

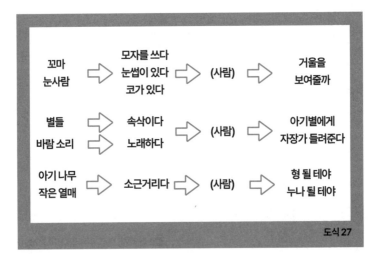

도식 27

이 동요들을 은유 도식에 맞춰 분석해보았는가? 원관념인 눈사람과 보조관념인 사람의 유사성을 찾아 원관념의 본질로 정했는가? 그리고 보조관념에서 이끌어낸 창의를 찾았는가? 그럼 차례로 배열해 은유 패턴 도식을 만들어보라! 만일 당신과 아이가 〈도식 27〉이나 이와 유사한 형태로 완성했다면 세 동요를 일궈낸 은유적 사고를 추적하는 데에 성공한 것이다.

의인화를 이끄는 질문들

이제는 지금까지 그래왔듯이 빈칸-채우기를 통해 당신과 아이가 함께 동요를 만들어볼 차례다. 하지만 앞서 여러 번 실습한 만큼 하나만 골라서 해보려고 하는데 요령은 똑같다.

만일 당신과 아이가 예컨대 '꼬마 눈사람'을 원관념으로 하고 의인법을 사용한 동요를 만들고 싶다면, 당신은 아이에게 먼저 "꼬마 눈사람이 어떻게 보여?"나 "사람과 비슷한 점이 뭐야?"와 같은 질문을 해야 한다. 그랬더니 아이가 "추워 보여, 코가 빨개. 감기 들겠어"라고 대답했다고 하자. 그래서 당신이 "그럼 어떻게 해주고 싶어?"라고 묻자, "마스크를 채워줄 거야"라고 답했다면, 당신과 아이는 다음과 같은 은유 도식을 완성한 것이다.

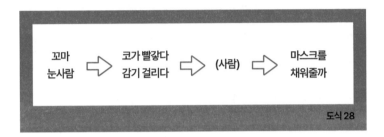

도식 28

이제 노랫말을 만들어 곡을 붙여야 하는데, 만일 당신과 아이가 강소천 선생이 지은 〈꼬마 눈사람〉을 따라 노랫말을 지어 한용희 선생의 곡에 맞춰 불러보길 원한다면, 다음과 유사한 노랫말이 만들어질 것이다.

앞마당에 서 있는 꼬마 눈사람 / 감기에 걸렸나, 코가 빨개 / 마스크를 채워줄까, 꼬마 눈사람

아마도 당신의 아이는 훨씬 참신한 대답으로 더 창의적인 동요를 만들어냈을지도 모른다. 하지만 일단 여기서 시작하자. 중요한 것은 과감한 시도이고 부단한 연습이다. 앞에서 소개한 다

른 동요를 가지고 이런 작업을 반복하거나, 아니면 아이가 관심을 갖는 대상을 선정해 같은 방법으로 노랫말을 만들어보자. 그러는 사이 아이의 뇌에는 은유적 사고를 할 수 있는 뇌신경망이 생겨날 것이다.

　이런 현상이 어디 아이에게만 일어날까? 아니다! 당신의 뇌에서도 분명 똑같은 변화가 일어나기 시작할 것이다. 그래서 우리는 이제부터 가곡과 대중가요 또는 케이팝 가사를 통해 은유적 사고를 훈련하고 노랫말도 만들어보는 작업을 해보려고 한다. 어떤가? 매우 흥미롭지 않을까? 그럼 3부로 넘어가자!

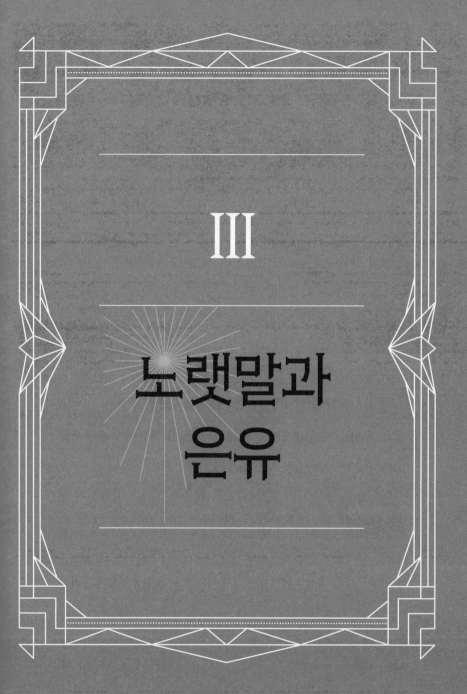

III

노랫말과
은유

노랫말 가운데는—가요, 가곡, 케이팝 등 장르를 가리지 않고 또 시대를 가리지 않고—탁월한 은유적 표현과 은유적 사고의 산물이 의외로 많다. 우리는 이런 노래를 무심히 듣거나 열심히 따라 부르면서 사실상 자신도 모르게 은유적 사고를 훈련해왔다. 고마운 일인데, 우리나라 사람들의 놀라운 창의성은 노래 부르기를 유난히 좋아하는 그것에서 비롯하는지도 모른다. 그래서 우리는 이들 가운데 장르별로 몇 곡을 골라 분석하며 훈련해보고자 하는데, 이번에도 쉬운 것부터 시작하자!

　다음은 지금은 거의 잊힌 옛 가요 가운데 하나로 최희준이 부른 〈하숙생〉이다.

　인생은 나그네 길 / 어디서 왔다가 어디로 가는가. / 구름이 흘러가

듯 떠돌다 가는 길에 / 정일랑 두지 말자 미련일랑 두지 말자

— 김석아 작사, 김호길 작곡, 〈하숙생〉 부분

1960년대에 대중의 큰 사랑을 받은 이 곡은 '인생은 나그네 길'이라는 은유적 표현으로 시작한다. '인생'이 원관념이고, 그것의 본질이 '어디서 왔다가 어디로 가는가를 모른다'는 것, '구름이 흘러가듯 떠돌다 간다'는 것이다. 그리고 이를 형상화한 보조관념이 '나그네 길'이고, 거기서 이끌어낸 창의가 '정일랑 두지 말자 미련일랑 두지 말자'이다. 이 노랫말은 분석-하기가 쉽다. 작사가가 마치 우리의 은유 패턴에 맞춰 짓기라도 한 듯 원관념, 그것의 본질, 보조관념, 거기서 나온 창의를 하나하나 나열해놓았다. 그 밖에 다른 것은 없다. 이 점에서 김동명의 〈내 마음〉과 다를 바 없다. 도식화하면 다음과 같다.

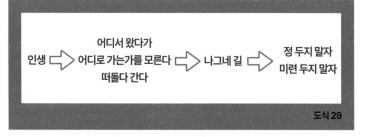

도식 29

물론 이런 경우는 그리 흔치 않다. 대중가요라고 해도 그것의 골격인 은유적 사고는 여기저기에 '흩어져 있거나 숨어 있는' 경우가 대다수다. 다른 장르의 노랫말 역시 마찬가지인데, 그들 속에 들어 있는 은유적 표현과 사고를 찾아내 은유 도식에 맞춰 도식화하는 것이 이제부터 우리가 하고자 하는 훈련이다. 이를 통해 당신의 은유적 사고력은 빠르게 향상될 것이다. 노랫말은 당신이 가장 자주 접하는 은유적 표현이기 때문이다.

06. 은유로 노랫말 분석-하기

다음은 주세페 베르디의 오페라 〈리골레토〉에 나오는 〈여자의
마음〉과 심수봉의 노래 〈남자는 배 여자는 항구〉다. 둘 다 지금
의 남녀평등 사상에는 어긋나고 고정된 성 역할을 담고 있다는
시대적 한계를 보이지만, 대중적으로 널리 알려진 노래라서 예
로 든다.

여자의 마음은 변덕스러워 바람에 날리는 갈대처럼 / 말과 생각이
항상 변한다* / 언제나 예쁘고 매력적인 얼굴이지만, / 눈물을 흘리

---

* 우리말 가사에는 보통 "여자의 마음은 바람에 날리는 갈대와 같이 항상 변한다"이지
만, 원어인 "La donna è mobile qual piuma al vento Muta d'accento e di pensiero"를 직역하
면 "여자는 변덕스러워 마치 바람 속 깃털처럼 말투와 생각을 바꾼다"가 된다. 여기서는
이것을 의역해 싣는다.

며, 남자를 속이는 여자의 마음 / 여자의 마음은 변덕스러워 바람에 날리는 갈대처럼 / 말과 생각이 늘 변한다 / 변하네, 변하네 / 여자를 믿거나 의지하는 남자는 / 항상 후회하거나, 마음을 다친다네!

— 주세페 베르디, 〈여자의 마음〉

언제나 찾아오는 부두의 이별이 / 아쉬워 두 손을 꼭 잡았나 / 눈앞에 바다를 핑계로 헤어지나 / 남자는 배 여자는 항구 / 보내주는 사람은 말이 없는데 / 떠나가는 남자가 무슨 말을 해 / 뱃고동 소리도 울리지 마세요 / 하루하루 바다만 바라보다 / 눈물지으며 힘없이 돌아오네 / 남자는 남자는 다 모두가 그렇게 다 / 아~ / 이별의 눈물 보이고 돌아서면 잊어버리는 / 남자는 다 그래

— 심수봉 작사·작곡, 〈남자는 배 여자는 항구〉

누구나 익히 들어 잘 알고 있는 노래들이다. 이 노래 가사에는 우리가 찾는 은유적 사고의 네 요소인 원관념, 그것의 본질, 보조관념, 거기서 이끌어낸 창의가 여기저기 흩어져 있거나 숨어 있다. 그러나 만일 당신이 이 책을 따라 처음부터 지금까지 훈련해왔다면 그것을 찾는 일이—〈하숙생〉만큼 쉽지는 않겠지만— 그리 어렵지 않을 것이다.

〈여자의 마음〉에서는 '여자의 마음'이 원관념이고, '변덕스럽다', '항상 변한다', '남자를 속인다'가 그것의 본질이며, 이를 형상화한 '바람에 날리는 갈대'가 보조관념이고, 거기서 이끌어낸 창의는 '여자를 믿거나 의지하는 남자는 항상 후회하거나 마음을 다친다'이다. 어떤가? 네 요소가 흩어져 있긴 하지만 찾아 분석-하기가 어렵지는 않지 않은가?

그러나 〈남자는 배 여자는 항구〉는 조금 다르다. 하나의 노래 안에 '남자는 배', '여자는 항구'라는 두 가지 은유적 사고가 짝을 이루며 나란히 진행되기 때문이다. 그래서 원관념, 그것의 본질, 보조관념, 거기서 이끌어낸 창의가 모두 두 개씩이다. 그래도 그리 어렵지는 않다. '남자'라는 원관념의 본질은 '떠난다'이고 그것을 형상화한 보조관념은 '배'이며, 여기서 나온 창의가 '돌아서면 잊는다'이다. 마찬가지로 '여자'라는 원관념의 본질은 '기다린다'이고 그것을 형상화한 보조관념은 '항구'이고, 여기서 나온 창의가 '바다만 바라본다', '눈물지으며 돌아선다'이다.

〈여자의 마음〉과 〈남자는 배, 여자는 항구〉, 두 노랫말을 은유 패턴에 맞춰 나타내면 〈도식 30〉과 같다.

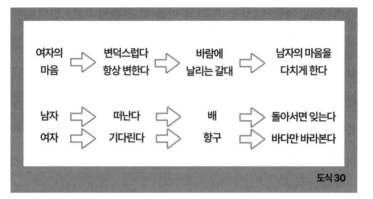

도식 30

사랑 노래가 말하는 것

그런데 혹시 당신도 느끼는가, 노랫말에 '사랑'을 주제로 한 것이 유독 많다는 것을? 우리의 삶에서 사랑이 그만큼 큰 비중을 차지한다는 뜻일 텐데, 제목부터 대뜸 사랑에 관한 은유적 표현을 들이대는 경우도 흔하다. 가요 중에서만 골라도 '사랑은 눈물의 씨앗', '사랑은 나비인가 봐', '사랑은 병이다', '사랑은 썰물', '사랑은 유리 같은 것', '사랑은 무승부', '사랑은 미친 짓'……, 예를 들자면 끝이 없다.

이처럼 원관념과 보조관념이 제목으로 주어진 경우는 은유적 사고를 추적하기가 상대적으로 쉽다. 원관념의 본질과 창의만 찾아내면 되기 때문이다. 이제 그런 노래 가운데 몇 곡을 골라 훈련해보고자 하는데, 쉬운 만큼 분석 과정은 일일이 밝혀 설명하지 않고 그것들을 은유 패턴에 맞춰 정리한 도식만 제시하려 한다. 하지만 도식을 보기 전에, 분석은 당신 스스로 해보기 바란다.

다음은 나훈아가 부른 〈사랑은 눈물의 씨앗〉, 더원의 노래 〈사랑은 병이다〉, 원준희의 〈사랑은 유리 같은 것〉의 노랫말이다.

사랑이 무어냐고 물으신다면 / 눈물의 씨앗이라고 말하겠어요 / 먼 훗날 당신이 나를 버리지 않겠지요 / 서로가 헤어지면 모두가 괴로워서 / 울 테니까요

— 남국인 작사, 김영광 작곡, 〈사랑은 눈물의 씨앗〉 1절

이 슬픔 이 눈물 가슴 아픔 / 점점 더해갈수록 / 커져만 가는 슬픈 사랑 / 아파도 너는 내 사랑 / 미워도 너는 내 사랑 / 널 사랑한 죄로 난 모든 걸 다 잃었지만 / 그래도 너는 내 사랑 / 내 마음에 병처럼 / 퍼진 사랑은 쉽게 낫질 않아

— 베짱이 작사, 개미 작곡, 〈사랑은 병이다〉 부분

정말 몰랐어요 / 사랑이란 유리 같은 것 / 아름답게 빛나지만 / 깨어지기 쉽다는 걸 / 이제 깨어지는 사랑의 조각들은 / 가슴 깊이 파고드는 / 견딜 수 없는 아픔이에요

　　　　　　　　　　— 최명섭 작사, 최규섭 작곡, 〈사랑은 유리 같은 것〉 부분

어떤가? 이들 노랫말에 들어 있는 은유적 사고를 추적해 분석해보았는가? 도식화하면 아마 다음과 같거나 비슷할 것이다.

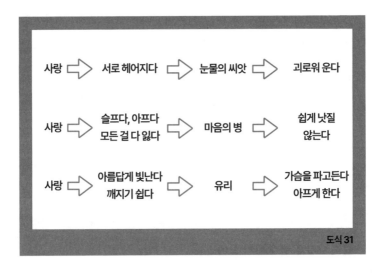

도식 31

우리는 당신이 좋아하는 가요들에서도 몇 곡을 골라 이 같은

훈련을 스스로 해보기를 바라는데, 그 작업은 지금까지 부단히 해온 시, 동시, 동요를 분석하는 작업과 조금도 다를 것이 없다. 따라서 이제 당신이 알아서 잘해내리라 믿는다. 그래서 매우 흥미롭기는 하지만, 노랫말을 분석해 도식화하는 훈련은 여기에서 그치고자 한다.

그리고 이제부터는 당신이 직접 노랫말을 짓는 방법에 관해 이야기하려고 하는데, 그 역시 앞에서 이미 여러 번 설명한 시, 동시, 동요를 짓는 방법과 조금도 다를 것이 없다. 하지만 기억을 다시 떠올려 훈련한다는 의미에서 이어지는 7장에서 간략히 소개한다.

07. 은유로 노랫말 짓기

노랫말-짓기를 통한 훈련 방식은 우리가 지금까지 여러 번에 걸쳐 해온 '빈칸-채우기'다. 우선 가장 모범적인 것—가장 쉬운 것이라는 의미다—을 골라 함께 해보자! 다음은 앞에서 소개한 〈하숙생〉을 분석해 만든 도식에서 원관념의 본질, 보조관념, 창의가 들어갈 곳을 모두 괄호로 표기한 것이다.

인생 ⇨ ( ) ⇨ ( ) ⇨ ( )

도식 32

우리는 1권 《은유란 무엇인가》에서 이 같은 빈칸-채우기 도식을 (c)유형이라고 이름 붙였는데, 이 도식의 빈칸을 차례로 채우면서 당신은 인생에 관한 자신만의 노랫말을 지을 수 있다. 자, 함께 해보자.

첫째, 당신은 먼저 원관념인 인생의 본질이 무엇인가를 생각해야 한다. 만일 당신이 평소에 인생이 '길고 고되다', '오르막길이 있으면 내리막길도 있다'라고 생각한다면, 그것이 원관념의 본질이고, 당신은 이미 첫 번째 빈칸을 채운 것이다.

둘째, 그다음 당신은 자신이 생각해낸 인생의 본질을 무엇으로 형상화할지 궁리해보아야 한다. 가령 당신은 그것을 '장거리 경주'나 '마라톤'으로 형상화할 수 있다. 그러면 당신은 두 번째 빈칸을 채울 보조관념도 얻은 것이다.

셋째, 이제 당신은 그 보조관념에서 어떤 새로운 생각을 이끌어낼지를 생각해내야 한다. 아마 당신은 시련이 와도 '참고 견뎌라', '포기하지 마라'라는 창의를 떠올릴 수 있을 것이다. 이 말은 당신이 빈칸-채우기를 통해 '인생은 마라톤이다. 길고 고되지만, 오르막길이 있으면 내리막길도 있는 법이다. 어떤 시련이 와도 포기하지 마라'라는 은유적 사고를 해냈다는 뜻이다. 이를 도식화하면 다음과 같다.

인생 ⇨ 길고 고되다 ⇨ 마라톤 ⇨ 참고 견뎌라 포기하지 마라

도식 33

넷째, 그렇다면 이제 당신이 해야 할 일은—모든 작사가가 그리하듯이—당신이 찾은 은유적 사고의 네 요소를 자신의 감흥에 따라 또는 곡에 맞춰 적절히 배열하는 것이다. 이때 보통은 강조하고 싶은 요소를 반복하거나 작사가 자신의 감흥이나 정서를 노랫말에 들여오기 마련이다. 은유적 사고는 노랫말의 '골격'이고 노래를 위해 덧붙여지는 이런저런 부가 요소들은 '살'이다. 그렇다면 은유적 사고를 찾아내 분석하는 일은 시 또는 노랫말에서 살을 제거해내는 작업이고, 시 짓기나 노랫말 짓기는 거꾸로 은유적 사고에 살을 붙이는 작업이라 할 수 있다.

살-붙이기 훈련

'살-붙이기'는 사실상 작사가의 감흥이나 정서에 따라 또는 곡에 맞춰 행해지기 때문에 매우 개인적이며 개성적인 작업이다. 따라서 당신에게 전적으로 맡길 수밖에 없다. 하지만 이 작업이 당신에게는 무척 생소하고 막막할 것이다. 그래서 함께 훈련해보고자 하는데, 우선 포지션이 2000년에 발표한 〈Keep on Running〉의 노랫말을 잠시 살펴보자. 왜냐하면 이 노랫말이 당신이 조금 전에 완성한 '인생은 마라톤이다'라는 은유적 사고에 다 살을 붙여 만든 것이기 때문이다. 이 노랫말을 보면서 당신은 우리 저자들이 말하는 살-붙이기가 무엇을 뜻하는지 알 수 있을 것이다.

(Intro) 다시 또 뛰는 거야 / Keep on Running 그렇게 포기하지 마 / 어떤 시련이 날 막는다 해도 / 쓰러질 순 없는 거야 / 불같은 태양처럼 Like A Fire / 저 하늘 저 높이 나는 거야 / 멈추지 말고 다시 Run Run Run

(Song 1) 달려가는 거야 / 뒤돌아보지 말고 / 내 뜻대로 되지 않는 세상이지만 / 쓰러지면 어때 / 다시 일어서는 거야 / 사는 재미가

그런 거지 / 다른 게 있겠어 / 힘겨운 오늘이 추억이 될 거라는 걸
왜 모르는지 / 다시 또 뛰는 거야 Keep on Running / 산 너머 산일
지라도 / 내가 가는 길이 험하다 해도 / 누가 대신 갈 수 있어 / 오늘
도 태양처럼 Like A Fire / 구름에 가리는 날이라도 / 멈추지 말고
다시 Go Go Go

—Nobuteru Maeda·이승호·주영훈 작사·작곡, 〈Keep on Running〉 부분

어떤가? 〈Keep on Running〉에는 살이 많이 붙어 있지만 '인생
은 마라톤이다'라는 은유적 사고가 골격을 이룬다. 그렇지 않은
가? 따라서 〈도식 34〉에 실린 은유 도식과 같거나 유사할 수밖
에 없다.

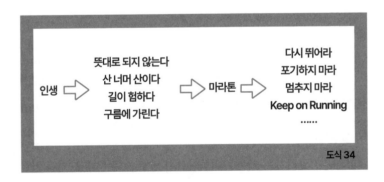

도식 34

그런데 곰곰이 살펴보면, 이 노랫말에는 원관념과 보조관념이 생략되어 있다. 단지 짐작할 수 있을 뿐이다. 그 대신 원관념의 본질과 창의는 여러 번 반복해서 나온다. 사실상 〈Keep on Running〉은 그 둘만으로 이루어졌다.

우선 Intro 첫머리부터 "다시 또 뛰는 거야, 그렇게 포기하지 마"와 같이 은유 도식에서 창의에 속하는 부분이 툭 튀어나온다. 그리고 같은 내용인 "멈추지 말고 다시 Run Run Run"이 뒤따라 나온다. Song 1에서도 마찬가지다. 노랫말 중간중간에 "내 뜻대로 되지 않는 세상이지만", "산 넘어 산일지라도 내가 가는 길이 험하다 해도", "구름에 가리는 날이라도"와 같이 인생이라는 원관념의 본질이 섞여 있지만, 곧바로 다시 "다시 일어서는 거야", "다시 뛰는 거야 Keep on Running", "멈추지 말고 다시 Go Go Go"와 같이 창의를 반복한다.

그렇다, 이것이 요령이다! 우리가 여기에서 주목할 것은 작사가가 노랫말을 지을 때 이처럼 은유적 사고를 구성하는 네 가지 요소 가운데 어느 것은 드러내고 어느 것은 은닉하며 어느 것은 반복해 강조하고 어느 것은 생략하면서 은유적 사고라는 골격에 살을 붙인다는 것이다. 그렇다면 이제 당신도 할 수 있다. 다시 말해 노랫말의 원관념을 정한 다음, 빈칸-채우기를 통해 당신이 생각하는 또는 전하고 싶은 원관념의 본질, 보조관념, 그리고 창의를 차례로 찾아 은유 도식을 완성한 뒤 그것에 당신 자신의 감흥이나 정서에 따라 살을 붙여 노랫말을 만들 수 있다는 말이다. 시도해보길 바란다! 이제부터는 당신의 몫이다.

어떤가? 멋진 노랫말이 만들어졌는가? 당장은 어려울 수도 있다. 특히 당신의 감흥이나 정서에 따라 살을 붙이라는 말이 막연하게 들릴 수 있다. 앞서 언급했듯이 그것은 극히 개인적이고 개성적인 작업인 데다 의도적이거나 인위적으로는 쉽게 되는 일이 아니기 때문이다. 그럼에도 의도적으로 살을 붙이는 방법을 하나 소개하고자 한다. 뭐냐고? 삶에 대한 당신 나름의 성찰을 노랫말에 담는 것이다.

우리는 앞에서 대중가요의 노랫말에도 삶에 대한 나름의 성찰이 들어 있는 것을 보았다. 〈하숙생〉에서는 인생은 나그네 길이니 정일랑 두지 말자, 미련일랑 두지 말자는 것이었고, 〈Keep on Running〉에서는 인생은 마라톤과 같으니 포기하지 말라, 멈추지 말라는 것이었다. 대중가요란 본디 삶에서 우러나오는 것이기 때문에, 작사가들은 대부분—본인이 의식하든 못하든—자신이 삶에서 경험하는 희로애락뿐 아니라 그에 대한 성찰을 노랫말에 담기 마련이다. 그리고 그것이 사람들의 공감을 불러일으킨다. 그래서 말인데, 이번에는 우리도 상상이나 정서뿐 아니라 삶에 대한 나름의 성찰을 담아 그것을 중심으로 노랫말을 만들어보자.

삶을 성찰하는 노랫말

가령 당신이 인생의 본질을 '짧다' 또는 '허무하다'로 정한다면, 그것을 구체화해 '한바탕 꿈'이라는 보조관념을 얻을 수 있다. '인생은 일장춘몽一場春夢'이라는 옛말이 그래서 나왔지 않겠는가! 그러나 이 말은 너무 허전하고 쓸쓸하다. 그래서 당신이 여기에서 독일의 철학자 프리드리히 니체Friedrich Nietzsche, 1844~1900의 운명관이기도 한 '아모르 파티(Amor fati, 운명을 사랑하라)'라는 철학적 명제를 창의로 이끌어냈다고 하자.* 그렇다면 당신은 '인

---

* "나는 사물에 있어 필연적인 것을 아름다운 것으로 보는 법을 더 배우고자 한다.—그렇게 하여 사물을 아름답게 만드는 사람 중 하나가 될 것이다. 네 운명을 사랑하라Amor fati: 이것이 지금부터 나의 사랑이 될 것이다! 나는 추한 것과 전쟁을 벌이지 않으련다. 나는 비난하지 않으련다. 나를 비난하는 자도 비난하지 않으련다. 눈길을 돌리는 것이 나의 유일한 부정이 될 것이다! 무엇보다 나는 언젠가 긍정하는 자가 될 것이다!"(니체, 《즐거운 학문》, 276.)[* 276은 《즐거운 학문》에 붙어 있는 문단 일련번호다. 책세상에서 출간된 니체 전집에서는 12권 《즐거운 학문》 255쪽에서 볼 수 있다.]

생은 짧고 허무한 한바탕의 꿈이다. 그러니 주어진 운명을 사랑하라'라는 삶에 대한 나름의 성찰을 담은 은유적 사고를 한 것이고, 그것을 도식화하면 다음과 같다.

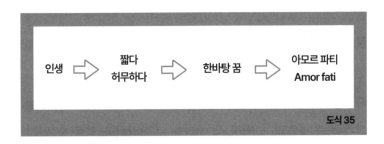

인생 ⇨ 짧다 허무하다 ⇨ 한바탕 꿈 ⇨ 아모르 파티 Amor fati

도식 35

그럼, 이제 도식에 당신의 정서와 흥에 따라 그리고 아모르 파티라는 당신의 성찰을 담아 살을 붙일 차례다. 어느 것은 생략하고, 어느 것은 반복해 강조하고, 또 어느 구절은 부연 설명하면서 말이다. 그러면 당신만의 노랫말이 만들어질 것이다. 지금 당장 시도해보라! 일단 작업 자체가 무척이나 흥미로운 일이거니와 당신의 은유적 사고력을 한층 향상시켜줄 좋은 훈련이다.

당신이 지을 노랫말이 궁금하다. 하지만 기다리는 동안 당신을 돕기 위해 유사한 은유적 사고에 살을 붙여 만든 곡을 하나소개하려 한다. 이건우와 신철이 작사하고 김연자가 부른 〈아모르 파티〉가 그것이다.

산다는 게 다 그런 거지 누구나 빈손으로 와 / 소설 같은 한 편의 애
기들을 세상에 뿌리며 살지 / 자신에게 실망하지 마 모든 걸 잘할 순
없어 / 오늘보다 더 나은 내일이면 돼 / 인생은 지금이야 / 아모르
파티 / 아모르 파티 / 인생이란 붓을 들고서 무엇을 그려야 할지 /
고민하고 방황하던 시간이 없다면 거짓말이지 / 말해 뭐해 쏜 화살
처럼 사랑도 지나갔지만 / 그 추억들 눈이 부시면서도 슬펐던 행복
이여 / 나이는 숫자 마음이 진짜 / 가슴이 뛰는 대로 가면 돼 / 이제
는 더 이상 슬픔이여 안녕 / 왔다 갈 한 번의 인생아 / 연애는 필수 결
혼은 선택 / 가슴이 뛰는 대로 하면 돼 / 눈물은 이별의 거품일 뿐이
야 / 다가올 사랑은 두렵지 않아 / 아모르 파티 / 아모르 파티

— 이건우·신철 작사, 윤일상 작곡, 〈아모르 파티〉 부분

〈아모르 파티〉는 우선 곡이 흥겹다. 아마 그래서 대중에게 사
랑받는 곡이 되었을 것이다. 하지만 그게 다는 아니다. 이 노래
가사는 정서가 아니라 삶에 대한 성찰로 가득 차 있다. 특히 니
체의 철학을 관통하는 '디오니소스적 긍정Das dionysische Jasagen'에서
나온 은유적 표현들을 곳곳에서 만날 수 있다. 무엇보다도 "오늘

보다 더 나은 내일이면 돼 / 인생은 지금이야, 아모르 파티"가 그렇다. 바로 이런 구절이 사람들의 가슴에 커다란 파문과 강한 인상을 남겨 돌풍을 일으켰을 것이다.

어떤가? 당신도 만들어보았는가? 어쩌면 〈아모르 파티〉보다 더 멋진 노랫말을 만들었을지도 모른다. 그러기를 바라지만, 아직 아니라면 다른 예를 하나 더 들어 훈련해보자.

만일 당신이 인생의 본질이 마치 바다처럼 '때로는 평온하지만 때로는 폭풍이 인다'라고 생각한다면, 당신은 그것을 형상화해 '항해'라는 보조관념을 얻을 수 있다. 그리고 그것에서 '파도를 넘어라', '항해하는 법을 배워라'라는 창의를 이끌어낼 수 있을 것이다. 그럼 당신은 '인생은 항해다. 바다는 때로 평온하지만 때로 폭풍이 인다. 그러니 항해하는 법을 배워라'라는—일찍이 스토아철학자 키프로스의 제논Zēnōn ho Kyprios, 기원전 335?~기원전 263?과 세네카Seneca, 기원전 4~65가 교훈한—삶에 대한 은유적 성찰

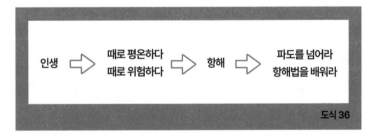

도식 36

을 얻은 것이다. 이를 〈도식 36〉과 같이 나타낼 수 있다.

그렇다면 이제 당신이 해야 할 일은 당신 자신이 가장 잘 안다. 열거한 은유적 사고의 네 요소를 당신의 감흥에 따라 또는 곡에 맞춰 적절히 배열하는 것이다. 그리고 그 사이사이에 삶에 대한 당신 자신의 성찰을 담아 노랫말을 풍성하게 하는 것이다. 이때 살에 묻혀 네 요소가 점점 멀리 흩어지거나 마침내 찾아보기 힘들게 되는 경우가 있지만, 그럼에도 노랫말을 떠받치는 골격은 은유적 사고다. 우리는 앞에서 그것을 '은닉된 은유적 사고'라고 불렀다. 그러니 당신도 그처럼 삶에 대한 성찰을 담은 살을 붙여 노랫말을 만들어보라. 이어서 그렇게 만들어진 두 개의 노랫말을 소개한다. 이번에도 그들을 보며 살-붙이기가 어떻게 이뤄졌는지 참고하길 바란다.

악동뮤지션과 로드 스튜어트

하나는 2019년에 발매한 악동뮤지션AKMU의 앨범 《항해》에 실린 〈뱃노래〉이고, 다른 하나는 1976년 발표된 로드 스튜어트Rod Stewart의 〈Sailing〉이다. 이 두 노랫말은 모두 '인생은 항해다'라는 삶에 대한 나름의 성찰에서 나온 은유적 사고의 산물이지만, 그 것이 노출되거나 은닉된 요소와 정도가 서로 다르다.

귓가에 넘치는 바다 / 눈을 감고 느낀다 / 난 자리에 가만히 앉아 / 항해하는 법을 알아 / 뱃노래 뱃노래 / 외로움을 던지는 노래 / 몇 고개 몇 고개의 / 파도를 넘어야 하나 / 소금기 머금은 바람 / 입술 겉을 적신다 / 난 손발이 모두 묶여도 / 자유하는 법을 알아 / 뱃노래 뱃노래 / 외로움을 던지는 노래 / 몇 고개 몇 고개의 / 파도를 넘어야 하나

— 이찬혁 작사 · 작곡, 〈뱃노래〉

I am sailing I am sailing(나는 항해하고 있어요, 항해하고 있어요) / Home again cross the sea(바다를 건너 다시 집으로) / I am sailing stormy waters(나는 폭풍을 헤치며 항해를 하고 있어요) / To be near you to be free(당신과 가까이 있기 위해서 자유롭기 위해서)

— 개빈 서덜랜드 작사 · 작곡, 〈Sailing〉 부분

악동뮤지션의 〈뱃노래〉는 앞에서 당신이 만든 은유 도식 가운 데 보조관념에 해당하는 '항해'를 타이틀로 내건 앨범에 실렸다.

III.

항해와 뱃노래, 즉 앨범 타이틀과 노래 제목이 작사가가 '인생은 항해다'라는 은유적 성찰을 바탕으로 작업했음을 미리 알려준다.

"귓가에 넘치는 바다", "소금기 머금은 바람"이라는 소절이 화자가 지금 항해 중임을 마침내 드러내 보여주는데, 이것이 작사가가 느끼는 인생의 본질이다. "격랑이 이는 바다"나 "파도를 몰아오는 바람"과 같이 보다 직설적인 표현은 보이지 않는다. 그것은 작사가가 당시 20대 초반으로 아직 젊어 '인생이 항해'라는 사실을 어렴풋하게 느낄 뿐 직접 겪어보지는 않았기 때문인지도 모른다. "항해하는 법을 알아", "자유하는 법을 알아", "몇 고개 몇 고개의 파도를 넘어야 하나"와 같은 소절은 당신이 만든 은유 도식 가운데 '항해하는 법을 배워라'라는 창의 부분과 어투만 살짝 바뀐 것이다.

〈뱃노래〉의 노랫말은 이렇게 인생이라는 원관념은 숨겨놓고 항해라는 보조관념은 노래 제목과 앨범 제목으로 알리고, 단지 원관념의 본질과 창의만으로 만들어졌다. 앞에서 살펴본 포지션의 〈Keep on Running〉과 같은 경우다. 〈도식 37〉과 같이 나타낼 수 있다.

| 인생 | ⇨ | 귓가에 넘치는 바다
소금기 머금은 바람 | ⇨ | 항해 | ⇨ | 항해하는 법을 알아
자유하는 법을 알아 |

도식 37

이와는 반대로 1970~1980년대에 전 세계에 선풍을 일으킨 로드 스튜어트의 〈Sailing〉은 제목과 첫 소절부터 화자가 항해하고 있다는 것을 알린다. 그러나 원관념과 그것의 본질 그리고 창의는 선뜻 눈에 띄지 않는다. 하지만 이어지는 가사를 곰곰이 살펴보면, 인생이 원관념이고, "바다를 건너"와 "폭풍을 헤치며"라는 구절이 작사가가 파악한 인생의 본질이고, "당신과 가까이 있기 위해서 자유롭기 위해서"가 항해에서 이끌어낸 창의라는 것이 드러난다.

이처럼 작사가는 "I am sailing"이라는 소절을 반복함으로써 이 노랫말이 '인생은 항해다'라는, 삶에 대한 스토아철학적 성찰을 담은 은유적 사고의 산물임을 알린다. 하지만 이 노래가 유행할 당시 미국에서는 노랫말에 등장하는 '당신'을 '신God'으로, "당신과 가까이 있기 위해서"라는 노랫말을 '신과 가까이 있기 위해

III.

서'라는 의미로 해석하여 종교적 반향을 일으키기도 했다. 이처럼 대중가요 안에도 삶에 대한 나름의 성찰이 담겨 있고 그것이 대중의 공감을 불러일으켜 큰 성공을 거두기도 한다. 〈Sailing〉을 도식화하면 다음과 같다.

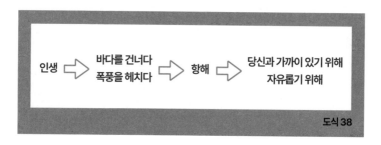

도식 38

〈뱃노래〉, 〈Sailing〉은 은유적 사고가 어떤 방식으로 노랫말 속으로 들어가고, 또 어떤 방식으로 그것을 떠받치는 골격이 되는가를 다시 한번 또렷이 보여준다. 이와 동시에 삶에 대한 작사가의 성찰이 어떤 방식으로 은유적 사고를 감싸는 살이 되는가도 일목요연하게 보여준다. 요컨대 살-붙이기를 통해 은유적 사고는 부분적으로 나뉘고 흩어져 노랫말 안으로 들어가 숨지만, 때로는 제목으로 때로는 반복되는 소절로 노래의 골격을 이룬다.

정리하자. 이제 당신도 '빈칸-채우기'와 '살-붙이기'를 통해 시와 동시를 지을 수 있을 뿐 아니라 노랫말도 만들 수 있게 되었다. 만일 당신이 이 같은 훈련을 꾸준히 한다면, 은유적 사고력이 향상되어 우선 당신이 일하거나 관심 있는 분야에서 설득력 있고 창의적인 인재가 될 것이다. 어쩌면 시나 동시 또는 노랫말을 만드는 사람이 될지도 모른다. 당신이 그 일을 직업으로 하지는 않더라도 말이다. 그렇다면 뭘 망설이는가. 지금 당장 시도해 보기를 바란다!

III.

08. 케이팝에도 은유가?

당신은 혹시 이런 의문을 가지고 있지 않은가? 옛노래는 몰라도 근래에 발표되는 케이팝에서는 은유적 표현이나 사고를 찾기가 어렵지 않을까 하는 의문 말이다. 그것들이 선뜻 눈에 띄지 않기 때문일 텐데, 공연한 걱정이다. 우리가 보기에는 케이팝의 노랫말 역시 여느 대중가요 못지않게 은유적 표현과 사고에 의존하고 있다. 그렇기 때문에 그것을 분석해보는 작업도 은유적 사고를 기르는 데에 큰 도움이 된다. 게다가 만일 당신이 케이팝을 즐겨 듣는다면, 역시 흥미로운 작업이 될 것이다. 과연 그런지, 몇 곡 골라 살펴보자.

다음은 2015년에 발표된 15&의 〈사랑은 미친 짓〉, 2018년에 나온 워너원의 〈집〉, 2012년에 출시된 악동뮤지션의 〈매력 있어〉, 2017년에 발매된 방탄소년단BTS의 〈DNA〉이다.

싫어 결말이 나쁜 영화처럼 뻔한 스포일러 / 싫어 해피엔딩이라곤
없는 항상 슬픈 반전 / 사랑은 정말로 미친 짓 / 내가 했던 가장 미
친 짓 / 그렇게 울고도 난 또 / 알면서 또 하는 미친 짓 / 이 몹쓸 짓
/ 이젠 그만 그만 stop it / 난 충분한걸 / 시작하는 그 순간부터 미
친 짓 / 헤어지는 마지막까지 미친 짓 / 내가 아닌 이상한 내가 돼 /
so crazy so crazy

— 15& 작사·작곡, 〈사랑은 미친 짓〉 부분

안아주고 싶어 / 이제는 나보다 소중한 You / 곁에만 두고 싶어 / 내
가 있어야 할 곳은 You / 시간이 지나도 항상 여기에 있을게 / 언제
라도 네가 쉴 수 있는 집이 되어줄게 / You / 늘 돌아올 수 있게 /

— 정호현 작사·작곡, 〈집〉 부분

매력 있어 내가 반하겠어 / 다이어트 중 마주친 치킨보다 더 매력
있어 / 어쩔 땐 바삭한 어쩔 땐 매콤한 반전의 그대여 / 매력 있어
내가 반하겠어 / 대대대대대기업 회장비서보다 더 매력 있어 / 겨
울밤 뜨끈한 오뎅국물보다 매력 있어 / 네 어떤 면이 도대체 내 맘
을 따뜻하게 하는지 / (······) / 햇볕 아래 사막 오아시스보다 눈에
띄었어 / 이런 메마른 내 마음을 축여줄 단비 같은 그대여 / 매력 있

III.

어 내가 반하겠어

— 이찬혁 작사·작곡, 〈매력 있어〉 부분

첫눈에 널 알아보게 됐어 / 서롤 불러왔던 것처럼 / 내 혈관 속 DNA가 말해줘 / 내가 찾아 헤매던 너라는 걸 / 우리 만남은 수학의 공식 / 종교의 율법 우주의 섭리 / 내게 주어진 운명의 증거 / 너는 내 꿈의 출처 / Take it take it / 너에게 내민 내 손은 정해진 숙명 / 걱정하지 마 love / 이 모든 건 우연이 아니니까 / 우린 완전 달라 baby / 운명을 찾아낸 둘이니까 / 우주가 생긴 그날부터 계속 / 무한의 세기를 넘어서 계속 / 우린 전생에도 아마 다음 생에도 / 영원히 함께니까 / 이 모든 건 우연이 아니니까 / 운명을 찾아낸 둘이니까 / DNA

— 방시혁 외 5인 작사·작곡, 〈DNA〉 부분

먼저 15&의 〈사랑은 미친 짓〉을 분석해보자. 이 노랫말에 들어 있는 은유적 표현은 우선 제목에서 볼 수 있다. '사랑은 미친 짓'이 그것이다. 당연히 원관념은 '사랑'이고 '미친 짓'이 보조관념이다. 그리고 '결말이 나쁜 영화처럼 뻔한 스포일러', '해피엔딩이라곤 없는 항상 슬픈 반전', '울면서 다시 한다'가 원관념인

사랑의 본질이다. 그리고 '내가 아닌 이상한 내가 돼'가 보조관념
인 '미친 짓'에서 이끌어낸 창의다. 알아보기 쉽게 도식화하면 다
음과 같다.

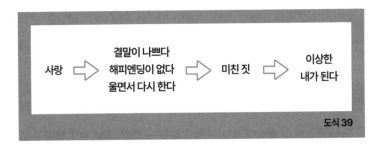

도식 39

이제 워너원의 〈집〉을 보자. 여기에서는 원관념이 '나'다. 너를
안아주고 싶은 나, 너를 곁에 두고 싶은 나다. 앞에서 시를 분석
하며 언급했듯이, 이처럼 원관념을 수식하는 구句나 절節은 대부
분 원관념의 본질이다. 따라서 이 노랫말에서는 '너를 안아주고
싶다', '너를 곁에 두고 싶다'가 원관념의 본질이다. 그것을 형상
화한 보조관념이 '집'이다. 그것도 항상 여기에 있어 네가 쉴 수
있는 집, 네가 돌아올 수 있는 집이다. 이처럼 보조관념을 수식
하는 구나 절은 창의가 되는 경우가 많다. 이 노랫말에서는 '항
상 여기 있다'. '네가 쉴 수 있다', '네가 돌아올 수 있다'가 바로 창

의다. 이를 〈도식 40〉과 같이 나타낼 수 있다.

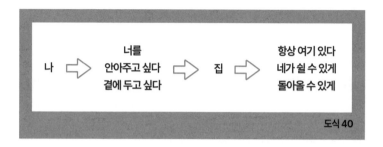

도식 40

악동뮤지션의 〈매력 있어〉는 또 어떤가. 이 노랫말에서는 '그대'가 원관념이다. 그것도 '어쩔 땐 바삭한 어쩔 땐 매콤한 반전의' 그대다. 이것이 그대의 본질이다. 이러한 그대의 본질을 형상화한 것이 '다이어트 중 마주친 치킨'이다. 그러니 어찌 '매력있어. 내가 반하겠어'라는 창의가 튀어나오지 않겠는가! 그대는 또 '내 맘을 따뜻하게 한다', 이 같은 그대의 본질을 형상화한 보조관념이 '겨울밤 뜨끈한 오뎅국물'이다. 그러니 당연히 '매력 있어'라는 생각이 떠오를 수밖에 없다. 어디 그뿐인가? 그대는 또 '메마른 내 마음을 축여'준다. 이것이 그대의 본질이다. 그것을 선명한 이미지로 형상화한 보조관념이 '단비'이고 '햇볕아래 사막 오아시스'다. 그러니 어찌 그것에서 '매력 있어. 내가

반하겠어'라는 탄성이 튀어나오지 않겠는가! 어디 '대대대대대
기업 회장비서'에 비할까! 어떤가? 그렇지 않겠는가? 도식화해
보자!

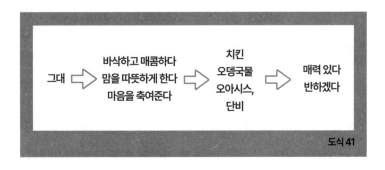

도식 41

다음은 BTS의 〈DNA〉다. 이 노랫말에서는 '우리 만남'이 원관
념이다. 그것은 '우연이 아니고 운명'이며, '우주가 생긴 그날부
터 계속, 무한의 세기를 넘어서 계속'되고, '전생에도 아마 다음
생에도 영원히 함께하니'가 우리 만남의 본질이다. 그래서 형상
화하자면 '수학의 공식', '종교의 율법', '우주의 섭리', '내게 주어
진 운명의 증거', 요컨대 '내 혈관 속 DNA'라는 것이다. 이것이
보조관념이다. 그리고 거기서 나온 창의가 'Take it take it', '걱정
하지 마 love'다. 그렇다, 운명이고 숙명이라면, 그것이 어디 걱정

해서 될 일인가, 받아들여야 하지 않겠는가! 역시 알아보기 쉽게 나타내면 〈도식 42〉와 같다.

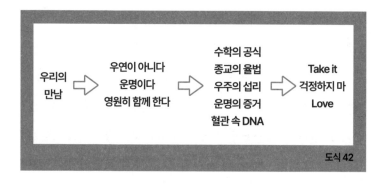

도식 42

케이팝이라 불리는 요즈음 노랫말에도 이렇듯 은유적 사고와 표현들이 들어 있어, 그것들의 골격을 이룬다. 특히 악동뮤지션과 BTS의 노랫말에는 보조관념이 여럿 나타나는데, 이것은 앞에서 살펴본 서정주나 셰익스피어와 같이 특출난 시인들의 설명시에서나 찾아볼 수 있는 '다중 은유'다. 아무나 흉내 내기 어려운 기법이다. 그만큼 호소력이 크다.

방탄소년단과 은유

방탄소년단은 자타가 공인하는 세계적인 아이돌그룹이다. 그들의 음악과 춤이 전 세계 젊은이들에게 강렬한 감흥을 불러일으키기 때문일 것이다. 그 가운데는 노랫말이 차지하는 비중도 무시할 수 없을 것인데, 이들의 노랫말을 잘 들여다보면 앞에서 살펴본 〈DNA〉처럼 은유적 사고의 소산이 드물지 않다. 과연 그런지 몇 곡을 더 살펴보자. 다음은 방탄소년단의 〈피 땀 눈물〉과 〈Stigma〉 그리고 〈봄날〉의 노랫말 중 은유적 표현이 잘 드러나 있는 부분이다.

> 너란 감옥에 중독돼 깊이 / 니 아닌 다른 사람 섬기지 못해 / 알면서도 삼켜버린 독이 든 성배 / 내 피 땀 눈물 내 마지막 춤을 / 다 가져가 가 / 내 피 땀 눈물 내 차가운 숨을 / 다 가져가 가 / (……) / 나를 부드럽게 죽여줘 / 너의 손길로 눈 감겨줘 / 어차피 거부할 수조차 없어 / 더는 도망갈 수조차 없어
>
> ─방시혁 외 5인 작사·작곡, 〈피 땀 눈물〉 부분

> 더 깊이 더 깊이 상처만 깊어져 / 되돌릴 수 없는 깨진 유리 조각 같

아 / 더 깊이 매일이 가슴만 아파져 / 내 죄를 대신 받던 / 연약하기만 했던 너 / (······) / 저 빛이 저 빛이 내 죄를 비춰줘 / 돌이킬 수 없는 붉은 피가 흘러내려 / 더 깊이 매일이 죽을 것만 같아 / 그 벌을 받게 해줘 / 내 죄를 사해줘 / 제발

— 방시혁 외 5인 작사·작곡, 〈Stigma〉 부분

나는 우리가 밉다 / 이제 얼굴 한 번 보는 것조차 / 힘들어진 우리가 / 여긴 온통 겨울뿐이야 / 8월에도 겨울이 와 / 마음은 시간을 달려가네 / 홀로 남은 설국열차 / 니 손 잡고 지구 / 반대편까지 가 / 이 겨울을 끝내고파 / 그리움들이 / 얼마나 눈처럼 내려야 / 그 봄날이 올까

— 방시혁 외 6인 작사·작곡, 〈봄날〉 부분

이 노랫말들에 들어 있는 은유적 사고를 분석해 은유 패턴에 맞춰 정리하는 일은 이제 당신도 할 수 있다. 스스로 해보길 바란다. 아마 〈도식 43〉과 같이 나타낼 수 있을 것이다.

아리스토텔레스는 "일상적인 낱말은 우리가 알고 있는 것만을 전달할 뿐이다. 생생한 어떤 것에 이르는 최선의 길은 은유를 통하는 것이다"(《수사학》, 1410b)라고 했다. 그래서인지 방탄소년

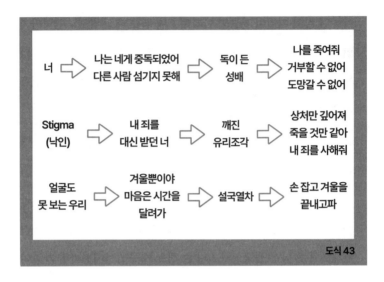

| 너 ⇨ | 나는 네게 중독되었어
다른 사람 섬기지 못해 | ⇨ | 독이 든
성배 | ⇨ | 나를 죽여줘
거부할 수 없어
도망갈 수 없어 |

단 같은 케이팝 스타들의 노랫말에도 은유가 들어 있고, 그 부분이 가사 전체의 핵심과 골격을 이룬다.

물론 케이팝 노랫말이 모두 그렇다는 것은 아니다. 단지 은유적 표현과 사고가 담긴 노랫말들이 그렇지 않은 것보다 더 설득력 있고 창의적이라고 말하는 것일 뿐이다. 그런데 케이팝 노랫말, 특히 힙합의 가사는 대부분이 길다. 그래서 〈하숙생〉이나 〈여자의 마음〉, 〈남자는 배 여자는 항구〉 같은 옛 노랫말과 달리 은유적 사고의 요소들이 곳곳에 흩어져 찾기가 쉽지 않은 경우가 더욱 많다. 하지만 이미 여러 번 강조했듯이 그것들을 찾아

도식을 만드는 훈련은 흥미롭기도 하거니와 당신의 은유적 사고력을 부쩍 향상시킨다. 그래서 이 자리에서 당신에게 권하고 싶은 것이 있다.

가능하다면 지금 당장 은유적 표현이나 사고가 들어 있는 케이팝 노랫말들을 몇 개 더 골라 스스로 분석해 은유 도식을 만들어보라! 그리고 그것을 바탕으로 당신 스스로 노랫말을 지어보라! 멋진 경험이 될 것이다. 이 책의 분량이 지나치게 많아지는 것을 피하고자 자세한 설명을 덧붙이지는 않겠지만, 우리 저자들은 악동뮤지션의 〈Give Love〉, 〈얼음들〉 그리고 BTS의 또 다른 노랫말도 여럿 분석해보았다. 그 안에 들어 있는 보석 같은 은유적 표현과 사고들을 찾아내 은유 도식을 만들어보면서 마치 잃어버린 성궤를 찾아 나선 인디아나 존스나 느낄 것 같은 쾌감을 맛보았다. 당신도 그런 즐거운 경험을 해보기를 바라며, 이제 4부로 넘어간다.

IV

광고와
은유

〈사진 1〉과 〈사진 2〉는 이제석광고연구소 대표의 작품이다. 그는 세계 3대 광고제의 하나인 '원쇼The One Show 페스티벌'에서 최우수상을 받은 것을 시작으로 광고계의 오스카상이라는 클리오 어워드Clio Awards에서 동상, 미국광고협회의 애디 어워드Addy Award에서 금상 2개 등 유수한 대회에서 다수의 상을 받고, 미국 최대 광고회사인 JWT를 비롯해 메이저급 회사 BBDO, FCB 등에서 일한, 화려한 경력을 가진 광고인이다.

그의 작품들을 보면 그에게 왜 '광고 천재'라는 별명이 따라다니는지를 누구나 곧바로 알아챌 수 있다.

이미지가 메시지다

〈사진 1〉과 〈사진 2〉에서 보듯이, 두 작품에서는 이미지가 곧 메시지다. 그 밖에는 사실상 아무것도 없다. 하지만 그것으로 족하다. 은유라는 관점에서 보더라도 이제석이 형상화한 이미지는 작품의 원관념과 그것의 본질을 한눈에 보여줄 뿐 아니라, 우리

사진 1

"한 해 6만 명이 대기오염으로 사망합니다." (이제석, 2007 국제 환경공익광고 수상작, 캡처)

사진 2

"누군가에게는 이 계단이 에베레스트산입니다." (이제석, 2007 클리오 어워드 수상작, 캡처)

의 뇌가 스스로 다수의 아포리즘을 창의로 떠올리게끔 자극한다. 그래서 그의 작품에서는 광고 문안이 수사로 치장되기보다 오히려 소박한 서술에 머무는 경우가 많다. 한마디로 이제석의 작품 대부분은 그 자체가 이미지이고 은유다. 이것이 그의 광고가—우리 시리즈 1권 《은유란 무엇인가》에서 소개한 티보도-보로디스키 실험이 증명하듯이—우리의 뇌를 빠르게 파고들어 강하게 지배하는 이유다.

먼저 〈사진 1〉을 보자. 이제석은 매연을 내뿜는 굴뚝 밑에 총신을 자른 매그넘 리볼버 사진이 실린 광고판을 붙여 두말할 필요 없이 참신하고 메시지가 강한 이미지를 만들어냈다. 그가 '굴뚝총'이라고 이름 붙인 이 놀라운 은유적 이미지는 매연 또는 대기오염이라는 원관념의 본질이 '위험하다'인 것, 곧 그것이 사람을 죽일 수도 있음을 한눈에 보여준다. 그럼으로써 '매연은 살인병기다', '대기오염이 사람을 죽인다', '매연을 규제해야 한다', '대기오염을 막아야 한다' 같은 환경보호에 관한 금언이 저절로 떠오르게 한다. 따라서 이 광고에는 사실상 광고 문안이 필요 없다. 그것 없이도 전하고자 하는 메시지가 빠르고 강하게 뇌리를 파고들기 때문이다.

〈사진 2〉는 또 어떤가? 이 작품은 이제석이 뉴욕 지하철역 계

IV.

단을 숨 가쁘게 오르다가 문득 떠올린 아이디어에서 나온 것이라고 한다. 그가 알려준 전후 내막은 이렇다.

어느 날 셀 수 없이 많고 가파른 계단을 오르던 그에게 문득 "장애인이 계단을 오르는 건 히말라야를 오르는 것보다 더 어렵다"라는 생각이 들었다. 그래서 그는 곧바로 계단을 찍은 사진에 가파르고 험한 산의 모습을 덧입힌 이미지를 만들었다. '에베레스트 계단'이라고 이름 붙일 수 있을 듯한 이 이미지는 장애인에게 계단 오르기가 얼마나 어려운 일인지를 단번에 전해준다. 그럼으로써 '지하철마다 엘리베이터를 설치해야 한다', '저상버스 운행이 시급하다'와 같은 장애인단체에서 외치는 구호들이 자연스레 떠오르게 한다.

이렇듯 이제석의 작품은 카피를 통해 메시지를 전하는 문안 광고가 아니라 이미지 광고다. 달리 말해 이제석은 작품의 주제를 문안으로 표현하지 않고 이미지로 형상화한다. 그럼으로써 전하고자 하는 메시지가 빠르고 강렬히 떠오르게 한다. 한마디로 그의 광고는 은유다. 우리가 〈사진 1〉과 〈사진 2〉에 실린 광고 안에 담긴 은유적 사고를 은유 패턴에 맞춰 도식화해보면 그것이 더욱 선명하게 드러난다(도식 44).

1990년대 초만 해도 광고는 이미지보다는, 우리가 보통 '카피

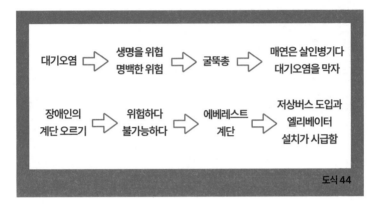

대기오염 ⇒ 생명을 위협 명백한 위험 ⇒ 굴뚝총 ⇒ 매연은 살인병기다 대기오염을 막자

장애인의 계단 오르기 ⇒ 위험하다 불가능하다 ⇒ 에베레스트 계단 ⇒ 저상버스 도입과 엘리베이터 설치가 시급함

도식 44

copy'라고 부르는 광고 문안에 주로 의존했다. 지금도 광고를 기획하고 제작하는 사람을 '카피를 작성하는 사람'이라는 뜻으로 '카피라이터Copy Writer, CW'라고 부르는 것이 그래서다. 또 이런 까닭에 카피라이터들은 대부분 수사학을 익혔다. 말이나 글을 설득력 있게 표현하는 다양한 수사학적 기법들이 광고 문안을 작성하는 데 극적인 도움을 주기 때문이다. 그런데 1990년대 전반에는 라디오, 후반에는 TV 보급률이 높아지면서 라디오 광고에 이어 TV 광고가 시작되자 광고에서 시청각 이미지의 중요성이 차츰 부각되었다. 이미지 광고의 시대가 열린 것이다.

그런데 잠시 돌이켜 생각해보자. 우리는 1권 《은유란 무엇인가》에서 문자보다 이미지가 더 빠르고 강렬하게 우리의 뇌를 파고든다는 사실에 대해 자세히 살펴보았다. 미국 댈러스대학교 토머스 웨스트Thomas West 교수는 《글자로만 생각하는 사람 이미지로 창조하는 사람》에서 "글자는 느리고 이미지는 빠르다"라고 주장했다. 또 노벨상을 받은 뇌신경과학자 제럴드 모리스 에덜먼Gerald Maurice Edelman, 1929~2014은 《뇌는 하늘보다 넓다》에서 이미지에 의해 이뤄지는 패턴인식이 '여주인'이라면 언어나 기호를 사용하는 논리적 사고는 '하녀'에 불과하다는 말로 우리의 생각에서 이미지가 얼마나 우선되는지 또 얼마나 강력한지를 강조했다.

그렇다면 카피에 의존하는 문안 광고보다 이미지가 주도하는 광고가 더 우선으로 여겨지는 게 당연하지 않은가? 그런데 왜 1900년대 초까지는 카피가 광고를 주도했을까? 이상하지 않은가? 이는 앞서 잠시 언급했듯 광고를 실어 나르는 대중매체 변천사와 연관되어 있다. 여기에서 우리는 광고와 이미지의 관계—다시 말해 이미지가 광고에 언제부터 어떤 방식으로 끼어들었으며 어떻게 변천해왔는지—를 잠시 살펴보고 넘어가고자 한다. 겉만 훑어보는 식이 되겠지만, 그래도 이 작업이 광고와 은유의 관계를 자연스레 드러내 보여줄 것이기 때문이다.

광고가 사랑해온 이미지들

광고에 처음 사용된 이미지는 인간의 육성, 곧 청각적 이미지였다. 예나 지금이나 많은 사람이 모인 시장에서 자신이 가져온 상품을 팔거나 다른 물건과 교환하려면 소리를 내서 지나는 사람들의 주의를 끌지 않으면 안 되기 때문이다. 이 말은 최초의 광고매체가 사람의 목소리였고, 이후 문자나 그림과 같은 시각적 이미지로 된 게시물이나 벽보가 광고에 사용되었다는 것을 뜻한다.

하루야마 유키오가 쓴 《서양 광고 문화사》에 따르면, 고대 그리스의 시장 상인 가운데 가장 입담이 거친 사람은 '거리의 여인'으로 불리던 빵 파는 여인이었다. 그런데 특이하게도 이 여인이 손님에게 거친 농담을 해도 그에 대해 화내거나 경멸조의 대꾸를 할 수 없도록 법률로 금했다는 기록이 내려온다.[1] 이후 로마에서는 상인들이 손님들을 끌어오는 전문 호객꾼을 고용하기 시작했고, 그들은 "무엇이 필요하십니까, 손님?", "뜨거운 양고기가 있습니다", "신선한 고등어와 새우가 있습니다"라는 식으로 지나가는 사람들을 향해 외치며 고객을 끌어모았다.[2]

그러다 보니 입담 좋은 호객꾼이 점점 늘어났고 수법도 다양해졌다. 그중에는 재미있는 내용도 많아 프랑스에는 중세 이래 이런 호객담만 모아놓은 책이 8종이나 전해온다. 또 중세 말 영국에서는 과일을 파는 행상이 많았는데, 그 가운데는 체리를 단으로 묶어 거리에서 팔며 아름다운 목소리로 약간의 운율을 붙여 노래하듯 호객하는 여인들이 있었다.[3] 이 여인들을 '체리 우먼cherry woman'이라고 불렀는데, 그들이 불렀던 노래가 오늘날 대중에게 사랑을 받는 CM송의 먼 기원이라 할 수 있다.

최초의 CM송 라이터―셰익스피어

여기서 놀랍고도 흥미로운 사실은 영국의 대문호 윌리엄 셰익스피어가 최초의 본격 CM송 라이터로 기록된다는 것이다. 왜냐하면 그의 희곡 《겨울밤 이야기》에 방물장수가 각종 자질구레한 물건을 팔기 위해 노래를 부르는 대목이 들어 있기 때문인데, 그 내용은 다음과 같다.

희고도 흰 실, 까마귀보다 까만 비단 마스크, 장미 냄새 향긋한 장갑, 얼굴에 맞는 탈, 코에 거는 탈, 흑 염주팔찌, 호박 목걸이, 규중처녀를 위한 향수, 금실 머릿수건, 가슴 가리개, 연인을 사로잡을 선물이로세. 핀에다 인두에다 머리끝에서 발끝까지, 처녀들이여,

없는 것이 없구나. 어서 와 사시오. 어서 와 사시오. 총각들이 사지 않으면, 처녀들이 눈물 흘리네. 어서 와 사시오. 어서 와 사시오.⁴

악보는 전해오지 않는다. 아마도 배우가 공연 때마다 즉흥적으로 멜로디를 만들어 불렀으리라 짐작되는데, 우리말 번역으로는 그리 멋지게 들리지 않아도 영국에서는 이 가사가 최초의 CM송이자 걸작품으로 평가받는다. 이는 오늘날 라디오, TV는 물론이거니와 인터넷과 유튜브에서도 흔히 접하는, 청각적 이미지를 이용한 광고가 언제 어디서 유래했는가를 알려준다.

　다음으로 시각적 이미지를 이용한 광고를 살펴보자. 청각적 이미지보다는 늦었지만, 시각적 이미지 역시 고대로부터 광고에 사용되었다. 역시《서양 광고 문화사》에 따르면, 로마의 카타콤catacomb이라는 지하묘지에서 발견된 비석에는 죽은 자의 이름 옆에 직업을 상징하는 도구들의 그림—예컨대 제화공의 비석에는 신발 모양이, 목공의 비석에는 망치와 톱—이 새겨져 있다. 학자들은 이것을 근거로 로마의 상점에도 이 같은 그림이 그려진 간판이 걸렸으리라고 추측한다. 또 화산 폭발로 갑자기 묻혀버린 폼페이에서 발굴된 한 벽에서는 〈그림 2〉에서 보듯 검투시합munus을 광고하는 글과 그림도 발견되었다.⁵

폼페이 인근 마을 놀라Nola에 나흘 동안 열리는 검투시합을
알리는 광고. 검투사의 직위와 이름 그리고 전력이 적혀 있다.
그림 2

　이후 중세 상공인들의 동업조합 길드guild에서는 직종을 표시
하는 상징으로 나름의 문양을 만들어 그린 깃발을 길거리나 건
물 앞에 내걸었는데, 그것이 나중에 상품을 대표하는 마크mark
로 발전하기도 했다. 그리고 그것이 오늘날 우리가 일상에서 노
상 접하는 상표가 되었다. 이후 상공업이 발달하고 인쇄술이 발
명되면서 이 같은 문양이나 상표를 그려 넣은 전단지, 카탈로그,
포스터, 팸플릿 등의 인쇄 광고가 제작되기 시작하여 오늘날까
지 이어져 내려오는 것이다.[6]

　17세기 초부터는 유럽 각국에서 신문과 잡지가 발간되고, 18
세기에 일어난 산업혁명에 힘입어 상공업이 크게 발전하자 신
문과 잡지에 싣는 인쇄 광고가 더욱 활성화되었다. 이때부터는

호객꾼의 목소리보다 신문과 잡지에 실린 문안과 그림 또는 사진이 광고를 주도했다. 그런데 20세기 초에 라디오가 발명되어 1923년에 첫 라디오 광고가 나갔다. 그러자 광고의 주도권이 다시 음성 광고와 CM송 같은 청각적 이미지로 넘어갔다. 하지만 채 20년이 지나지 않아 TV 방송이 시작되면서 광고는 그 둘을 종합한 이른바 시청각 이미지로 채워지게 되었다.

1949년에는 미국 가정의 TV 보유율이 2퍼센트에 불과했지만, 1962년에는 91퍼센트로 늘어났다. 이즈음부터 영화 광고도 성행했다. 드디어 이미지 광고 전성시대가 막을 올린 것이다.[7] 특정 기업이나 제품을 알리는 로고송과 CM송이 대중음악처럼 유행하고 유명 연예인들이 광고에 등장했다. 이러한 경향은 결국 대중매체의 헤게모니가 전단傳單, 신문, 잡지에서 라디오와 TV로 차츰 옮겨감에 따라 광고의 주체 또한 문안 광고에서 이미지 광고로 변해가는 시대적 흐름을 대변한다.

이미지 vs 은유적 이미지

이 같은 시대적 흐름에도 불구하고 은유적 사고를 기반으로 하는 이미지 광고는 2000년대 초 '광고의 왕국' 뉴욕에서도 분명

IV.

참신하고 새로운 것이었다. 이제석이 짧은 기간에 29개나 되는 광고 어워드를 휩쓸 수 있었던 것도 그의 작품이 단순히 시각적 이미지를 담았기 때문이 아니라 '은유적으로 표현된 이미지'를 만들어 담았기 때문이라는 점에 주목해야 한다.

그러니 앞으로 우리는 은유적으로 표현된 이미지는 '은유적 이미지metaphorical image'라고 불러 단순한 이미지와 구분하고, 그것을 사용한 광고는 '은유적 이미지 광고metaphorical image advertisement'라고 불러 단순한 이미지 광고와 구별하기로 하자. 그럼 이미지와 은유적 이미지는 어떻게 다르고, 이미지 광고와 은유적 이미지 광고는 또 어떻게 다른가?

1권 《은유란 무엇인가》에서 밝혔듯이, 이미지는 분명 은유의 핵심이자 생명이다. 하지만 이미지 자체가 은유적인 것은 아니다. 다시 말해 모든 이미지가 은유적인 것은 아니다. 그렇다면 어떤 이미지가 은유적인가? 다양한 답이 있을 수 있겠지만, 이 책에서는 '보조관념으로 형상화된 이미지', 곧 은유적 사고 과정에 개입해 원관념과 그것의 본질을 드러내 보이는 이미지, 한 걸음 더 나아가 그것으로부터 새로운 생각을 이끌어낼 수 있는 이미지를 은유적 이미지로 규정하고자 한다. 레이코프의 정의를 빌려 표현하자면, 하나의 정신적 영역을 또 다른 정신적 영역으로 개념화하는 이미지가 은유적 이미지이다. 그리고 그것을 사용해 만든 광고가 은유적 이미지 광고다.

예를 든다면, 주택 거래를 위한 광고에 실린 주택 사진은 분명 이미지이지만 은유적 이미지는 아니다. 권투경기를 알리는 광고에 실린 선수의 사진도 마찬가지다. 이러한 이미지는 단순한 시각적 정보를 제공하는 데에 그칠 뿐 하나의 정신적 영역을 또 다른 정신적 영역으로 개념화하는 이미지가 아니기에 그렇다. 예나 지금이나 TV 광고의 대부분을 차지하는 유형이 단순히 시청자의 눈길을 끌기 위해 배우, 탤런트, 가수와 같은 유명 연예인을 등장시키는 광고다. 이런 광고도 이미지를 사용한 것이기는 하다. 그렇지만 은유적 이미지를 사용한 광고라고는 할 수 없다.

은유적 이미지 광고

물론 유명인을 이용한 광고가 모두 그렇다는 것은 아니다. 가령 콜린 퍼스같이 정장이 잘 어울리는 남성 연예인을 고급 신사복이나 승용차 모델로 쓴다든지, 전지현같이 머릿결이 유난히 고운 여성 탤런트를 샴푸 모델로 기용하는 것처럼, 특정 이미지가 뚜렷한 유명인을 그에 걸맞은 상품 광고에 기용하는 것도 은유적이라 할 수 있다. 관건은 모델이 지닌 이미지와 제품 사이에 뚜렷한 유사성이 있느냐 하는 것이다.

2004년 출간된 엄창호의 《광고의 레토릭》에는, 지금으로서는 오래되어 유튜브에서나 찾아볼 수 있지만 다시 살펴보고 싶은 모범적 사례가 다수 실려 있다. 그 가운데 KTF가 2004년에 무선 인터넷 동영상 서비스를 제공하는 핌Fimm을 선전하기 위해 가수 서태지를 모델로 기용한 광고가 소개되어 있다.[8]

서태지는 데뷔 당시인 1990년대만 해도 상당히 파격적이고 실험적인 장르인 랩rap을 가지고 나와 세상을 놀라게 해 큰 성공을 거둔 대중가수다. 핌 역시 출시될 당시로는 최첨단 기술인 무선 인터넷 동영상 서비스를 제공한다는 점에서 파격적이고 실험적이었다. 이 점에서 둘 사이에 유사성이 존재하고 그 유사성이 이 광고를 은유적으로 만들어주었다. 다시 말해, 이 광고는 원관념 핌의 본질인 파격적이고 실험적인 기능을 서태지의 이미지로 형상화한 것이다. 이 광고를 구성하는 은유적 사고를 도식화하면 다음과 같다.

도식 45

이 은유 도식을 보면, 광고 대상인 핌이 원관념이고, 그것의
특성, 곧 광고하고자 하는 내용인 '파격적이다, 실험적이다'가
원관념의 본질이다. 그리고 그것을 형상화한 인물인 서태지가
보조관념이고, 그것에서 이끌어낸 '세상을 놀라게 하다'가 창
의다. 그렇다면 "세상을 놀라게 할 수 없다면 나타나지도 마라,
Surprise Fimm!"이라는 이 광고의 카피가 어디서 나왔는지가 드
러난다. 그렇다, 창의다! 이제석의 광고를 분석해 구성한 은유
도식을 다시 살펴보면 이와 똑같은 구조임을 확인할 수 있을 것
이다.

우리는 여기에서 은유적 이미지 광고의 일반적 구조를 다음
과 같이 규정할 수 있다. ① 광고 대상 내지 주제가 은유 도식에
서는 원관념이다. ② 광고하고자 하는 핵심 콘셉트가 원관념의
본질이다. ③ 핵심 콘셉트를 형상화한 은유적 이미지가 보조관

넘이다. ④은유적 이미지에서 이끌어낼 수 있는 새로운 생각, 달리 말해 광고가 소비자에게 전하는 메시지가 창의다. 이 내용을 도식화하면 다음과 같다.

광고하려는 대상 / 주제 ⇨ 핵심 콘셉트 ⇨ 은유적 이미지 ⇨ 전하려는 메시지

도식 46

우리는 이 도식을 '은유적 이미지 광고의 일반 형식'으로 삼고자 하는데, 이제부터 모범이 될 만한 은유적 이미지 광고를 몇 개 선정해 분석하고 이 형식에 맞춰 도식화하는 훈련을 함께 해보자. 이 작업을 통해 당신의 은유적 사고력이 향상되어 언젠가는 창의적이고 설득력 있는 은유적 이미지 광고를 만들 수 있기를 바란다.

09. 은유로 광고 분석-하기

은유적 이미지 광고의 본보기라고 평가할 만한 이제석의 광고를 하나 더 골라 분석해보자. 이제석이 쓴 《광고천재 이제석》을 보면, 그는 9·11 테러 이후 뉴욕에서 일련의 사건을 겪으면서 미국과 이슬람 사이의 갈등을 '보복의 악순환'으로 파악했다. 그런데 그것을 이제석은 '인과관계의 윤회'라는 불교적 언어로 바꾸었고, 윤회라는 말에서 '적을 겨냥하는 총과 탱크, 수류탄과 폭격기가 자신을 쏜다는 역설의 비주얼'을 떠올렸다. 그렇게 탄생한 광고가 〈사진 3-B〉이다.

〈사진 3-B〉는 〈사진 3-A〉를 전신주에 감은 것이다. 〈사진 3-A〉에서 '적을 겨누는 총'이 〈사진 3-B〉에서는 '자기 자신을 겨누는 총'이 되었다. 우리가 여기서 주목해야 할 점은 〈사진 3-A〉는 단순한 이미지이지만, 〈사진 3-B〉는 은유적 이미지라는 사실

"뿌린 대로 거두리라"

세계평화연합Coalition for Peace 광고, 2008(캡처)

사진 3-A

사진 3-B

이다. 전신주에 감는 단순한 발상이 이미지를 은유적 이미지로 만들었다. 이제석은 윤회를 뜻하는 이미지가 동그라미라는 데에서 떠올린 아이디어라고 하는데, 광고인으로서 그가 가진 재능을 가늠할 수 있는 대목이다.

자기 자신을 겨누는 총

이제석의 다른 광고와 마찬가지로 이 광고 역시 이미지뿐이다. 그러나 그것으로 족하다. 왜냐고? '자기 자신을 겨누는 총'은 단순한 이미지가 아닌, 은유적 이미지이기 때문이다. 따라서 그것이 전하는 메시지는 빠르고 강력하다. 그래서 이번에도 역시 카피가 따로 필요 없을 정도다. 그는 '폭력이 폭력을 낳는다', '우리가 한 짓이 우리에게 돌아온다' 등의 광고 문안을 고려해보았다고 한다. 최종적으로 널리 알려진 금언인 "뿌린 대로 거두리라"로 정했지만, 다른 문안도 모두 카피로 삼을 만하다. 그렇지 않은가? 이 광고에 들어 있는 은유적 사고를 도식화하면 다음과 같다.

IV.

적을
겨누는 총 ⇨ 보복의
악순환 ⇨ 자기 자신을
겨누는 총 ⇨ 폭력이
폭력을 낳는다

도식 47

사진 4-A   사진 4-B

"뿌린 대로 거두리라"
세계평화연합 광고, 2008(캡처)

　이제석은 똑같은 유형의 광고를 둘 더 만들었다. 하나는 '자기 전차를 겨냥하는 전차포'(사진 4-A)이고 다른 하나는 '자기 전투기를 격추하는 미사일'(사진 4-B)이다. 이들을 구성하는 은유적

사고는 '총'이 전차포와 미사일로 바뀔 뿐 〈도식 47〉과 같은 형식
으로 전개된다는 것은 더 말할 필요가 없다.

아빠가 지켜줄게

앞에서 밝힌 대로 1990년대 후반부터 TV가 거의 모든 가정에
보급되면서 TV 광고도 크게 늘었다. 그래서 광고기획자들이 보
통의 인쇄 광고만이 아닌, TV 광고도 기획·제작하는 횟수가 차
츰 증가했다. 지금은 TV 광고가 공중파에서는 보통 15초이지만
당시에는 30초 정도였다. 그렇다고 해도 밀도 높게 제작되어야
한다는 점에서는 다를 바가 없었다. 이 때문에 전하는 메시지가
빠르고 강력한 은유적 이미지 광고가 시청자들에게서 좋은 반
응을 얻었다.

　당시 호평을 받은 TV 광고 가운데 엄창호의 《광고 레토릭》에
실린 것을 하나 더 소개하고자 한다. 오래전 광고이기는 하지만,
TV에서 구현한 은유적 이미지 광고의 모범 사례라고 생각되기
때문이다. 삼성생명이 낸 기업광고인데, 어린 딸에게 자전거 타
기를 가르쳐주는 아빠를 소재로 했다. 메인 카피는 "언제까지나

아빠가 지켜줄게”다. 자전거에 올라 비틀거리며 무서워하는 딸을 뒤에서 잡아주는 아빠의 이미지를 통해 삼성생명의 신뢰도를 은유적으로 표현한 광고다.

분석해보면, 이 광고는 두 개의 은유적 사고가 연이어지며 이야기를 전개하고 있다. 하나는 인생살이가 자칫하면 넘어질 수 있는 자전거 타기와 유사하다는 것이고, 다른 하나는 딸이 넘어지지 않게 뒤에서 잡아주는 아빠처럼 삼성생명이 고객을 든든히 지켜주겠다는 것이다. 둘 다 “하나의 정신적 영역을 다른 정신적 영역으로 개념화하는 것”이라는 점에서 은유다. 도식화해보면 이 점이 더욱 분명히 드러난다(도식 48).

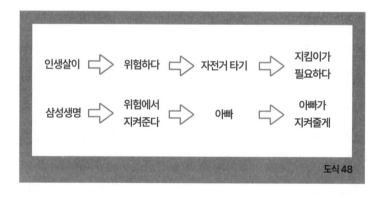

도식 48

시나 노랫말에서 원관념과 보조관념 사이에 유사성과 비유사성이 존재하듯 은유적 이미지 광고에서도 광고하려는 대상 또는 주제와 그것의 핵심 콘셉트를 형상화한 은유적 이미지 사이에 유사성과 비유사성이 존재한다. 유사성이 광고의 신뢰도를 높이고 비유사성이 새로운 메시지를 이끌어낸다.

여기에서 당신이 주목해야 할 것은 광고인들이 고심하는 카피가 대부분 이 '새로운 메시지'에서 나온다는 사실이다. 이 말은 만일 당신이 은유적 이미지 광고를 만든다면, 당신의 기획안을 먼저 은유 패턴에 맞춰 도식화한 다음, 은유적 이미지에서 나오는 메시지에서 카피를 뽑아내는 식으로 작업하는 것이 좋은 방법이라는 의미다.

엄창호의 《광고 레토릭》에는 이 밖에도 은유적 광고가 여럿 소개되어 있다. 눈에 띄는 것만 골라도, 한번 잡으면 놓치지 않는 독수리의 발과 흡착력이 뛰어난 문어의 발을 통해 코오롱스포츠 등산화의 기능성을 이미지화한 광고, 사람의 눈과 카메라의 렌즈가 하는 역할의 유사성을 근거로 "사람을 알려거든 눈을 보라, 카메라를 알려거든 렌즈를 보라"라는 카피를 만든 삼성 케녹스 광고, 수탉이 아침마다 힘찬 날갯짓을 하듯이 남성들을 아침마다 힘차게 '일어서게' 한다는 뜻으로 "새벽에 일어나라"라는 카피를 내세운 강정強精 드링크제 광고 등이 그것이다. 이들을

IV.

은유로 분석해 도식화하는 유익하고 흥미로운 작업은 당신에게
맡기고자 한다.

김연아의 첫 TV 광고

이번에는 KB국민은행이 피겨스케이트 선수 김연아를 모델로
기용해 만든 은유적 이미지 광고를 하나 분석해보자. 김연아 선
수가 2010년 밴쿠버 동계올림픽에서 금메달을 획득한 이후 지
금까지 그를 모델로 한 광고가 셀 수 없을 만큼 제작되었다. 그
러나 대부분이 그의 유명세에 힘입어 시청자들의 관심을 끌려
는 의도로 제작된 것일 뿐, 그 가운데 은유적 이미지 광고를 찾
아보기가 어렵다. 요즈음도 크게 다를 바 없는데, 2006년에 제작
된 KB국민은행 광고는 예외다.

이 광고가 김연아가 출연한 첫 번째 광고이기도 한데, 당시는
김연아가 16세의 나이로 2006년 11월 파리 베르시 실내 빙상장
에서 열린 시니어 피겨 그랑프리 4차 대회에서 첫 우승을 했을
때였다. 아직 올림픽 금메달리스트가 아니어서인지 이 광고는
김연아의 유명세에 기대지 않았다. 이제 막 '국내 제일에서 세계

제일로' 나아가는 김연아의 이미지를 통해 KB국민은행의 진취적이고 도전적인 기업 정신과 목표를 광고하자는 것이 기획자의 의도였다.

광고는 캄캄한 아이스링크를 두 개의 스포트라이트가 교차하며 비추는 가운데 김연아가 등장해 공중으로 높이 뛰어오르며 시작한다. 그기 히공에서 자신의 특기인 트리플 점프를 시연하는 동안 김연아 본인의 육성으로 "내겐 대한민국도 세계도 $1,800m^2$다. 난 단 한 번도 대한민국을 작은 나라라고 생각해본 적이 없다"라는 멘트가 나간다. 그다음 곧바로 성우의 음성으로 메인 카피 "대한민국 1등을 넘어, KB국민은행!"이 이어지며 '진한 여운'을 남기고 광고가 끝난다.

이 광고는 도전적이고 진취적이고자 하는 KB국민은행의 이미지와 세계 제일을 향해 나아가는 김연아의 이미지 사이의 유사성을 근거로 한 은유적 이미지 광고다. 분석하자면, 'KB국민은행'이 원관념인 광고 대상이고, '도전적이다', '진취적이다'가 광고하려는 핵심 콘셉트, 곧 원관념의 본질이며, 그것을 형상화한 '김연아'가 은유적 이미지, 곧 보조관념이고, '국내 제일에서 세계 제일로'가 광고를 통해 전하려는 메시지, 곧 창의다. 여기에서 "대한민국 1등을 넘어, KB국민은행!"이라는 메인 카피가 나온 것이다. 도식화하면 다음과 같다.

도식 49

    지금도 유명인을 모델로 기용해 만드는 광고가 가장 많다. 앞으로도 이런 경향은 계속될 것이다. 그러나 그 가운데 은유적 이미지를 이용해 만드는 광고는 그리 흔치 않다. 연예인들의 유명세에 기대어 만드는 광고와 은유적 이미지를 사용해 만드는 광고 가운데 어느 것이 더 상업적으로 효과적인지에 관해서는 우리도 아는 바가 없다. 단지 은유적 이미지를 사용해 만드는 광고가 소비자의 뇌 속으로 더 빠르고 더 강력하게 파고들어 더 오랫동안 남는다는 인지과학적 사실을 강조해두고 싶을 뿐이다.

    이제, 이어지는 10장에서는 은유적 이미지 광고를 만드는 훈련을 함께 해보고자 한다. 물론 이번에도 우리의 목표는 광고기획자가 되는 것이 아니라 이런 훈련을 통해 당신의 은유적 사고력을 향상하는 것이다. 그러나 만일 당신이 언젠가 카피 작성이나 광고 기획 또는 그와 유사한 일을 하게 된다면, 그때에도 작지 않은 도움이 되게끔 하고자 한다.

IV.

10. 은유로 광고 만들기

은유로 광고를 만든다는 것은 은유적 이미지 광고를 제작한다는 뜻이다. 이 말은 우리가 지금부터 훈련하려고 하는 것은 여타 일반적 광고를 제작하는 방법이 아니라는 의미다. 즉 이제부터 우리는 앞에서 제시한 〈도식 46〉에 실린 은유적 이미지 광고의 일반 형식에 맞춰 광고 만드는 법을 훈련하려고 한다. 상기하자면, 은유적 이미지 광고의 일반 형식은 다음과 같았다.

광고하려는 대상/주제 ⇨ 핵심 콘셉트 ⇨ 은유적 이미지 ⇨ 전하려는 메시지

보통의 경우(케이스 ①)에 광고기획자에게는 광고하려는 대상

이나 주제(원관념)가 광고 의뢰인으로부터 주어진다. 광고를 통해 전하고자 하는 핵심 콘셉트도 함께 주어지는 경우가 대다수이지만, 기획회의를 통해 기획자와 의뢰인이 협의하여(케이스 ②) 정하기도 한다. 그렇다면 광고기획자가 오롯이 해야 할 일은, 케이스 ①의 경우에는 광고하려는 대상이나 주제의 핵심 콘셉트를 형상화하는 네 적합한 은유직 이미지(보조관념)를 찾기나 만드는 것과 거기서 광고가 전하려는 메시지(창의)를 이끌어내는 것이다. 케이스 ②의 경우에는 광고를 통해 전하고자 하는 핵심 콘셉트를 정하는 작업부터 시작해야 할 것이다.

그러나 이제석의 경험담을 들어보면 꼭 그런 것만은 아니다. 《광고 천재 이제석》에 따르면, 그가 〈사진 1〉에서 소개한 2007 국제 환경공익광고 수상작을 제작할 때 그는 자전거를 타고 뉴욕 북동부 흑인들이 많이 사는 애비뉴 거리를 쏘다니다가 우연히 굴뚝에서 매연을 내뿜는 건물을 보게 되었고, 불현듯이 '굴뚝총'이라는 이미지를 떠올렸다. 그리고 그것을 은유적 이미지로 사용하는 환경오염에 관한 광고―당시 이제석은 학생이었고 환경오염을 주제로 한 광고는 수업 과제였다―를 제작하기로 한 것이다. 이 경우(케이스 ③)는 은유적 이미지(보조관념)와 광고 주제(원관념)가 우연히 먼저 정해졌고, 나머지는 이후 동료들과 협

의해 정한 것이다.

〈사진 2〉에 실린 2007 클리오 어워드 수상작의 경우는 앞서도 언급했듯 뉴욕 지하철 계단을 오르다 "장애인이 계단을 오르는 건 히말라야를 오르는 것보다 더 어렵다"라는 생각이 들었고, 이어서 '에베레스트 계단'이라는 은유적 이미지가 떠오른 것이다. 〈사진 3〉에 담긴 세계평화연합 광고도 9·11 테러 이후 뉴욕에서 일어나는 일련의 사건들을 경험하며 미국과 이슬람 사이의 갈등을 '보복의 악순환'으로 파악하면서 '자기 자신을 겨누는 총'이라는 은유적 이미지를 떠올린 것이다. 이 두 경우(케이스 ④)는 광고의 핵심 콘셉트와 은유적 이미지가 먼저 정해졌고, 나머지는 그다음에 정해졌다.

우리는 이쯤에서 당신이 1권 11장 '실습-하기—실용'에서 살펴본 내용을 잠시 떠올려보길 바란다. 거기서는 실습에서 자주 만나게 되는 은유 도식 유형을 네 가지로 구분해 소개했고 이를 시리즈 2권인 이 책의 1부 '시와 은유' 〈도식 5〉에서 다시 한번 소개했다. 또한 그것이 무엇이든 은유를 사용한 작품을 분석하거나 만드는 데에는 각 유형에 있는 빈칸을 하나씩 채우는 식으로 작업하는 것도 당신에게 권했다. 그리고 '빈칸-채우기'라고 이름 붙인 이 방법을 통해 앞서 이 책 1, 2, 3부에서 시, 동시, 동요,

노랫말을 분석하고 짓는 훈련을 해왔다. 같은 방법으로 우리는 은유적 이미지 광고도 만들 수 있다.

은유적 이미지 광고 만드는 법

당신도 이제 알겠지만, 빈칸-채우기는 은유적 사고를 순차적으로 그리고 체계적으로 추적해—때로는 막연하고 때로는 막막하기만 한, 그래서 순간적으로 떠오르는 직관에 의지할 수밖에 없는—은유적 표현을 분석하거나 창작할 수 있게 하는 매우 합리적인 방법이다. 다시 말해 아리스토텔레스가 "이것만은 배울 수 없다"라고 단언하고, 그 후 2,000년 넘게 시인과 철학자들이 그의 말에 공감해온 은유적 표현을 누구나 어렵지 않게 창작할 수 있도록 개발한 방법이다. 따라서 우리는 은유로 광고를 만드는 훈련에도 이 방법을 사용할 것이다.

우선 1권 《은유란 무엇인가》와 2권인 이 책의 1부 '시와 은유'에서 우리가 자주 만나는 은유 도식 유형으로 소개한 네 가지는 다음과 같다. (a)유형은 '원관념→( )→보조관념→( )'로 원관념과 보조관념이 드러나 있고, (b)유형은 '원관념→원관념의 본질→( )→( )'로 원관념과 원관념의 본질만, (c)는 '원관념

→( )→( )→( )'로 원관념만, (d)는 '( )→( )→보조관념→(
)'로 보조관념만 드러나 있는 유형이다.

　우리가 앞에서 소개한 광고 제작 유형을 이 네 가지 빈칸-채우기 유형에 맞춰 정리해보면, 케이스 ①은 유형(b)에, 케이스 ②는 유형(c)에, 케이스 ③은 유형(a)에 해당하고 케이스 ④는 광고의 핵심 콘셉트와 은유적 이미지가 먼저 정해진 경우이니 (d)에 가까운 유형으로 분류할 수 있다. 각 유형에 해당하는 빈칸-채우기를 하면서 광고를 만드는 요령은 1권에서 소개한 것과 같다. 또한 우리가 지금까지 이 책 1, 2, 3부에서 은유로 시와 동시, 동요 그리고 노랫말을 만드는 훈련을 해온 것과도 다를 바가 전혀 없다. 그래서 이에 관해서는 다시 설명하지 않고 넘어가고자 하는데, 그럼에도 미리 밝힐 점이 몇 가지 있다.

　1) 아무리 은유적 이미지 광고라 해도 광고 문안이 전혀 필요 없는 것은 아니다. 근래에는 이미지만으로 구성된 광고가 종종 눈에 띄지만, 그것은 매우 특별한 경우라 할 수 있다. 앞으로도 문안 광고와 이미지 광고는 마치 자전거의 두 바퀴처럼 서로를 보완하며 광고를 이끌어갈 것이다. 이 말은 누구든 광고를 만들려면 수사법을 익히는 것이 좋다는 뜻이다. 그래서 우리는 이

장에서 '광고인이 사랑해온 수사법'이라는 제목 아래 광고에 필요한 수사법에 관해서도 잠시 살펴보고자 한다. 그것이 당신이 은유로 광고를 만들 때 카피를 뽑아내는 데에 특히 도움이 될 것이다.

2) 자타가 공인하는 광고 천재 이제석과는 달리 보통 사람들에게는 은유로 광고 만들기의 핵심인 은유적 이미지가 '우연히' 그리고 '불현듯이' 떠오르지 않는다. 이 말은 우리에게는 은유적 이미지를 떠올리는 묘책이 필요함을 뜻한다. 그런데 우리는 1권 11장 '실습-하기—실용'에서 광고에서 은유적 이미지에 해당하는 보조관념을 떠올리는 묘책에 관해 이미 살펴본 바 있다. 그래서 우리는 이 장에서 '광고인이 사랑해온 묘책'이라는 제목 아래 보조관념을 떠올리는 묘책을 광고에서 활용하는 법에 관해서도 간단히 살펴보려고 한다. 그것이 당신이 은유로 광고를 만들 때 은유적 이미지를 떠올리는 데 도움이 될 것이다.

3) TV와 유튜브 광고가 그렇듯이 오늘날의 대세는 동영상으로 제작된 광고다. 비록 6초에서 15초가량의 짧은 시간이라 해도 그 안에 스토리텔링이 들어 있는 광고가 더 효과적인 것은 두말할 필요가 없다. 게다가 그것이 앞에서 소개한 삼성생명 광고처럼 '은유적 스토리텔링'이라면 금상첨화가 아니겠는가. 그래

IV.

서 우리는 이 장에서 '광고인이 사랑해온 스토리텔링'이라는 제목 아래 은유적 스토리텔링에 관해서도 잠시 살펴보고자 한다. 그것이 당신이 은유로 광고를 만들 때 스토리보드를 작성하는 데에 도움이 되는 것은 물론이거니와 당신이 만든 광고를 매력적으로 만들어줄 것이다. 과연 그런지, 이제부터 차례로 살펴보자.

광고인이 사랑해온 수사법

《서양 광고 문화사》를 보면, 역사상 가장 오래된 광고는 고대 도시국가 테베(기원전 13~기원전 12세기)에서 발굴된 문서 가운데 포상금을 걸고 달아난 노예를 찾는 내용이라고 주장하는 학자의 이야기가 나온다.[9] 그러나 그것은 대중에게 일방적으로 알리는 공지公知일 뿐 오늘날 우리가 말하는 설득 수단으로서의 광고는 아니다. 그러니 비록 글로 표기되었다고 할지라도 수사학적 기교가 들어 있을 리 없다.

동서양을 막론하고 본격적인 광고는 상업의 발달과 함께, 그리고 당연히 설득의 수단으로 사용되면서 시작되었다. 로마는 지중해 연안의 따뜻한 지방에 자리하고 있어 예전에도 지금처럼 거리마다 노점이 많았다. 자연히 경쟁이 시작되었고, 당연히 광고가 발달했다. 광고에 수사학이 끼어든 것이 이때부터다. 고대 로마인들이 남긴 광고문 가운데 프랑스 남부 프로방스에서 발견된 것이 있는데, 어느 꽃가게 주인이 낸 광고문이다.

우리 가게는 연애를 하지 않는 사람에게는 꽃을 팔지 않습니다.[10]

꽃가게 주인이 어찌 연애를 하지 않는 사람이라고 해서 꽃을 팔지 않겠는가. 아마 2,000년 전쯤 어느 봄날에 만들어졌으리라 짐작되는 카피인데, 반어법反語法을 사용한 사랑스러운 광고문이다.

반어법이란 전하려는 내용을 오히려 반대로 표현함으로써 더욱 강조하는 기법이다. 현대의 광고에서도 "꼭 011이 아니어도 좋습니다(SK텔레콤)", "아직도 썸씽스페셜은 많은 분들께 드리지 못합니다(썸씽스페셜)", "너무 귀한 클럽을 선보이게 되어 대단히 죄송합니다(지아크 골프)" 등이 반어법을 사용한 예인데, 그렇다면 어떤가? 프로방스의 꽃가게 주인이 내건 광고 문안은 지금 보아도 전혀 식상하지 않을 정도로 훌륭하지 않은가? 중요한 것은 누가 언제 만들었는지는 알 수 없지만 당시에도 광고에 다양한 문예적 수사文藝的 修辭, literary rhetoric 기법이 사용되었음을 짐작하는 데에는 부족함이 없다는 사실이다.

플라톤이 '아첨술'이라 폄하하고(《고르기아스》, 464d~465e), 아리스토텔레스가 작시술techne poiethike이라고 이름 붙였으며, 전통적으로 '미사여구법'이라 불렸고 오늘날에는 '문채론'으로 분류되는 문예적 수사는 기원전 20세기부터 서사시와 함께 발달했다. 우리 시리즈 1권 《은유란 무엇인가》에서 자세히 설명했듯이, 우르Ur에 살았던 수메르인들이 남긴 점토판에는 당시 탁월했던 왕 슐기Shulgi, 기원전 2094~기원전 2047년 재위가 자신을 "용에게서 태어난 사나운 눈의 사자", "길 떠난 기품 있는 당나귀", "꼬리를 휘젓고 있는 말"과 같은 은유적 표현을 사용해 묘사한 구절이 기록되어 있다.[11]

이후 호메로스에서 사포에 이르는 고대 그리스 시인들이 너나 할 것 없이 현란한 문예적 표현으로 '감동시키기animos impellere'에 주력하며 더 발달했고 그것이 지금까지 부단히 이어져왔다. 그렇기 때문에 요즘도 수사학이라 하면, 먼저 현란한 문학적 표현을 머리에 떠올리게 되는 것인데, 수사학이 정규 교육과목이었던 로마 시대와 중세에는 200여 종이 넘게 개발되었다 한다. 하지만 오늘날에는 대략 60여 종이 남아 있는데, 실제로 자주 사용하는 것은 20여 종에 불과하다.

은유법, 직유법, 환유법, 제유법, 상징, 의인법과 같이 운문韻文에서 주로 사용되는 것들도 있지만 열거법, 대구법, 대조법, 반복법, 설의법, 반어법, 도치법 등 산문散文에서 자주 사용되는 것들도 있다. 그런데 고대로부터 광고에는—앞에서 소개한 프로방스의 어느 꽃가게 주인이 낸 광고문처럼—주로 산문에 사용되는 문예적 수사법이 애용되었다는 점에 주목하자. 이는 우리가 검토해본 2,000여 개의 광고 문안에서도 마찬가지였다.

앞서 밝힌 것처럼, 이미지 광고 시대를 맞아 요새는 광고에서 카피가 차지하는 비중이 점차 감소하고 있다. 그럼에도 그 가치가 줄어드는 것은 아니다. 이미지와 영상의 시대가 되었다 해서 문자와 책의 가치가 사라지지 않는 것과 같은 이치다. 카피와 이미지는 서로를 도우며 앞으로도 광고를 이끌어갈 것이다. 게다가 만일 당신이 여전히 문안 광고에 관심이 있다면, 지금이라도 지난 2,000년 동안 광고에 사용되어온 수사법을 집중적으로 연구해볼 필요가 있다.

그러나 무척 방대하고 난해한 작업일 것이다. 그래서 우리는 이 자리를 빌려 광고에서 가장 자주 사용되어온 다음 일곱 가지 문예적 수사법을 골라 당신에게 소개하고자 하는데, 지면이 한

정된 만큼 간단히 귀띔만 하고 넘어가고자 한다. 다시 말해 각 수사법에 대한 짧은 소개와 각 기법에 해당하는 예를 일곱 개씩만 골라 제시하는 것으로 만족하고자 하는데, 만일 당신이 수사학에 관한 더 자세한 내용에 관심이 있다면 《생각의 시대》나 《설득의 논리학》 가운데 해당 부분을 참조하기 바란다.[12]

광고인이 사랑하는 문예적 수사법

1) 광고 문안에는 우선 내용이나 어조가 비슷한 문장을 나란히 늘어놓아 생동감을 살리는 표현법인 대구법對句法, parallelism을 사용하는 경우가 아주 많다. 예를 들자면, "기술은 뛰어나게, 가격은 실속 있게"(LG전자), "친구는 역시 옛 친구, 맥주는 역시 OB"(OB맥주), "앞선 생각, 앞선 가구"(동서가구), "척~하면 삼천리, 책~하면 Yes24!"(YES24), "Beautiful Life, Beautiful Computer"(IPC), "젊음에는 한계가 없다, 중앙대학에는 울타리가 없다"(중앙대학교), "누군가는 다른 길을 가야 합니다. 누군가는 다른 꿈을 꿔야 합니다"(명지대학) 등이다.

2) 대구법과 유사하지만 서로 대립하는 사물이나 사안을 나란히 내세워 양자가 대립하는 상태를 강조하는 대조법antithesis도

광고에 자주 사용된다. 예를 들면, "차이는 인정한다, 차별엔 도전한다"(KTF), "내 생각엔 선구자, 녀석들 생각엔 배신자"(딤플), "한국엔 없다, 워즈워드엔 있다"(워즈워드 코리아), "차종은 같습니다, 하지만 운전자는 다릅니다"(현대해상), "사랑이라 말하면 무겁고, 좋아한다 말하면 가볍다"(하이트맥주), "가슴의 반은 늘 열어놓는다, 그리움의 반은 늘 닫아놓는다"(맥심), "집이 옷을 두텁게 입으면, 사람이 옷을 얇게 입게 된다"(유리섬유협회) 등이다.

3) 반복법repetition은 같은 소리나 단어 내지 같은 구나 같은 문장구조의 반복을 통해 의미를 강조하는 기법이다. 같은 문구나 문장구조를 반복한다는 점에서는 대구법과 같지만, 똑같은 내용을 반복하기에 반복법이라 한다. 예를 들자면, "세계를 가깝게, 미래를 가깝게"(데이콤), "세계가 인정하는 기술, 세계가 인정하는 품질"(삼성), "전통 100년, 도전 100년"(두산), "앞선 기술, 앞선 품질"(벽산), "평생 친구, 평생 은행"(신협), "오랫동안 기억되는 사람, 오래도록 기억되는 시바스리갈"(시바스리갈), "나의 선택, 나의 초이스"(테이스터스 초이스) 등 그 예가 숱하다.

4) 열거법enumeration은 비슷한 어구 또는 내용적으로 연결되는 어구를 '여러 개 늘어놓아' 전체 내용을 강조하는 수사법이다. 늘

IV.

어놓는 단어나 어구가 여럿이라는 것이 반복법과 다른 점이다. 광고에서는 "정직한 식품, 정직한 가격, 정직한 친절"(나들이유통), "슈렉을 더 자연스럽게, 더 세밀하게, 더 생생하게!"(드림웍스 HP), "날씬하고, 똑똑하고, 미인인 데다 싱글입니다"(소니 프로젝터), "꿈, 사랑, 감동의 색동날개"(아시아나항공), "고객 사랑, 제품 사랑, 환경 사랑"(삼성전관), "힘차게, 빠르게, 안전하게"(대우자동차), "꿈, 사랑, 행복이 가득한 곳"(두리예식장) 등이 열거법을 사용한 예다.

5) 언어 배열 순서를 뒤바꿔 강조하는 도치법inversion도 카피라이터들이 사랑하는 수사법이다. 광고에서는, "떠나라, 열심히 일한 당신!"(현대카드), "함께 즐겨요, 피자헛"(피자헛), "울어라, 암탉!, 나와라, 여자 대통령!"(숙명여자대학교), "함께 가요, 희망으로"(삼성), "엘라스틴을 써요, 저는 소중하니까요"(엘라스틴), "달려라, 당신의 발이 깊은숨을 몰아쉴 때까지"(아디다스), "담을 넘어라, 여자!"(서울여자대학교) 등과 같이 쓰였다.

6) 자기가 주장하려는 특정한 대답을 겨냥하여 질문을 던지는 설의법interrogation도 광고인이 애용하는 기법이다. 예를 들면, "사랑만 갖고 사랑이 되니?"(롯데칠성), "당신의 카드결제일은 안녕하십니까?"(굿머니클라이언트), "앞에서 이끄는 사람과 그 뒤

를 따르는 사람, 당신은 누구입니까?"(뉴그랜저), "숨이 멎는다고 하면 지나친 말일까?"(벤츠C클래스), "사랑을 기다리고만 있을 것인가?"(닥스클럽), "그대의 발은 산소를 충분히 호흡하고 있는가?"(아디다스), "세균을 키우는 에어컨을 사시겠습니까? 세균을 잡는 에어컨을 사시겠습니까?"(센추리에어컨) 같은 광고문이 설의법을 사용했다.

7) 설의법과 달리 질문을 던지고 그것에 답을 하며 강조하는 문답법catechism도 광고에서 종종 사용된다. 예를 들면, "자네 술 좀 한다고? 그럼 진로를 좋아하겠군!"(진로소주), "이럴 때 필요한 건 뭐? 스피드!"(엑스피드), "왜 엄마들은 자녀에게 라면 끓여주기를 미안하게 생각할까? 기름 때문입니다"(매운콩라면), "결혼이란? 서로를 올려주는 것"(SK스카이), "결혼이란? 반은 버리고 반은 채우는 것"(선우), "백화점에 왔어요? M도 없으면서 …… 쯧쯧"(현대 M카드), "컬러 있는 남자가 좋다! 넌? 컬러 있는 여자가 좋다!"(삼성 애니콜) 같은 광고문들이 이 기법을 사용했다.

그러나 수사학에는 문예적 수사만 있는 것이 아니다. 기원전 5세기경부터 수사학에 논리적 수사기법이 본격적으로 개발되었다. 주로 법정 변론이나 의회 연설에서 자신의 주장을 '확증하기$_{\text{fidem facere}}$' 위함이었는데 논리적으로 타당하지 않은 말은 그것이 아무리 감동적이라 하더라도 설득력이 떨어진다는 점이 점차 드러났기 때문이다. 그래서 나온 수사기법들을 보통 '수사적 논증' 또는 '논증적 수사$_{\text{論證的 修辭, argumentative rhetori}}$'라 한다.

광고인이 사랑하는 논증적 수사법

이전에 《생각의 시대》와 《설득의 논리학》에서 대표적인 논증적 수사인 1)예증법 2)생략삼단논법 3)대증식 4)연쇄삼단논법 등 네 가지를 골라 고대로부터 내려오는 성인들의 예화, 시인들의 시구, 탁월한 연설문과 외교문서 또는 학술서 문구, 특히 오늘날 우리가 흔히 접하는 광고 등을 예로 들어 자세히 소개한 바 있다.[13] 당신이 누구든, 무엇을 하는 사람이든 이 네 가지 논증적 수사가 필요할 것이다. 그러므로 만일 당신이 아직 이 수사법들을 익히지 못했다면, 지금이라도 꼭 익혀 널리 사용하기를 당부하고 싶다.[14] 그러면 당신의 말과 글이 상대의 어떤 방패도 뚫을 수 있는 창과 상대의 어떤 창도 막을 수 있는 방패를 갖게 될 것이다.

그러나 자리가 자리인 만큼 이 책에서는 이 네 가지 논증적 수사가 오늘날 우리가 자주 접하는 광고에서 어떤 형식으로 사용되는가만 간략하게 설명하고 넘어가고자 한다. 먼저 예증법 paradeigma을 살펴보자. 예증법은 이미 잘 알려진 예를 근거로 하여 자신의 주장을 내세우는 논증이다. 이를테면 '나쁜 음식은 몸을 병들게 한다. 마찬가지로 나쁜 생각은 정신 건강을 해친다'가 예증법을 사용한 교훈이다. 동서고금의 성현들은 모두 예증법의 천재였다. 석가, 공자, 소크라테스, 예수, 노자, 장자 등이 모두 예를 들어 교훈하길 즐겼다. 살펴보면 경전들은 예증법으로 가득 차 있다. 그만큼 설득력이 강한 수사법이라는 뜻인데, 그 가운데 예수의 가르침을 하나 살펴보자.

> 목숨을 위하여 무엇을 먹을까 무엇을 마실까 몸을 위하여 무엇을 입을까 염려하지 말라. (……) 공중의 새들을 보아라. 그것들은 씨를 뿌리거나 거두거나 곳간에 모아들이지 않아도 하늘에 계신 너희의 아버지께서 먹여주신다. 너희는 새보다 훨씬 귀하지 않으냐?
>
> —마태복음 6:25~26

신이 인간에게 일용할 양식과 의복을 줄 것이니 염려하지 말라는 가르침은 우리의 경험상 믿기 쉬운 말이 결코 아니다. 만일 그렇다면 세상 그 누가 굶주리고 헐벗겠는가. 하지만 "공중의 새들을 보아라. 그것들은 씨를 뿌리거나 거두거나 곳간에 모아들이지 않아도 하늘에 계신 너희의 아버지께서 먹여주신다"라는 단 하나의 예가 순식간에 이 말을 믿을 만한 것으로 만들어놓지 않는가. 전혀 믿을 수 없는 억지까지도 거부할 수 없게 만드는 힘! 이것이 예증법이 가진 놀라운 설득력이다.

광고에서도 예증법은 강력한 설득력을 보인다. 그렇기 때문에 오늘날 광고는 예증법으로 가득 차 있다! 예증법을 사용하지 않은 광고를 찾기가 어려울 정도다. 먼저 몇몇 그런 카피를 보자. 아마 당신도 "1,000만 명이 사용하는 카드", "천만 관객 돌파", "밀리언셀러", "줄 서서 먹는 맛집"과 같이 선전하는 식의 광고를 거의 매일 접할 것이다. 바로 이런 카피 안에 예증법이 들어 있다. 많은 사람이 사용하거나 구매한 예를 근거로 제품의 우수성과 신뢰성을 선전하기 때문이다.

어디 그뿐인가? 앞에서 잠시 언급한 유명인을 모델로 기용한 광고가 곧 예증법을 사용한 것이다. 얼굴이 고운 여성이 선전하는 화장품, 몸매가 날씬한 여성이 마시는 저칼로리 음료, 멋진 젊은 남성이 입는 의류, 품위 있는 중년 남성이 마시는 커피 등등 예를 들자면 한이 없다. '아름다운', '날씬한', '멋진', '품위 있는' 모델을 대표적 예로 보여주고, 그것을 근거로 소비자도 모델처럼 '아름답게', '날씬하게', '멋지게', '품위 있게' 될 수 있음을 간단하지만 강력하게 주장하는 것이다.

유명인을 활용한 광고는 지금 이 순간에도 신문, 잡지, 전단, TV, 인터넷, SNS 등을 통해 마치 포화처럼 우리에게 퍼부어진다. 굳이 예를 들 필요가 없을 정도다. 게다가 우리는 앞에서 KTF가 서태지를 모델로 활용한 광고와 KB국민은행이 김연아를 기용해 만든 광고를 통해 단순한 이미지 광고와 은유적 이미지 광고가 어떻게 다른지도 살펴보았다. 그러니 이 이상의 설명은 불필요해 보인다.

그런데 신문·잡지나 전단과 같은 인쇄 광고가 아닌, TV 광고나 동영상 광고는 이처럼 단순하지 않다. 보통 두 개 이상의 수사법을 함께 사용하는 복합적 수사법이 활용된다. 정해진 짧은 시간 안에 가능한 한 큰 효과를 얻어내야 하기 때문이다. 무슨 말이냐고? 다음 광고를 보자.

번화한 거리에서 한 여성이 길고 부드러운 머릿결을 뽐내며 걸어가는 장면이 나오고, 여러 남성이 그 여성을 그윽한 눈길로 바라보는 장면이 이어진다. 다음에, 그녀가 A라는 샴푸를 사용하는 장면을 보여준다. 이런 식의 광고는 자주 보았을 것이다. 이런 광고는 모두 다음과 같은 연쇄삼단논법sorites으로 기획·제작된 것이다.

전제 1: 당신은 남성들이 좋아하는 여성이 되고 싶다.

전제 2: 남성들이 좋아하는 여성은 길고 부드러운 머릿결을 가졌다.

결론 1: 따라서 당신은 길고 부드러운 머릿결을 갖고 싶다.

전제 3: 길고 부드러운 머릿결을 가진 여성은 A 샴푸를 사용한다.

결론 2: 그러므로 당신도 A 샴푸를 사용하라.

아리스토텔레스의 연쇄식이라고도 불리는 연쇄삼단논법은 둘 이상의 삼단논법을 모아 하나의 연결체로 만듦으로써 자신의 주장을 더욱 강조하는 논증적 수사다. 활용 방법은 위의 예에서 보듯이 앞에 전개된 삼단논법의 결론을 다음에 오는 삼단논법의 전제로 사용하여 연결하는 것이다. 따라서 연쇄삼단논법의 기본 구조는 '[전제 1]-[전제 2]-[결론 1]-[전제 3]-[결론 2]'와 같은 식으로 이루어진다. 그러니 논리적 허점이 전혀 없다.

그런데 이 광고에 등장하는 길고 부드러운 머릿결을 가진 여성이 유명 연예인이라 하자. 막대한 비용을 쏟아붓는 TV 광고는 이런 경우가 많은데, 그렇다면 이 광고는 예증법과 연쇄삼단논법을 함께 사용한 것이다. 어찌 막강하지 않겠는가.

다음은 스위스 로잔대학교의 명예교수 장-미셸 아당Jean-Michel Adam이 《광고논증—찬사와 설득의 수사학》에서 예로 든 광고다. 여성 모델이 마몽드 화장품을 선전하는 이 광고에는 "둘시네아* 는 피부가 부드러워요. 그러나 나는 싫어요"라는 광고 문안과 함께 마몽드 화장품 로고와 멘트가 뜬다. 이 광고는 우선 아래와 같은 연쇄삼단논법으로 구성되었다.

전제 1: 남성들은 피부가 부드러운 여성을 좋아한다.

전제 2: 둘시네아는 피부가 부드럽다.

결론 1: 그러므로 남성들은 둘시네아를 좋아한다.

전제 3: 나는 (같은 여자이기 때문에) 남성들이 좋아하는 여자를 싫어 한다.

결론 2: 따라서 나는 둘시네아를 싫어한다.

그다음 이 연쇄삼단논법에서 [전제 1], [결론 1], [전제 3]을

* 둘시네아는 미구엘 드 세르반테스의 《돈키호테》에 등장하는 여주인공으로 돈키호 테가 마음속 귀부인으로 삼은 여인이다.

생략하고, [전제 2]와 [결론 2]만으로 구성하여 만든 것이 바로 "둘시네아는 피부가 부드러워요. 그러나 나는 싫어요"라는 광고 문안이다.

이런 식으로 삼단논법에서 전제의 일부 (때로는 결론까지도)를 생략한 것을 생략삼단논법enthymeme이라 한다. 오래되었지만 매우 우아한 예로 로마의 시인 오비디우스N. Ovidius, 기원전 43~17의 작품에 나오는 "너를 간직할 수 있었다. 따라서 너를 잃을 수도 있으리라Servare potui, perdere an possim rogas!"라는 시구詩句가 있다. 이것은 '간직할 수 있는 것은 잃을 수도 있다. 나는 너를 간직할 수 있었다. 그 때문에 나는 너를 잃을 수도 있다'라는 삼단논법 가운데 '간직할 수 있는 것은 잃을 수도 있다'라는 전제를 생략하고 시적으로 표현한 것이다.

생략삼단논법의 매력은 간결하고 멋지다는 데에 있다. 그러니 어찌 광고인들이 사랑하지 않겠는가. "둘시네아는 피부가 부드러워요. 그러나 나는 싫어요"라는 카피는 연쇄삼단논법과 생략삼단논법을 함께 사용해서 얻어낸 문안이다. 게다가 만일 이 카피와 함께 화장품을 선전하는 여성 모델이 널리 알려진 유명 배우라면—그래서 '저 여배우도 부드러운 피부를 위해 마몽드 화장품을 사용해?'라고 생각하게 한다면—이 광고는 연쇄삼단논법과 생략삼단논법 그리고 예증법까지 사용해 만든 것이다. 멋지기만 할 뿐 아니라 설득력도 막강하다는 뜻이다.

우리가 또 자주 접하는 광고 가운데는 이른바 '비포-애프터Before-After'형 광고가 있다. 대부분이 화장품, 건강보조식품, 일반 의약품, 운동기구 같은 일상용품의 효능을 증명하는 광고인데, 이런 광고에는 보통 제품을 사용하기 이전 상태와 이후 상태를 사진이나 영상으로 보여주는 부분이 삽입된다. 화장품이라면 사용하기 이전과 이후 피부 상태를, 의약품이나 건강보조식품이라면 복용 이전과 이후 건강 상태를, 운동기구라면 사용 이전과 이후 몸 상태를 증명할 수 있는 객관적 자료를 제공하는 식이다.

알고 보면 이런 광고는 '예전에는 이런 피부, 건강, 몸 상태였다. 그런데 이 제품을 사용 또는 복용했다. 그러므로 지금의 이런 피부, 건강, 몸 상태가 되었다'라는 삼단논법을 활용한 것이라 할 수 있다. 그러나 그것이 전부가 아니다. 예전 상태와 이후 상태를 증명하는 객관적 자료를 제공하고, 그 사이에 선전하는 제품을 복용 또는 사용했음을 증명하는 자료를 삽입해 보여주기 때문이다.

이렇듯 전제마다 그것을 증명하는 자료를 제공함으로써 설득력을 강화하는 논증적 수사를 대증식epicheirema이라 한다. 따라서 그 기본 구조는 '[전제 1]-[전제 1 증거]-[전제 2]-[전제 2 증거]-[결론]', 이렇게 다섯 부분으로 이루어진다. 로마 시대의 뛰어난 수사학자 키케로M. T. Cicero, 기원전 106~기원전 43가 법정에서 행한 〈밀로를 대신하여Pro Milone〉라는 변론이 대표적 예로 전해온다. 요약하면 다음과 같다.

전제 1: 자신을 죽을 함정에 빠뜨리는 자를 죽이는 것은 허용된다.
증거 1: 자연법과 인간의 권리를 통한 증명.
전제 2: 클로디우스는 밀로를 죽을 함정에 빠뜨렸다.
증거 2: 증인들에 의한 제 사실 증명.
결론 : 밀로에게는 클로디우스를 죽이는 것이 허용된다.

대증식은 삼단논법의 틀을 갖추었기 때문에 형식적으로 타당valid할 뿐 아니라, 각 전제가 참임을 증명하는 증거가 첨부되어 있기에 내용적으로도 건전sound하다. 빈틈 없는 설득력을 지녔다는 뜻이다. 그래서 광고인들이 사랑하는 논증적 수사가 되었다. 게다가 이번에도 기용한 모델이 신용할 만한 유명인이라면, 이 광고에는 예증법까지 힘을 더한 셈이다. 빈틈이 없을 뿐 아니라 막강한 설득력을 지녔다는 뜻이다.

오늘날 사용되는 문예적 수사법이 줄잡아도 수십 가지인 데다 논증적 수사도 그 종류가 여럿이다. 그렇다면 그것들을 조합해 만든 복합적 수사polyrethoric의 사례는 무척 다양하고 그 수 또한 많을 수밖에 없다. 그러니 여기서 멈추자. 우리는 당신이 먼저 각각의 수사법을 익히기를 권하고 싶다. 그리고 그것들을 필요에 따라 저절히 조합해 당신의 광고를 기획하고 제작하길 바란다. 그러면 당신의 광고가 한결 돋보일 것이다. 일상에서 사용하는 당신의 말과 글에 멋과 품격이 생겨나는 것은 덤이다.

광고인이 사랑해온 묘책

우리 시리즈의 1권 《은유란 무엇인가》의 12장 '은유를 만드는 세 가지 묘책'에서 우리는 '보조관념을 떠올리는 법'을 소개하며 이렇게 말했다. "은유 창작의 성패는 보조관념의 창의성에 의해 좌우된다. 창의적인 보조관념을 떠올리는 원칙은 '원관념을 다른 새로운 정신적 영역에 의해 개념화하라'다. 즉, 보조관념을 원관념과 다른 정신적 영역에서 가져오라는 것"이다. 그리고 그것을 실행하기 위한 요령 가운데 하나가 "원관념을 의인화하거나 의비인화擬非人化하라"였다. 이 말을 광고에 적용하면, 은유적 이미지를 떠올리는 요령은 '광고의 대상이나 주제를 의인화하거나 의비인화하라'가 된다.

또 앞서 이 책의 5장 '의인화로 동시·동요 짓기'에서는 개인과 인류의 인지발달 과정에서 가장 원초적인 은유적 사고가 의인화와 의비인화이며, 따라서 그것은 고대인들의 사고와 언어 그리고 스핑크스나 라마수와 같은 예술품에도 나타났고, 아동들의 동시와 동요뿐 아니라 우화와 동화에도 빈번하게 등장한다는 것을 밝혔다. 다음과 같은 구체적 예도 들었다.

'불이 춤춘다', '바람이 운다'처럼 인간이 아닌 원관념(동식물, 사물, 자연현상)을 인간처럼 개념화해 표현하는 것이 의인화다. 역으로 '아킬레우스는 사자다', '나(술기왕)는 길 떠난 기품 있는 당나귀다'처럼 인간을 인간이 아닌 것(동식물, 사물, 자연현상)으로 개념화해 표현하는 것이 의비인화다. 따라서 의인화의 보조관념은 언제나 인간이고, 의비인화의 보조관념은 항상 동식물, 사물, 자연현상과 같은 비인간이다. 따라서 의비인화에는 '의동식물화', '의사물화', '의자연화' 등이 포함된다. 기억하기 쉽게 1권에도 실은 의인화와 의비인화의 관계 도식을 다시 가져오면 다음과 같다.

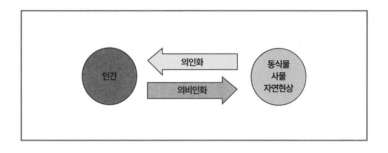

여기에서 한가지 확실히 하고 넘어가야 할 것이 있다. 앞에서 이미 수차례 인용했듯이 "하나의 정신적 영역을 다른 정신적 영역에 의해 개념화하는 것"이라는 레이코프의 은유 정의에 의하면 의인화와 의비인화는 모두 은유적 사고의 산물이고, 그것을 통해 만들어진 표현은 그것이 언어적이든 비언어적이든 모두 은유적 표현이라는 사실이다. 광고에서도 마찬가지다.

의인화하고 의비인화하라

의인화와 의비인화는 광고에서도 오래전부터 애용해온 기법이다. 《광고의 레토릭》에서 엄창호는 광고에서 의인화가 지닌 장점 세 가지를 들었다. 첫째는 자칫 낯설 수 있는 광고 주제를 손쉽게 전할 수 있다는 점, 둘째는 흔히 생소할 수 있는 광고 대상을 친숙하게 만들어준다는 점, 셋째는 가끔 전문용어가 섞이는 생산자의 용어가 아니라 소비자가 일상에서 사용하는 약어나 은어와 같은 신조어로 표현하기에 좋다는 점이다. 이어서 그는 다수의 예를 들었는데, 그 가운데 몇 가지만 소개하면 이렇다.

자사가 생산하는 가전제품을 '가족 구성원'으로 의인화해 "또 하나의 가족"을 메인 카피로 내건 삼성전자의 브랜드 광고, 학교의 교육 환경을 지원하겠다는 의미로 만든 "웃어라, 학교야"와 월드컵을 후원하며 만든 "힘내라, 축구야"를 메인 카피로 내세운 SK텔레콤의 기업광고, "드디어 김치가 식탁을 떠났습니다. 김치의 화려한 변신 롯데리아 김치버거"를 카피로 한 롯데리아 광고 등이다. 이들 광고는 모두 자사 제품을 사람처럼 간주해 묘사하거나 말을 거는 의인화를 카피 만드는 데 사용한 사례다.

다른 유형으로 제품 자체를 의인화해 직접 등장시키는 광고도 있다. 엄창호는 의인화된 자동차가 "주인님, 미워요, 왜 나쁜 엔진오일만 넣어주세요?"라고 항의하는 엔진오일 지크(ZIC) 광고와 "가끔은 눈보라 속에서 나를 꽁꽁 얼게 만들지만, 힘을 주는 S-OIL만 넣어준다면 주인님을 용서한다"라고 말하는 에쓰오일 광고 등을 예로 들었다. 그런데 우리는 의인화를 사용한 대표적 예로 오랫동안 각종 매체에서 종종 보아온 M&M's 광고를 꼽고 싶다.

미국 제과회사 '마즈Mars'가 1941년부터 생산 중인 초콜릿 캔디 M&M's는 전 세계 어린아이들로부터 가장 사랑받는 초콜릿 브랜드 가운데 하나다. 당신도 알다시피, M&M's가 이렇듯 지속적 인기를 유지하는 것은 이 광고에 의인화되어 등장하는 귀엽고 개성 있는 여섯 캐릭터의 활약에 힘입은 바 크다. 작지만 굵은 눈썹과 막무가내식 성격을 지닌 '레드', 몸에 땅콩이 들어 있어 길쭉하고 낙천적인 성격의 '옐로', 직업이 광고모델이라 레드와 옐로의 시기를 사는 '블루', 겁이 많아 언제나 프리첼과 함께 다니는 '오렌지', 인간을 남자 친구로 둔 커리어 우먼 '미스 브라운', 캐릭터 중에 가장 섹시한 '그린'이 그들이다.

M&M's 광고에 등장하는 여섯 캐릭터　　　　사진 5

　　　　　　　　　　　　　　　　　　　　　　　IV.

정리하자면 M&M's 광고는 전형적인 '은유적 이미지 광고'다. 따라서 이 광고는 앞에서 엄창호가 제시한 광고에서 의인화가 지닌 장점 세 가지—곧, 주제를 손쉽게 전할 수 있다는 점, 대상을 친숙하게 만들어준다는 점, 소비자의 일상 언어를 광고에 사용하기 용이하다는 점—를 모두 취했다. 그뿐 아니다. M&M's 광고는 매번 귀엽고 개성 넘치는 여섯 캐릭터가 엮어가는 흥미로운 스토리텔링으로 기획·제작되기 때문에 우리가 이어서 살펴볼 '스토리텔링이 지닌 장점'마저 갖춰 가장 지속적이고 성공적인 광고 가운데 하나로 자리 잡았다.

1권《은유란 무엇인가》의 12장 '은유를 만드는 세 가지 묘책' 가운데 하나인 '보조관념을 떠올리는 법'에는 "원관념을 의인화하거나 의비인화하라" 외에도 "이미지가 선명한 보조관념을 선정하라"와 "오감을 치환하라"가 있다. 둘 다 은유적 표현을 만드는 요령에 속하지만, 이들을 사용해 은유적 이미지 광고를 만드는 방법과 사례에 관한 이야기는 한정된 지면 때문에 건너뛰고자 한다. 그러니 만일 당신이 흥미가 있다면 1권으로 돌아가 먼저 두 요령을 익히고, 그것들을 사용해 카피나 광고를 만든 방법과 사례를 스스로 추적해보기를 권한다.

1권 12장에는 또한 은유적 사고력 향상의 첫출발이라 할 '관찰력을 기르는 법'에 관해서도 설명해놓았다. 우리는 당신이 은유적 사고력을 길러 사람들의 뇌를 빠르고 강하게 파고드는 은유적 이미지 광고를 기획·제작하고 싶다면 역시 그 부분을 1권에서 찾아 읽어보고 평소 틈틈이 관찰력을 기르는 훈련을 하길 바란다. 광고 천재 이제석이 만든 다수의 은유적 이미지 광고도 우리가 그냥 지나칠 만한 사소한 것들을 놓치지 않고 찾아내는 그의 관찰력에서 시작했다.

그러나 다시 한번 밝히지만, 이 책의 궁극적 목표는 당신을 전문 광고기획자로 만드는 것이 아니다. 이 책은 우리가 일상에서 그 어느 것보다 자주 접하는 광고를 통해 당신의 은유적 사고력을 기르고자 하는 것이다. 따라서 이 장에서 다룬 '은유로 광고 만들기'는 달을 가리키는 손가락이나 먼 여행의 목적지를 알려주는 이정표와 같다. 손가락과 이정표를 통해 언젠가 목표에 도달하는 일은 당신 자신의 몫이다.

광고인이 사랑해온 스토리텔링

오늘날 자본주의사회에서 사는 우리에게 광고는 피하려야 피할 수 없는 상업적 생산품이자 문화적 현상이다. 광고는 시나 동시보다, 노래보다, 그림보다, 조각보다, 건축보다, 영화보다, 연극보다, 그 어떤 공연보다 더 빠르게 더 많이 제작되어 각종 매체를 타고 우리 일상을 파고든다. 그럼으로써 우리가 의식하지 못하는 가운데 소비생활과 삶의 방식을 지배하고 구성해간다. 이책이 광고를 상대적으로 비중 있게 다루는 것도 그래서인데, 이렇듯 우리의 삶에서 광고의 비중이 커지고 지배력이 강해지다보니 문제가 생겼다. 우선 광고의 시장 경쟁이 심해졌고, 변화속도가 빨라졌다.

오늘날 광고는 17세기 이후 신문, 잡지, 전단을 통해 전해지던 인쇄 광고와 20세기부터 라디오와 TV를 매체로 한 방송 광고를 떠나 인터넷, SNS 그리고 유튜브에서 구현되는 디지털 광고로 자리를 옮겼다. 이제 광고기획자와 마케터들은 막대한 비용을 지불해가며 신문, 잡지에서 지면을 사고 거리의 대형 광고판을 임대하거나 라디오와 TV에서 광고 시간을 구매해야만, 100만 소비자에게 접근할 수 있는 것이 아니다. 디지털 광고를 통해더 저렴하고 더 쉽게 더 많은 대중과 만날 수 있기 때문이다. 광고는 이제 P2P와 소셜미디어 방식으로 빠르게 전환 중이며 그것을 피하거나 막을 방법은 없어 보인다.

이 말은 지난 100년을 지배한 방송 광고 시대가 저물고 한 시대를 풍미했던 광고 제작 모델이 사라져간다는 의미다. 따라서 새로운 시대에 걸맞은 새로운 광고 제작 모델을 구축해야 하는데, 그것이 결코 쉽지 않다. 누구나 저렴하고 쉽게 광고할 수 있기 때문에, 오히려 축복받은 소수만이 기대했던 효과를 얻을 뿐 대부분의 디지털 광고는 소비자와 만나기조차 어렵다. 어느 때보다도 소비자에게 다가가기 쉽기 때문에 오히려 소비자와 만나기가 어렵다는 아이러니가 생긴 것이다. 디지털 문명이 낳은 이 같은 아이러니 속에서 오늘날 광고기획자들이 주목하는 것이 스토리텔링이다.

스토리텔링을 사용하라

스토리텔링Storytelling이란 말 그대로 상대방에게 알리고자 하는 내용을 흥미로운 이야기로 만들어 전달하는 행위다. 스토리텔링은 단순히 정보를 전달하는 것이 아니다. 전달하고자 하는 정보를 쉽게 이해시키고, 오래 기억하게 하며, 깊은 정서적 몰입과 공감을 이끌어낸다는 특성을 지닌 커뮤니케이션의 한 방법이다. 그래서 오늘날에는 문학, 만화, 애니메이션, 영화, 방송, 게임과 같은 창작 분야뿐 아니라 각종 생산품, 디자인, 홈쇼핑, 테마 파크, 스포츠, 관광 등의 광고와 마케팅 같은 홍보 분야 그리고 교육, 강연, 설교와 같은 훈육 분야에 널리 사용되고 있다.

왜 스토리텔링이 정보를 쉽게 이해시키고, 오래 기억하게 하며, 깊은 정서적 몰입과 공감을 이끌어내면서 오늘날 이렇듯 폭넓게 사용되고 있을까? 그 주된 이유 가운데 하나는 스토리텔링이 인류 역사상 가장 오래된 커뮤니케이션 방법에 속한다는 데 있다. 따라서 이 질문은 사실상 교육심리학자, 인지과학자, 사회 인류학자 그리고 언어학자들이 오랫동안 지녀온 의문, '동서양 모든 문명은 왜 신화와 전설 같은 스토리텔링으로부터 시작하는가?'와 내용이 같다. 얼핏 보아 평범한 것 같지만 학자들에게는 매우 중요하고, 앞으로 보게 되겠지만 지금 우리 이야기와 연관해서도 매우 의미 있는 질문이다.

프랑스 국립과학연구원의 베르나르 빅토리Bernard Victorri가 동료들과 함께 출간한 《언어의 기원》에 실은 〈최초의 언어를 찾아서〉에서 이에 대해 납득할 만한 대답을 내놓았다. 빅토리에 의하면, 신화와 전설, 곧 이야기는 언어의 기본 기능인 정보 전달과는 다른 의미에서 매우 중요한 역할을 한다. 그것은 한 사회 공동의 문화적 가치가 무엇인지를 알려줌으로써 사회 구성원들의 정신을 형성해간다. 즉, 이야기는 어떤 태도가 그 사회에서 훌륭하다고 판단되는 본보기이고 어떤 행위가 모두에게 손가락질을 받는 금기인지를 가르쳐준다. 그럼으로써 사회인류학자들, 특히 프랑스의 문학평론가이자 인류학자인 르네 지라르Rene Girard, 1923~2015가 주장하듯이 신화나 전설 같은 이야기가 그 공동체의 도덕과 법의 근간을 형성한다.[15]

따라서 인간이 어떤 집단의 이야기를 듣고 그것에 길들여진다는 것은 그 사회의 구성원이 된다는 것이며, 그 사회에서 자신의 능력을 발휘할 수 있게 된다는 것을 의미한다. 조금 생소하게 들릴 수 있지만, 오늘날 상당수 학자가 이 같은 사실을 실험으로 증명하거나 이론적으로 동의하고 있다. 예컨대 키스 오틀리, 레이먼드 마 같은 심리학자들은 성별, 나이, 학력 등과 무관하게 소설과 같은 픽션을 즐겨 읽는 사람들이 신문이나 잡지 같은 논픽션을 즐겨 읽는 사람들보다 사회성이 뛰어나다는 실험 결과를 내놓았다.[16] 심리학자 조지프 캐럴, 존 존슨, 댄 크루거, 조너선 갓설도 이야기가 인지능력과 정신의 항상성을 향상시키며, 윤리적 행동을 장려함으로써 사회성을 길러준다고 주장했다.[17]

빅토리는 한발 더 나아간다. 그는 현생 인류가 살아남은 것은 지능이 뛰어나서가 아니라 마을이나 집안의 노인이 선대로부터 자기 자신에까지 누적되어온 지혜를 이야기로 아이들에게 전해 줄 수 있었기 때문이라는 가설을 내놓았다. 그가 이런 추정을 하는 데는 다음과 같은 나름의 이유가 있다. 초기 호모사피엔스들 가운데 인지적 차원에서 현생인류보다 못할 것이 전혀 없었고 오히려 더 큰 뇌를 가졌던 네안데르탈인의 멸종이 수수께끼로 남아 있다.* 그들은 불을 다룰 줄 알았고, 다양한 무기와 도구를 제조했으며, 악천후와 외부의 공격으로부터 보호해줄 주거지를 만들 줄 알았기 때문이다.

빅토리는 네안데르탈인이 멸종한 것은 후손들에게 이야기를 통해 지혜와 사회규범 그리고 윤리를 전해줄 능력이 없었기 때문이었을 것으로 추정한다.** 그래서 그는 다음과 같이 주장했다.

그러므로 그 인간종을 '호모사피엔스나란스'라고 불러야 할 것이

---

* 우리가 보통 호모사피엔스라 부르는 현생인류의 정확한 학명은 '호모사피엔스사피엔스Homo sapiens sapiens'이고, 네안데르탈인의 학명은 '호모사피엔스네안데르탈렌시스Homo sapiens neanderthalensis'이다.

** 네안데르탈인에게 언어가 아예 없었던 것은 아니다. 예전에는 네안데르탈인의 목구멍 구조가 발성에 부적합하기 때문에 현생인류처럼 언어를 구사하기는 어려웠을 것이라는 설명이 정설이었다. 그러나 1989년 이스라엘의 케바라Kebara 동굴에서 현대인의 것과 거의 같은 네안데르탈인의 설골舌骨, hyoid bone이 발견되면서 언어 사용이 가능했었음이 해부학적으로 밝혀졌다.(파스칼 피크·베르나르 빅토리·장 루이 데살,《언어의 기원》, 123쪽 참조.)

다. 그보다 먼저 있었던 호모사피엔스의 다른 종과 호모사피엔스 나란스narrans를 구분해주는 것은 지성이 아니라 '인류'의 새로운 기본적 '지혜'의 원천인 '그들 자신의 이야기'를 들려주는 인간집단의 능력일 것이기 때문이다.[18]

이 말은 스토리텔링이 인류가 일찍이 다윈이 '자연 선택'이라는 말로 표현한 혹독한 생존경쟁에서 살아남을 수 있는 결정적 도구였음을 의미한다.* 동시에 왜 스토리텔링이 우리를 쉽게 이해시키고, 오래 기억하게 하며, 깊은 정서적 몰입과 공감을 하게 하는지를 설명해준다. 한마디로 스토리텔링은 우리가 이룬 문명의 중요한 기반 가운데 하나이며 우리의 유전자 안에 각인된 유용한 정보 가운데 하나라는 것이다. 그래서 우리는—대부분 소설가가 아님에도—밤낮으로 심지어 꿈속에서도 스토리텔링을 하는 것이다. 빅토리가 인류를 호모사피엔스나란스로 불러야 한다고 말한 건 그래서인데, 이것이 예나 지금이나 광고인들

---

* 영국 옥스퍼드대학교 진화인류학 교수 로빈 던바Robin Dunbar, 사우샘프턴대학교 고고학 교수 클라이브 갬블Clive Gamble, 리버플대학교 고고학 교수 존 가울렛John Gowlett이 함께 쓴 《사회성》에서는 네안데르탈인이 커다란 뇌를 가졌음에도 불구하고 현생인류보다 작은 무리를 이뤄 살았고, 그들이 사용하던 언어가 현생인류만큼 발달하지 못했기 때문에 멸종했다고 주장했다.

IV.

이 스토리텔링을 사랑하는, 또 사랑해야 하는 이유다.

광고인이 사랑하는 스토리텔링 광고

우리가 하는 이야기는 보통 자신의 경험에서 나온 것이지만, 주변 사람이나 각종 매체를 통해 보거나 들은 것일 수도 있고, 순수하게 허구일 수도 있다. 광고에서도 스토리텔링은 광고 대상 또는 주제의 히스토리나 그에 얽힌 이야기 또는 소비자의 경험담, 아니면 직접 스토리를 만드는 것 등 다양한 방법이 사용된다. 그 밖에 상품과 연관된 사소한 가십gossip마저 광고에 이용되는 경우가 자주 있다. 어떤 것은 사실이고 어떤 것은 허구이지만 광고에서는 그들 모두가 좋은 스토리텔링이다. 대표적 예를 몇 가지 들면 다음과 같다.

1) 가장 일반적인 방법으로는 광고하려는 대상 또는 주제의 특성과 잘 어울리는 감동적인 또는 흥미로운 이야기를 찾아 광고를 구성하는 것이다. 앞에서 소개한 예들 가운데 어린 딸에게 자전거 타기를 가르쳐주는 아빠를 소재로 하고 "언제까지나 아빠가 지켜줄게"를 메인 카피로 내건 삼성생명 광고가 감동적인 이야기로

소비자의 마음을 움직인 경우라 할 수 있다. 또 개성 있는 캐릭터들과 함께 매번 새로운 내용을 꾸며 선전하는 M&M's 광고는 흥미로운 이야기를 통해 소비자의 관심을 모으는 광고에 속한다. 과연 그런지, 근래에 자주 방송되는 M&M's 광고 '현상수배편'을 보자.

경찰서에서 수사반장으로 보이는 인물이 M&M's 캐릭터 가운데 레드와 옐로를 현상수배범으로 지목하고 빨리 체포하라고 명령한다. 이어서 수염과 캡모자로 위장한 레드와 옐로가 비행기에 탑승해 있는 장면이 나오면서 소심한 옐로가 겁에 질린 목소리로 말한다. "누가 알아보면 어쩌지?" 그러자 레드가 당당하게 대답한다. "음~ 어림없어!" 옆 좌석에 앉은 노인이 미심쩍은 얼굴로 둘을 바라본다. 그리고 두 종류로 포장한 M&M's 봉지가 화면에 뜨면서 "놓칠 수 없는 맛이야, M&M 칩Chip!"이라는 멘트가 나가며 30초가량의 광고가 끝난다.

2) 우리는 또한 제품 생산과 유통과정에서 있었던 이야기나 유명 연예인들이 뿌리는 가십을 이용한 스토리텔링 광고도 심심치 않게 접할 수 있다. 루이 비통 브랜드의 경우 외국인은 파리 매장에서 하루에 두 개밖에 구매할 수 없으며, 페라가모 구두는 134가지 공정을 거친 뒤 변형을 막기 위해 7일간 오븐에 넣는다는 이야

기 등은 제품의 생산과 유통과정의 히스토리를 이용한 스토리
텔링 광고라 하겠다. 또한 버버리 사의 트렌치코트는 영화 〈애
수〉에서는 로버트 테일러가, 〈카사블랑카〉에서는 험프리 보가
트가 입었다 해서 당시 세계적으로 선풍을 일으켰다. 명품 시계
로 유명한 불가리는 영미권 베스트셀러 작가로 널리 알려진 페
이 웰돈Fay Weldon에게 '불가리 커넥션'이란 제목으로 소설작품을
써달라고 의뢰했다는 이야기로 한때 유명세를 탔다.

   3) 특별한 스토리를 직접 만들어 상품에 입혀 광고하는 것도 하나
의 방법이다. 보통은 적합한 이야기를 찾기 어려운 경우에 사용
하는 방법인데, 그 가운데 매우 인상적인 예가 '아오리 사과'다.
1991년 여름, 일본의 아오모리현에 예년에 경험한 적 없는 거센
태풍이 몰려왔다. 사과 농장을 덮친 태풍은 채 익지도 않은 사과
를 90퍼센트가량 떨어뜨려버렸다. 한 해 농사를 망친 농민들은
절망할 수밖에 없었다. 그런데 한 농부가 나무에 아직 붙어 있는
사과들에 스토리를 불어넣자는 아이디어를 떠올렸다.

   그는 아오리 사과에 초속 53.9m의 강풍에도 떨어지지 않은 사
과가 입시에서 합격의 행운을 가져올 수 있다는 스토리를 만들
어 입혔다. 당신도 알다시피, 일본의 대학 입시도 우리나라만큼
치열해 명문 대학 합격이 하늘에서 별 따기다. 그런데 아오리 사

과에 입힌 흥미로운 스토리가 일본 열도에 널리 퍼지면서 사람들이 이 사과를 보통 사과의 2배, 3배, 심지어는 10배 값을 치르고도 구매했다. 그 결과 아오모리현의 과수원 농가들은 태풍으로 줄어든 수확량에도 불구하고 예년과 비슷한 수익을 올릴 수 있었다.

스토리텔링을 이용한 광고에는 이 밖에도 다양한 방법이 있겠지만, 그 가운데 특별한 관심을 가지고 당신에게 소개하고자 하는 것이 하나 있다.

4) 스토리텔링 광고에 상업적 가치뿐 아니라 도덕적·사회적 가치를 입히는 방법이다. 당신도 알다시피 이 방법은 주로 공익광고에 사용되어왔다. 앞에서 소개한 광고 천재 이제석의 작품들이 이에 속하고, 또 우리가 TV 화면에서 거의 매일같이 접하는 유니세프, 월드쉐어, 그린피스, 공익광고협의회, 한국방송광고진흥공사, 환경부 등에서 만든 공익광고가 그렇다.

그러나 근래에는 스토리텔링을 통해 공공의 가치를 지향하는 이 광고 방법이 기업의 이미지 광고나 상품 광고에도 널리 이용되고 있다. 얼핏 생소해 보이지만, 기업 경영에 비재무적 요소인 ESG, 곧 환경Environment·사회Social·지배구조Governance를 신중히 고려해야 지속 가능한 발전을 할 수 있다는 인식이 확산되었기 때문이다. 그럼으로써 스토리텔링은 날로 치열해지는 기업들 사이의 경쟁에도 불구하고 고대로부터 내려온 자신의 본래적 기능, 곧 공공의 가치와 윤리를 강화하고 공동의 문화라는 매듭을 단단히 매어 사회를 결속하는 기능을 수행하고 있다.

우리가 아는 한, 공공의 가치를 지향하는 이 새로운 방식의 상업 광고를 가장 매력적이고 선구적으로 사용해 성공한 브랜드가 탐스TOMS다. 탐스는 세탁 서비스 사업과 TV 네트워크 사업을 하던 블레이크 마이코스키Blake Mycoskie가 2006년에 창립한 회사다. 아르헨티나를 여행하던 그는 많은 아이들이 맨발로 매일 수 킬로를 걸어 다니다가 토양의 기생충에 감염되어 여러 가지 질병에 시달리는 현실을 목격했고, 이들을 도울 방법을 구상했다. 그리고 아르헨티나의 토속 신발 알파르가타alpargata의 모양과 디자인을 본떠 '내일을 위한 신발Shoes for Tomorrow'이라는 뜻을 담은 탐스슈즈를 만들었다.

우리가 탐스에 주목하는 까닭은 탐스슈즈의 매력이 토속적 디자인과 편안한 착화감을 지녔다는 데 있지 않다. 탐스슈즈가

탐스의 로고

공익을 창출하는 판매방식에 있다. 블레이크 마이코스키는 탐스슈즈가 한 켤레 팔릴 때마다 또 한 켤레를 도움이 필요한 아이들에게 기부하는 '일대일 기부one for one'라는 매우 독특한 판매 방식을 탐스의 브랜드 철학으로 삼았다.

이러한 방식에 사람들의 이목이 쏠리기 시작했고, 특히 〈로스앤젤레스 타임스〉에 소개되어 스칼렛 요한슨, 키이라 나이틀리, 시에나 밀러와 같은 할리우드 스타들이 탐스슈즈를 신고 거리를 활보하는 모습이 파파라치에 의해 속속 공개되었다. 이후 탐스슈즈는 전 세계적 관심과 지지 속에 판매 6개월 만에 1만 켤레가 판매되어 2006년 10월에 판매량과 동일한 숫자의 신발을 아르헨티나의 아이들에게 전달했다. 더욱이 탐스슈즈는 여기서 멈추지 않고 전 세계 다양한 나라에 진출하여 2010년에는 판매량과 기부량 모두 100만 켤레를 돌파했다.

탐스 광고의 성공 비결

여기에서 당신이 주목해야 할 것은 탐스가 인쇄 광고나 방송 광고와 같은 아날로그 방식은 전혀 쓰지 않는다는 사실이다. 그 대신 디지털 방식의 광고 활동을 한다. 공식 홈페이지와 개인 블로 그는 물론 트위터, 페이스북, 유튜브, 핀터레스트, 마이스페이스 등 다양한 소셜 네트워크 사이트에서 활발히 활동하며 고객들의 자발적 참여를 이끌어낸다. 전문가들은 탐스가 성공할 수 있었던 가장 큰 요인으로 블로그를 통해 기업의 가치와 제품을 적극적으로 알린 프로슈머(참여형 소비자)를 꼽는다. 지금도 인터넷에서 탐스를 검색하면 탐스의 제품 설명부터 탐스를 신는 연예인들, 일대일 기부 공식에 이르기까지 꼼꼼하게 이야기해주는 블로그를 쉽게 찾아볼 수 있다.

요컨대 탐스의 성공 요인은 크게 두 가지다. 하나는 공익을 지향하는 ESG 기업이라는 것이고, 다른 하나는 일찍부터 디지털 광고를 이용한 기업이라는 것이다. 그런데 우리가 여기에서 놓치지 말아야 할 것은 두 요인 모두 앞에서 소개한 스토리텔링의 본질과 맞아떨어진다는 사실이다. 왜냐고?

첫째는 선사시대부터 내려오는 스토리텔링의 본질이 이야기를 통해 지혜와 사회규범 그리고 윤리를 전해준다는 공익적 성격을 지녔기 때문이다. 그렇기에 탐스슈즈의 '일대일 기부'라는 판매방식은 스토리텔링에 적합한 토픽, 시쳇말로 세간의 '이야깃거리'가 된다. 〈로스앤젤레스 타임스〉뿐 아니라 각종 패션 매거진은 물론 〈타임스〉, 〈피플〉 등 주간지에서도 앞다투어 탐스를 소개하고 ABC, CNN 및 MSNBC에서도 일대일 기부 공식에 관한 보도를 자발적으로 방영한 것이 바로 그래서 아니겠는가.

둘째는 커뮤니케이션이라는 측면에서 보면, 스토리텔링의 본질이 일방적 설명이나 보도가 아니고 인터렉티브한 대화이기 때문이다. 조나 삭스는 수백 개의 주요 브랜드 광고와 인상적인 캠페인을 제작한 경험을 바탕으로 쓴 《스토리 전쟁》에서, 일방적 설명이나 보도 형식의 광고 방식을 '방송 전통'이라 부르고, 입에서 입으로 전하는 대화 형식의 광고 방식을 '구전 전통oral tradition'이라 이름 붙인다. 그리고 선사시대부터 이어져 내려온 구전 전통이 디지털 시대를 맞아 지난 100년 동안의 광고를 지배해온 방송 전통 시대에 다시 부활하고 있다고 주장했다.[19]

따라서 오늘날 광고는 방송 전통과 구전 전통이 병행되어야 하지만, 그 주도권은 이미 구전 전통으로 넘어가고 있다는 것이다. 탐스의 광고 전략에서 보듯이 구전 전통이 우선적이어야 한다는 뜻이다. 왜냐하면 오늘날 대중은 단순히 광고가 전하는 메시지를 받아들이는 소비자가 아니고, 자발적으로 광고에 함께 참여해 메시지를 퍼서 나르고 널리 전하는 파트너이기 때문이다. 구전 전통의 디지털 광고가 먼저 성공하면, 방송 전통의 광고는 뒤따라온다는 현실을 탐스가 보여준 것이다.

광고인이 사랑해온 은유적 스토리텔링

여기에서 나는 스토리텔링 광고 가운데 가장 강력하고 효과적인 유형으로 '은유적 스토리텔링 광고'를 소개하고자 한다. 그런데 은유적 스토리텔링 광고란 무엇일까? 그것은 단순한 스토리텔링 광고와 어떻게 다를까? 우리는 앞에서 이미지와 은유적 이미지를 구분하고, 이미지 광고와 은유적 이미지 광고를 분별했다. 그리고 그 기준을 어떤 이미지가 '보조관념으로 형상화된 이미지'냐 아니냐, 다시 말해 그 이미지가 어떤 하나의 정신적 영역을 다른 정신적 영역에 의해 개념화하느냐 아니냐로 정했다. 그리하여 이 기준에 따라 단순한 이미지 광고와 은유적 이미지 광고를 구분했다.

스토리텔링도 마찬가지 기준에 따라 '단순한 스토리텔링'과 '은유적 스토리텔링', '단순한 스토리텔링 광고'와 '은유적 스토리텔링 광고'를 구분할 수 있다. 다시 말해 어떤 스토리텔링이 은유적이냐 아니냐 하는 것은 그 스토리텔링이 어떤 하나의 정신적 영역을 다른 정신적 영역에 의해 개념화하느냐 아니냐로 규정할 수 있다. 그렇다면 앞에서 든 예 중에 "언제까지나 아빠가 지켜줄게"를 메인 카피로 사용한 삼성생명 광고와 여섯 가지

초콜릿 캐릭터를 사용해 매번 짧지만 흥미로운 이야기를 엮어 가는 M&M's 광고는 스토리텔링 광고일 뿐 아니라 은유적 스토리텔링 광고라 할 수 있다.

그런데 왜 은유적 스토리텔링 광고가 필요할까? 우리는 앞에서 스토리텔링 광고가 얼마나 영향력이 크고 바람직한 광고효과를 가져오는지 보았다. 그렇다면 그것 자체로 족하지 않은가? 광고가 꼭 은유적일 필요까지는 없지 않을까 하는 생각이 들 수 있다. 옳은 생각이다. 모든 스토리텔링 광고가 반드시 은유적이어야 할 필요는 없다. 그럼에도 우리가 은유적 스토리텔링에 별도의 지면을 할애하는 데는 두 가지 이유가 있다.

하나는 광고 시장의 경쟁이 나날이 치열해지기 때문이고, 다른 하나는 광고 시간이 점점 짧아지고 있기 때문이다. 은유적 스토리텔링은 당연히 스토리텔링이 지닌 힘에 은유의 힘을 더한다. 그럼으로써 광고효과를 극대화한다. 이에 대해서는 앞에서 이미 충분히 설명했기에 더 이상 언급할 필요가 없을 것이다. 그러나 광고 시간이 점점 짧아지기 때문에 은유적 스토리텔링이 필요하다는 점에 관해서는 약간의 설명을 보태야겠다.

오늘날에는 신문, 잡지, 전단과 같은 인쇄 광고와 라디오와 TV 같은 방송 광고 매체뿐 아니라 인터넷, SNS, 유튜브 같은 디

IV.

지털 광고 매체도 등장했다. 그래서 광고기획자나 마케터 들은 보통 인쇄 광고와 TV 스토리보드와 유튜브 그리고 트위터, 페이스북, 인스타그램 등 다양한 소셜 네트워크 미디어를 위한 동영상과 이모티콘까지 준비해야 한다. 그런데 인쇄 광고와는 달리 TV 광고와 동영상 광고는 극도의 시간제한(공중파 TV에서는 보통 15초, 유튜브에서는 6초)을 받는다는 특성을 가진다. 이 말은 광고가 짧지만 깊은 인상을 남길 수 있도록 기획·제작되어야 한다는 뜻이다.

말처럼 쉽지만은 않은 일인데, 이 문제를 해결하는 데 은유적 스토리텔링이 답을 줄 수 있다. 앞서 예로 든 삼성생명과 M&M's 광고처럼, 은유적 스토리텔링은 이미 널리 알려졌거나 대중의 눈길을 사로잡을 만한 이야기를 통해 전하고자 하는 내용을 형상화 또는 개념화한다. 그 때문에 빠르고 강렬하게 시청자의 뇌를 파고들어 강하게 지배한다. 이것이 은유적 스토리텔링이 광고인들에게 그리고 심지어는 광고와 무관한 일반인에게도 필요한 이유다. TV 광고가 15초, 유튜브 광고가 6초 전후로 한정된 오늘날에는 대부분의 팀장이나 사장이 당신의 보고나 제안에 30초 이상 집중하지 않기 때문이다.

그렇다면 이제 남은 문제는 우리가 어떻게 은유적 스토리텔링을 익히고 훈련할 수 있느냐 하는 실용적인 것일 텐데, 지금까지 우리는 언제나 합당한 사례를 찾아 분석하고 빈칸-채우기를 한 다음 도식화하는 방식을 택했다. 그러나 이번에는 조금 다른 길을 가고자 한다. 왜냐하면 우리가 모범으로 삼아 배울 만한 훌륭한 스승과 그들이 남긴 탁월한 교재가 이미 여럿 존재하기 때문이다. 그 스승이 누구이고 그 교재가 무엇이냐고? 이제부터 주목해주기 바란다.

은유적 스토리텔링 훈련하기

은유적 스토리텔링의 가장 고전적이고 모범적인 예로 맨 먼저 우화parable를 꼽고 싶다. 우리말로 '비유' 또는 '비유담'이라고도 번역하는 우화는 '은유＋이야기'라는 은유적 스토리텔링의 기본 틀을 이미 지니고 있기 때문이다. 그러니 사실상 우화가 곧 가장 오래되고 뛰어난 은유적 스토리텔링인 셈이다. 이 말이 의심스럽다면 당신도 잘 아는 이솝우화를 하나 떠올려보라. 가령 〈여우와 황새〉는 다음과 같이 전개된다.

여우가 황새를 식사에 초대했다. 여우는 접시에 묽은 죽을 담아 황새에게 내놓았다. 황새는 뾰족한 부리 때문에 죽을 먹지 못했다. 며칠 후 황새가 여우를 식사에 초대했다. 황새는 여우에게 복수하려고 목이 긴 병에 음식을 담아 내놓았다. 여우는 입이 병으로 들어가지 않아 아무것도 먹지 못했다. 여우는 약이 올랐다. 그러자 황새가 말했다. "친구야 나에게 식사를 잘 대접했으면 나도 똑같이 답례했을 거야. 네가 뿌린 씨이니 네가 거두어야지."

어떤가? 이 우화는 여우와 황새를 의인화했다는 점에서 은유적인 데다 내용을 이야기 형식에 담았다는 점에서 은유적 스토리텔링이다.

우화로 훈련하기

역사가 헤로도토스Herodotos, 기원전 484?~기원전 425?의 《역사》에 따르면, 이솝Aesop은 기원전 5세기에 트라케 또는 프리기아 출신인데 전쟁 포로로 잡혀 와 그리스 동부의 섬 사모스에서 노예로 살았던 사람이다. 〈여우와 황새〉에서 보듯이 그는 1)동물들을 의인화하여 2)인간 영역에서 일어나는 일들을 동물 영역에서 일어난 일처럼 이야기함으로써 3)사람들에게 나름의 교훈을 전했다는 점에서 우리가 알고 있는 가장 유명한 우화 작가이자 최초의 은유적 스토리텔러다.

그러니 은유적 스토리텔링을 광고에 사용하려는 관점에서 보면, 이솝우화는 은유적 스토리텔링 기법을 익힐 수 있는 더없이 좋은 교재다. 예컨대 〈여우와 황새〉는 "남에게 대접을 받고자 하는 대로 너희도 남을 대접하라"(마태복음 7:12)라는 예수의 가르침이나 "자기가 하기 싫은 일은 남에게도 하게 하지 말라己所不欲 勿施於人"라는 공자孔子, 기원전 552~기원전 479의 교훈과 같은 내용을 담고 있다. 그런데 생각해보라. 누가 이 같은 역지사지의 윤리를 이솝보다 더 간단하고 더 흥미롭게 가르칠 수 있을지를! 아마 어떤 웹툰 작가라 해도 〈여우와 황새〉를 웹에 올린다면 다음과 같은 두 컷이면 족할 것이다.

〈여우와 황새〉는 이솝우화 가운데 내용이 가볍거나 길이가 짧지 않은 작품이다. 그럼에도 단 두 컷의 웹툰으로 표현할 수 있다면—다시 말해 그토록 짧고 강력하고 흥미롭게 전할 수 있다면—우리가 은유적 스토리텔링을 광고에 사용하려 할 때, 이솝에게서 무엇을 배워야 할지를 알 수 있다.

이솝우화는 정본만 해도 117개가 남아 있다. 게다가 세상에는 이솝우화 외에도 아피아누스, 라퐁텐, 크릴로프, 카프카 등이 지은 우화가 셀 수 없이 많다. 우리나라의 동화도 대부분 우화 형식으로 지어져 있다. 은유적 스토리텔링을 익힐 수 있는 교재는 충분하다는 뜻이다. 만일 당신이 은유적 스토리텔링에 관심이 있다면, 또는 그것을 이용한 광고를 기획해보고 싶다면 우화에 들어 있는 은유적 사고를 추적해 도식화하는 훈련을 스스로 해보길 정중히 권하고 싶다.

뇌신경학자와 교육신경학자 들에 의하면, 아이들은 대개 18개월부터 시작하여 5세 전후에 자신이 사용하는 언어 안에 들어 있는 구조 곧 통사$_{syntax}$를 익힌다. 따라서 이 시기에는 부모들이 아이에게 문법에 맞는 언어를 사용해 대화하는 것이 매우 중요하다. 그런데 꼭 알아야 할 것은 바로 이 시기에 아이들은 이야기의 구조도 함께 익힌다는 것이다. 그렇기 때문에 이 시기 아이

들에게는 동화책을 읽어주는 것이 아주 중요하다.[20] *

그러나 아이들 대부분은 이런 훈련이 충분치 않다. 어쩌면 당신의 어린 시절도 그랬을지 모른다. 그 탓에 대다수 사람이 말은 할 줄 알아도 스토리텔링은 할 줄 모르는 것이다. 스토리텔링, 그중에서도 은유적 스토리텔링이 지닌 놀라운 능력을 고려하면 무척 안타까운 일이다. 이러한 사실은 우리가 왜 지금이라도 이솝 우화와 같이 탁월한 우화들을 통해 은유적 스토리텔링을 부지런히 익히고 훈련해야 하는지를 알려준다. 설령 당신이 광고인이 아니라 해도 말이다.

종교적 비유로 훈련하기

우화만 그런 게 아니다. 석가든 공자든 장자든 예수든 성인聖人들은 하나같이 은유적 스토리텔링의 천재다. 그리고 그들이 남

---

* 이때 말하는 통사론은 문법grammar이 아니라 정신의 모형pattern이다. 아이의 뇌는 언어를 통해 언어의 법칙이 아니라 자연과 사물들의 질서에 합당한 정신의 모형을 형성한다. 피아제, 비고츠키와 같은 심리학자뿐 아니라 다수의 뇌신경학자가 아이들이 어른들의 언어에 귀를 기울임으로써 (귀가 들리지 않는 아이들은 손짓이나 몸짓 언어를 관찰함으로써) 대개 생후 18개월 전후부터 통사론을 익히기 시작한다고 한다. 이런 현상이 촘스키처럼 선천적으로 일어난다고 주장하는 학자들도 있고, 스키너처럼 후천적으로 생긴다고 말하는 학자들도 있지만, 어쨌든 그것은 아이들에게 보편적으로 일어난다.

긴 경전은《불경》이든《논어》든《장자》든《성서》든 대부분 은유적 스토리텔링의 보물창고다. 그들이 대중을 일깨우기 위해 필요할 때마다 은유적 표현들을 흥미로운 이야기에 담아 교훈했기 때문이다. 그래서 세간에서 흔히 "성인들은 비유를 통해 가르치셨다"라고 하지만, 우리는 이때 말하는 비유가 수사법의 하나인 비유법을 뜻하는 것이라고 오해해서는 안 된다. 그것은 우화와 마찬가지로 은유적 스토리텔링의 한 유형을 가리키는 말이다.

정말이냐고?《장자莊子》,〈추수秋水〉편에 나오는 비유를 예로 들어 살펴보자.

장자가 복수濮水에서 낚시를 하고 있는데, 초楚나라 위왕이 두 대부大夫를 보내 "바라건대 나랏일로 번거로움을 끼치고 싶습니다"라는 말을 전했다. 장자가 낚싯대를 손에 쥔 채 돌아보지도 않고 답했다. "내가 들으니 초나라에는 신성한 거북이 있는데, 죽은 지 이미 3,000년이나 되었으며, 왕이 이를 비단보에 싸서 상자에 담아 묘당에 간직해두었다고 하오. 이 거북의 처지에서 보면 죽어서 껍데기를 남겨 귀하게 대접받는 것이 낫겠소, 아니면 꼬리를 진흙 속에 끌며 사는 게 낫겠소?" 두 대부가 대답했다. "차라리 살아서 꼬리를 진흙 속에 끄는 것이 낫지요." 장자가 말했다. "가시오. 나도 진흙 속에 꼬리를 끌겠소."

거북의 세계		장자의 세계
거북	→	장자
거북의 삶	→	장자의 삶
진흙	→	자연/세간
박제	→	벼슬아치

도식 50

〈도식 50〉에서 보듯이, 장자는 이 비유에서 거북의 세계를 통해 자기 자신의 세계를 개념화하는 은유적 스토리텔링을 했다. 다시 말해 거북을 통해 자기 자신을, 거북의 삶을 통해 자신의 삶을, 진흙을 통해 자유로운 세상을, 박제剝製 상태를 통해 벼슬아치의 처지를 알아듣기 쉽게 표현한 것이다. 그럼으로써 대부들에게 왕궁에서 부자유하게 사는 것보다 세간에서 자유롭게 사는 것이 낫다는 것을 단숨에 설득해, 먼 길을 찾아온 그들을 간단히 돌려보낸 것이다.

《장자》를 읽어보면, 이처럼 무릎을 탁 하고 칠 만한 은유적 스토리텔링이 연이어 나온다. 그것들을 분석하면서 은유적 사고력과 스토리텔링 능력을 기르는 즐거움은 당신에게 맡긴다. 그리고 우리는 이어서 다른 예를 하나 더 살펴보자.

예수 역시 거의 모든 가르침을 비유를 통해 전했는데, 다음은 예수의 '씨 뿌리기 비유'다.

각 동네 사람들이 예수께로 나아와 큰 무리를 이루니 예수께서 비유로 말씀하시되 씨를 뿌리는 자가 그 씨를 뿌리러 나가서 뿌릴새 더러는 길가에 떨어지매 밟히며 공중의 새들이 먹어버렸고 더러는 바위 위에 떨어지매 싹이 났다가 습기가 없으므로 말랐고 더러는 가시덤불 속에 떨어지매 가시가 함께 자라서 기운을 막았고 더러는 좋은 땅에 떨어지매 나서 백배의 결실을 하였느니라.

— 누가복음 8:4~8

얼핏 보아도 이것은 농부가 하는 씨 뿌리기에 관한 이야기다. 그렇지만 농사짓는 방법을 개선하기 위해 한 이야기는 아니다. 세상에 주어진 신의 진리가 어떻게 전해지고 드러나는가를 가르치기 위해 쓴 비유다. 이 비유는 1)우선 농부가 밭에 골고루 씨를 뿌리지만 모두 싹을 내 열매를 맺지 못하듯이, 말씀은 누구에게나 주어지지만 모두가 그것을 받아들이지는 않는다는 것을 알려준다. 2)다음으로 좋은 땅에 떨어진 씨앗이 백배의 열매를 맺듯이, 말씀을 받아들인 이는 풍성한 신앙의 열매를 맺는다는 것을 가르친다.

〈도식 51〉에서 보듯이, 예수는 자신이 전하는 말씀의 세계에서 일어나는 사건을 당시 갈릴리 사람들에게 친숙한 씨 뿌리는 농부의 세계에서 흔히 볼 수 있는 일을 통해 개념화하는 은유적 스토리텔링을 한 것이다. 그럼으로써 우리가 상상하거나 이해하기조차 어려운 내용을 이해하고 믿을 수 있게끔 이끌고 간다.

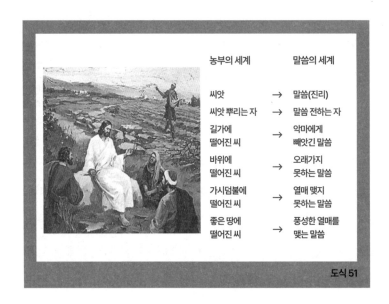

농부의 세계		말씀의 세계
씨앗	→	말씀(진리)
씨앗 뿌리는 자	→	말씀 전하는 자
길가에 떨어진 씨	→	악마에게 빼앗긴 말씀
바위에 떨어진 씨	→	오래가지 못하는 말씀
가시덤불에 떨어진 씨	→	열매 맺지 못하는 말씀
좋은 땅에 떨어진 씨	→	풍성한 열매를 맺는 말씀

도식 51

학자에 따라 다르지만, 사복음서에 기록된 예수의 비유는 적게는 30여 개에서 많게는 70여 개에 달한다고 평가한다. 예컨대 위키피디아에 실린 '예수의 비유' 목록은 37개다. 그런데 앞에서 밝혔듯 복음서뿐 아니라 동서고금의 경전에는 수없이 많은 비유가 들어 있다. 그것들을 찾아서 분석해보는 일은 은유적 스토리텔링 능력을 기를 수 있는 더없이 좋은 훈련이다. 그리고 그것이 언젠가 당신이 은유적 스토리텔링 광고나 그와 유사한 작업을 기획 또는 제작하게 된다면, 큰 도움이 될 것은 두말할 나위가 없다.

그러나 어디 광고뿐이겠는가. 만일 당신이 이 책에서 권하는 방법과 훈련을 통해 언젠가 은유적 스토리텔링을 자유자재로 구사하게 된다면, 은유와 스토리텔링이 각각 지닌 힘을 결합한 최강의 설득력을 지니게 될 것이다. 그리고 그것을 통해 사람들을 설득해 당신 자신의 삶을 풍요롭게 꾸려나갈 수 있을 것이고, 또 세상을 바꾸어나갈 수 있을 것이다. '설마' 하는 생각이 들지 몰라도, 인류를 이끌어온 위대한 성인, 학자, 작가 그리고 정치가 들이 바로 은유적 스토리텔링의 대가였다는 사실이 이를 여실히 증명한다.

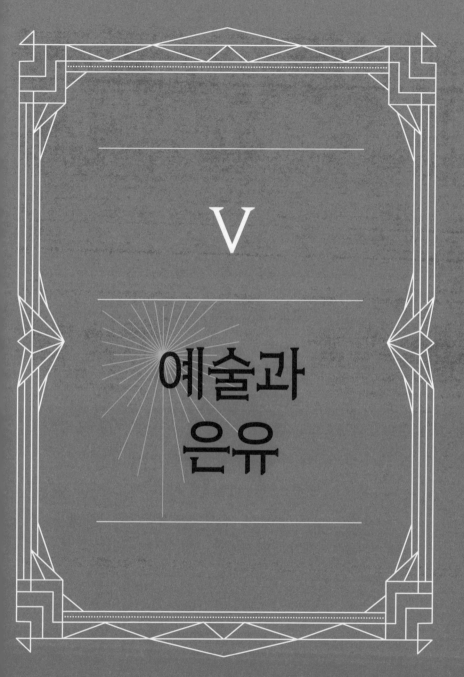

V

예술과
은유

당신은 혹시 〈사진 6〉과 〈사진 7〉을 촬영한 장소가 어디인지 아는가? 아니면 직접 가본 적이 있는가? 이곳은 연세대학교 의과대학 신촌캠퍼스 연세암병원 건물 1층 로비다. 입구에서 계단을 따라 올라가다 보면 천장에 거대한 조형물이 하나 달려 있다. 무엇같이 보이는가? 얼핏 보면 모르겠지만, 조금만 자세히 보면 곧바로 거대한 목조선의 밑부분임을 알 수 있다. 그런데 아니, 조선소나 해운회사라면 몰라도, 병원에 웬 배? 분명 생뚱맞다.

　그러나 만일 당신이 〈사진 7〉의 중앙에 걸려 있는 "하나님의 사랑으로 인류를 질병으로부터 자유롭게 한다"라는 문구를 읽는다면 쉽게 이해가 될 것이다. 그렇다. 이 배는 보통 배가 아니다. 구약성서 창세기 6~8장에 나오는 노아의 방주Noah's ark다. 홍수로부터 인류와 동식물의 생명을 구해 땅 위에 다시 번성하게

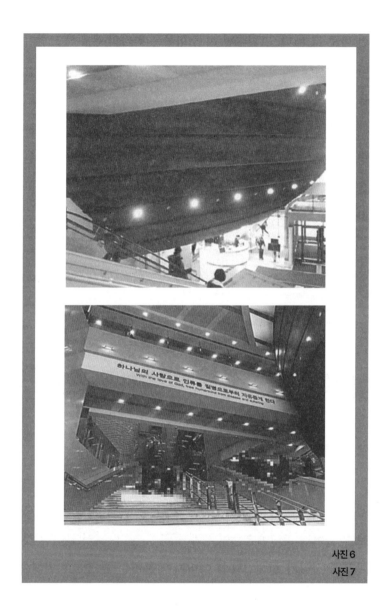

사진 6
사진 7

한 바로 그 배다. 그렇다면 이 조형물은 하나의 은유적 표현이다. 환자들에게, 그것도 암환자들에게 이보다 더 큰 위로와 평안을 줄 수 있는 은유적 표현물은 없을 것이다.

이 조형물을 고안할 때 작가가 한 은유적 사고는 단순하고 분명하다. 노아의 방주가 땅 위의 온 생명을 구했듯 암병원이 병원을 찾는 모든 환자를 질병으로부터 구해준다는 것이다. 도식화하면 다음과 같다.

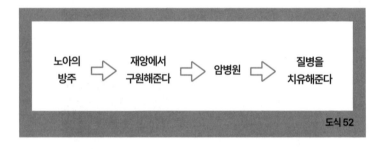

노아의 방주 ⇨ 재앙에서 구원해준다 ⇨ 암병원 ⇨ 질병을 치유해준다

도식 52

르 코르뷔지에의 롱샹 성당

전 지구적으로 퍼진 기독교의 영향으로 성서적 은유를 기반으로 만들어진 조형예술품이 세계 곳곳에 많다. 널리 알려진 것 가운데 하나가 현대건축의 아버지라 불리는 르 코르뷔지에Le

Corbusier, 1887~1965가 설계한 순례자의 성당, 롱샹Notre-Dame du Haut, Ronchamp이다. 스위스 출신으로 프랑스에서 활동한 이 건축가는 무신론자였기 때문에 성당을 설계해달라는 청탁이 왔을 때, 처음에는 거절했다 한다. 그러나 주임신부의 간곡한 부탁으로 작업을 시작했는데, 그것이 20세기 건축사에 기념비로 남을 건물을 창작하는 계기가 되었다.

1954년에 완공된 이 성당의 외형을 보면, 크고 작은 창이 여러 개 뚫린 1m에 달하는 두껍고 하얀 벽과 두 쪽으로 된 짙은 갈색의 육중한 콘크리트 지붕으로 이뤄져 있다. 건축 비평가들은 도시에서 볼 수 있는 고딕 성당과 달리 멀리에서 보면 마치 커다란 버섯처럼 보이기도 하는 이 성당이 푸른 숲으로 이루어진 언덕에 자리해 주변 자연환경과 잘 어울린다는 점, 두꺼운 벽을 각각 다른 각도에서 뚫어서 낸 다양한 모양과 크기의 창을 통해 자연광을 끌어들여 성스러운 분위기를 자아냈다는 점 등을 특히 높게 평가한다.

그러나 일반인들의 눈길을 끄는 것은 두 쪽의 거대한 지붕인데, 그것이 무엇을 묘사한 것인지에 대해서는 전문가들 사이에도 의견이 분분하다. 르 코르뷔지에는 자신의 책에서 지붕을 설계할 때 처음에는 해변을 산책하다 우연히 본 게 껍데기에서, 나

르 코르뷔지에, 〈순례자의 성당, 롱샹〉, 1954

사진 8
사진 9

중에는 비행기 날개의 단면에서 영감을 받았다고 토로한 적이 있다. 하지만 대부분의 사람이 보기에는 그것이—연세암병원 건물에 설치된 조형물과 같이—거대한 선박의 밑부분이거나, 아니면 홍합 또는 키조개의 껍데기처럼 보인다. 〈사진 8〉과 〈사진 9〉를 보라! 당신 눈에는 무엇처럼 보이는가?

예술가들이 보통 착상의 비밀을 제대로 밝히지 않는 데다 작품에 대한 해석은 비평가나 감상자에 맡긴다는 점을 고려하면 롱샹 성당의 지붕이 무엇을 형상화했는지는 앞으로도 수수께끼로 남을 것이다. 그러나 우리가 그것을 선박의 밑부분을 형상화해놓은 것이라고 해석한다면 이는 당연히 '노아의 방주'일 수밖에 없다. 예배당을 설계하는 건축가들이 항상 그렇듯 르 코르뷔지에 역시 의식적으로든 무의식적으로든 곳곳에 성서적 상징을 형상화하고자 하는 욕구에서 자유롭지 않았을 것이기 때문이다. 그렇다면 롱샹 성당 건축의 기반이 된 은유적 사고는 연세암

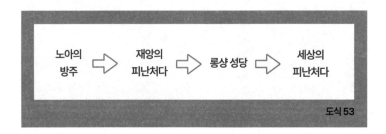

노아의 방주 ⇨ 재앙의 피난처다 ⇨ 롱샹 성당 ⇨ 세상의 피난처다

도식 53

병원 건물에 설치된 조형물의 그것과 크게 다를 바가 없다

안도 다다오의 빛의 교회

다른 예를 하나 더 살펴보자. 이 시리즈 1권에서 우리는 일본의
건축가 안도 다다오가 젊은 시절에 르 코르뷔지에의 설계 도면
을 모사하며 건축을 공부해 거장이 되었다는 사실을 확인했다.
그런 그가 성서적 상징 가운데 하나를 독특한 방식으로 예배당

안도 다다오, 〈빛의 교회〉 　　　　　　　　　　사진 10

에 형상화함으로써 역시 세계적으로 유명해진 현대건축물이 있다. 1989년 다다오의 고향 오사카의 한 작은 시골 마을에 세워진 '빛의 교회'가 그것이다.

이 교회의 내부 전면에는 〈사진 10〉에서 보듯이 시멘트벽을 뚫어 빛이 들어와 어둠을 밝히도록 만든 거대한 십자가가 서 있다. 빛의 십자가다. 누가 보아도 그것은 "나는 세상의 빛이라"(요한복음 8:12)라고 선포한 예수의 가르침을 형상화한 것이다.

세간에는 이 교회가 작고 가난해 달리 십자가를 만들어 장식할 경제적 여유가 없어 다다오가 그리 설계했다는 이야기가 돌지만, 사실 여부는 그리 중요하지 않다. 우리가 주목하고자 하는 것은 다다오가 빛의 십자가를 고안할 때 했던, 그리고 사람들이 그것을 대할 때 떠올릴 수밖에 없는 은유적 사고인데, 그것은 분명 〈도식 54〉와 같다.

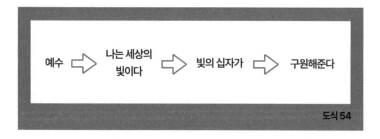

예수 ⇨ 나는 세상의 빛이다 ⇨ 빛의 십자가 ⇨ 구원해준다

도식 54

여기에서 이 시리즈 1권에서 빈칸-채우기 (d)유형을 설명하며 했던 말, 곧 예술작품이란 그것이 회화든 조각이든 음악이든 무용이든, 모두 작가가 표현하고자 하는 원관념의 본질을 형상화한 보조관념이라고 규정했던 것을 당신이 상기하기를 바란다.

그때 루블료프의 〈삼위일체〉 성화상을 예로 들어 이런 설명을 했다. 루블료프가 원관념인 삼위일체의 본질을 '서로 다른 것이 하나가 되는 사랑'으로 파악했고, 그것을 형상화한 보조관념이 〈삼위일체〉 성화상이다. 그리고 그 성화상을 보며, 당시 러시아 사람들이 '사랑 안에서만, 오직 사랑을 통해서만 살육과 전란을 멈출 수 있다'라는 것을 깨달았는데, 이처럼 작품이 던지는 메시지, 달리 말하자면 작품으로부터 사람들이 이끌어내는 감상, 해석 또는 비평이 창의라는 이야기를 했다.

또 앞에서 살펴본 연세암병원 로비에 구축된 조형물과 르 코르뷔지에의 롱샹 성당 그리고 다다오의 빛의 십자가도 모두 같은 구조의 은유적 사고의 산물임도 확인했다. 이처럼 예술작품에 공동으로 들어 있는 은유적 사고의 구조는 다음과 같은 도식으로 일반화할 수 있다.

작가의 의도
작품의 주제 ⇨ 핵심 내용 ⇨ 예술작품 ⇨ 감상
해석
비평

도식 55

예술작품의 일반적 은유 도식

시각 과학자scientist of vision 호레이스 발로우Horace Barlow, 1921~2020는
동료들과 함께 출간한 《이미지와 이해》라는 책에서 다음과 같
이 토로했다.

화가, 디자이너, 엔지니어들이 공통적으로 고민하는 오래된 문제
가 있다. 누군가의 마음속에 있는 생각이나 사실을 어떻게 다른 사
람의 마음에 옮겨놓는가? 어떻게 이 마음의 수혈은 이루어지는가?
그것은 이미지를 통해서다. 거기에는 그림이나 도형의 형태도 있지
만, 말, 시연試演, 음악이나 춤의 형태도 있다.[1]

그렇다. 예술이란 작가가 마음속에 있는 생각이나 사실을 감각적 이미지를 통해 다른 사람의 마음에 옮겨놓는 행위이다. 그리고 작품은 작가가 수혈하고자 하는 이미지를 전달하는 은유적 매개물 또는 전달 수단이다. 따라서 지금 우리가 할 일은 작가가 하고자 하는 '마음의 수혈'이 일어나는 과정을 추적해 도식화하는 것이다. 이로써 은유적 사고력을 함양하려는 것인데, 방법은 이미 여러 번 강조했듯 의식적이고 반복적인 훈련을 통해서다.

그러므로 우리는 당신이 예술작품을 대할 때마다 ( )→( )→작품→( )라는 (d)유형의 빈칸-채우기 앞에 스스로 서길 바란다. 그리고 그때마다 한편으로는 작가가 표현하려고 한 원관념과 그 본질이 무엇인지를 분석해보길 권한다. 그리고 다른 한편으로는 작품이 우리에게 던지는, 또는 작품에서 우리가 이끌어낼 수 있는 내용이 무엇인지를 해석해보길 바란다. 보통 분석 작업은 전문 비평가들이, 해석 작업은 감상자 누구나 할 수 있는 것으로 알려졌지만, 우리가 하고자 하는 빈칸-채우기는 그 두 작업을 모두 실행할 때 비로소 완성되기 때문이다.

다시 말해 ( )→( )→작품→( )에서 앞의 두 괄호에 빈칸-채우기, 곧 원관념과 그것의 본질을 채우는 작업, 달리 말해 작품에서 작가의 창작 의도 내지 작품의 주제, 그리고 핵심 내용을 밝히는 것은 세간에서 말하는 분석analysis에 속한다고 할 수 있다. 그리고 작품에서 얻어낸 새로운 생각—일반인에게는 감상, 전문가에게는 해석이나 비평*—으로 마지막 빈칸을 채우는 작업이 흔히 말하는 해석interpretation에 해당한다. 기억하기 쉽게 정리해보면 〈도식 56〉과 같이 표현할 수 있다.

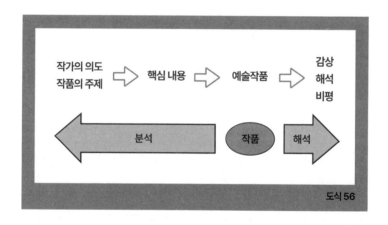

도식 56

---

* 감상이 작품을 음미하면서 이를 내면화하여 주관적 이해, 의미, 가치를 찾는 일이라면, 비평은 작품을 객관적으로 분석해 의미를 해석하고 그 해석을 바탕으로 작품이 지닌 새로운 가치를 이끌어내는 일이라고 할 수 있다. 그러나 감상과 비평 모두에 주관성과 객관성이 개입하기 마련이기에 보통 감상은 일반인들의 작품 이해와 의미·가치 탐색을 가리키고, 비평은 전문가들이 하는 그 같은 작업이라는 뜻으로 사용된다.

앞에서 우리는 이 도식을 예술작품에 들어 있는 은유적 사고의 일반적 패턴으로 규정한 만큼, 이제부터는 널리 알려진 작품 몇 점을 골라 이 도식에 맞춰 분석하고 해석하는 작업을 당신과 함께 해보려고 한다.

이 작업을 이 책에서는 '은유로 예술작품 분석하기'라고 부르고자 하는데, 그것은 1)작품을 우선 은유적 사고의 산물로 인식하고, 2)작가의 창작 의도(또는 작품의 주제)와 그 핵심 내용을 분석해 각각 도식의 원관념과 원관념의 본질로 규정한 다음, 3)작품을 해석해 그것으로부터 창의(감상, 해석 또는 비평)를 이끌어 내는 훈련이다.

이 말은 앞서 이 책 1, 2, 3부에서 각각 훈련했던 '은유로 시 짓기', '은유로 동시·동요 짓기', '은유로 노랫말 짓기'와 같이 당신 스스로 작품을 창작하는 작업을 5부에서는 함께 하지 않고 당신에게 맡긴다는 의미다. 이유는 두 가지다. 하나는 시, 동시·동요, 노랫말도 사실인즉 예술작품에 속하기 때문에 우리는 이미 은유로 예술작품 짓기를 훈련해왔기 때문이다. 그리고 다른 하나는 여기에서 말하는 예술작품에는 회화, 조각, 건축과 같은 조형예술과 음악, 연극, 무용과 같은 공연예술이 모두 포함되어 있어 지면상 그 모든 분야를 하나하나 함께 훈련할 수는 없기 때문이다.

그 대신 5부에서는 예술작품 모두에 두루 적용할 수 있는 일반적인 은유 패턴 도식을 제공하고, 1, 2, 3부에서 해왔듯이 빈칸-채우기를 통해 그것을 채우는 작업을 당신과 함께 해볼 것이다. 우리의 궁극적 목적은 이번에도 역시 당신의 은유적 사고 능력을 기르는 데에 있다는 것은 두말할 필요가 없다. 그래서 언젠가 당신이 종사하고 있거나 관심을 갖는 분야에서—그것이 조형예술이든 공연예술이든—스스로 창의적인 작품을 창작할 수 있게 된다면 그야말로 비단옷에 놓은 꽃수가 아니겠는가. 더 바랄 것이 없다는 뜻이다.

11. 은유로 예술작품 분석-하기

은유로 예술작품을 분석하기 위해—다시 말해 은유 패턴에 맞춰 세간에서 말하는 분석과 해석을 하기 위해— 당신이 예술의 본성에 대해 반드시 기억해야 할 요소가 두 가지 있다. 1)하나는 내적인 것으로 예술은 대상의 단순한 반영reflection이나 재현reappearance이 아니라는 것이다. 2)다른 하나는 외적인 것으로 예술은 언제나 사회문화적 영향을 받는다는 것이다.

루트번스타인 부부가 함께 쓴 《생각의 탄생》에는 다음과 같은 글이 실려 있다. 1962년 노벨상을 탄 소설가 존 스타인벡John Steinbeck과 생태학자이자 철학자인 에드워드 리켓Edward Ricketts이 멕시코의 코르테즈해海에서 함께한 바다 생활에 대해 쓴 책《코르테즈의 바다》의 한 구절이다.

우리가 보고, 기록하고, 구축한 모든 것들은 모든 지식의 틀이 뒤틀리는 것처럼 왜곡되곤 한다. 첫째는 우리의 시대와 종족의 집단적 압력과 시대적 흐름 때문이고, 둘째는 우리들 각자가 가진 개별적 성향 때문이다.[2]

그렇다. 크게 보아, 내적 요소인 작가의 성향과 외적 요소인 시대적 흐름이 작품—그것이 문학이든, 미술이든, 공연이든—을 대상의 단순한 반영 또는 재현이 아닌 은유적 표현물로 만드는 요소다.

예술은 대상의 반영이나 재현이 아니다

먼저 내적 요소부터 살펴보자. 어떤 뛰어난 화가가 대상 그대로를 재현하려 한다고 하자. 그러나 그것은 사실상 불가능하다. 대상은 화가가 서 있는 위치, 시선의 높이, 조명의 방향과 강도 그리고 무엇보다도 회화에 대한 작가의 관점에 따라 달리 보이기 때문이다.* 이것이 무슨 이야기인지, 현대 회화의 아버지라 불리는 폴 세잔Paul Cezanne, 1839~1906의 경우를 가지고 알아보자. 그는 다음과 같이 말한 적이 있다.

> 똑같은 사물도 다른 시각에서 보면 엄청나게 흥미롭고 그만큼의 다
> 양성을 갖춘 연구 대상으로 변하므로, 나는 지금 고개를 더 오른쪽
> 으로, 그리고 다시 더 왼쪽으로 돌리는 행동만으로도 이 자리를 전
> 혀 떠나지 않은 채 최소 몇 달 동안은 분주할 수 있을 것 같다.

세잔은 1885년부터 1906년 10월 그가 쓰러지던 날까지 고향
에 있는 생트빅투아르산을 적어도 스무 번 이상 그렸다. 하지만
〈그림 3〉에서 보듯 그림이 서로 다른 것은 그가 그때마다 조금
씩 다른 시각에서 보고 그렸기 때문 아니겠는가.

그러나 "다른 시각에서 보면"이라는 세잔의 말을 물리적으로
다른 위치나 시간과 같은 환경이라고만 생각하지 말자. 세잔의
이 말에는 회화에 대한 독특한 관점, 다시 말해 예술관이 내포되
어 있다. 그는 어려서부터 익힌 고전주의 관점도 1870년대 이후

---

* 진리, 선함, 아름다움에 대해 관점주의적 입장을 취하는 프리드리히 니체는 '사실주
의 화가'에 대해 다음과 같이 평가했다. "자연과 전체에 충실하라! ― 하지만 어떻게? 일
찍이 자연이 그림에 완전히 들어간 적이 있었던가? 세계의 가장 작은 한 조각조차도 영
원하다. 그가 그리는 것은 결국 그의 마음에 드는 것뿐이다. 그렇다면 그의 마음에 드는
것은 무엇일까? 그가 그릴 수 있는 것." (《즐거운 학문》, 농담, 간계, 그리고 복수, 55.)

폴 세잔, 〈생트빅투아르산〉: A는 1882~1885년 작,
B는 1885~1887년 작, C는 1904년 작, D는 1904~1906년 작이다.

그림 3

받아들인 인상주의 관점도 아닌, 제3의 입장을 구축했다. 조금
더 자세히 말하자면, 1880년대로 들어서면서 세잔은 자신에게
제시된 감각과 지성, 보는 화가와 사유하는 화가, 자연과 구성, 인
상주의와 고전주의라는 양자택일에서 벗어나려는 시도를 했다.

당신도 알다시피, 고전주의 회화에는 윤곽 드러내기, 원근법
적 구성, 빛의 분배 등 인위적이고 지성적인 장치들이 동원된다.
그럼으로써 대상의 객관성이 어느 정도 보존된다. 그러나 인상

주의 회화는 감각적인 빛이나 대기의 인상을 포착하는 데 집착하기 때문에, 대상이 종종 불분명한 형태를 띠게 되고 그 객관성(또는 대상성)을 상실하게 된다. 그런데 세잔은 잃어버린 대상성 또는 객관성을 빛과 대기 속에서 복원하려고 했다.

세잔은 인상주의와 고전주의를 뛰어넘어 단순한 시각적·현상적 사실에서 대상의 실재reality, 즉 자연이 숨기고 있는 내적 형태와 구조를 묘사하는 데에 목적을 두었다.* 제3의 길을 가기로 한 것이다. 이것이 그가 입체파와 야수파의 아버지로도 불리는 계기가 되었지만, 이 말은 세잔과 피카소, 마티스를 비롯한 현대 화가들이 '의식적으로' 대상을 화폭에 그대로 재현하려고 하지 않았다는 의미다.

이러한 이유로, 다시 말해 화가는 누구나 자신의 시각에서 그림을 그리기 때문에, 그는 결국 자기 머릿속에 있는 시각적 이미지를 자신의 방식으로 그리기 마련이다. 음악가 역시 자신의 머릿속에서 들리는 청각적 이미지를 악보에 옮기거나 연주하기

---

* 회화에 관한 세잔의 관점에 매료되어 이를 자신의 철학의 지향점으로 삼았던 프랑스의 철학자 메를로 퐁티Merleau Ponty, 1908~1961는 세잔이 말하는 "실재", 즉 "자연"을 그가 탐구하고자 하는 '지각적 세계'와 동일시했다. 그가 포착하고자 한 지각적 세계는 우리가 체험한 경험적 세계지만 경험론자들이 말하는 감각적 세계는 아니다. 그것은 후설이 설파한 '현상Phänomen'과 마찬가지로 우리의 의식구조에 의해 드러나는 세계다.

마련이다. 다른 예술 분야도 마찬가지인데, 《생각의 탄생》에는 이러한 사실을 뒷받침할 만한 예술가들의 고백이 빼곡히 실려 있다. 그중 몇 개만 골라 인용하면 다음과 같다.

어떤 것을 그릴 수 있다고 해서, 그리는 행위가 당신을 화가로 만들어주는 게 아니다. 예술은 당신 머릿속에 있는 것이고 그것은 당신이 어떻게, 무엇을 생각하느냐의 문제다.[3]

— 조각가, 베벌리 페퍼

나는 악상을 악보로 옮기기 전에 아주 오랫동안, 어느 때는 하루 종일이라도 머릿속에 품고 있곤 한다. 그 과정에서 많은 부분을 바꾸기도 하고, 어떤 것은 버린다. 내가 만족할 때까지 계속 반복한다. 그러고 나서 나는 작품을 정밀하게 다듬는다. 악곡의 이미지를 모든 각도에서 보고 듣는 것이다. 그것은 마치 조각품과 같다. 그러고 나면 이 곡을 악보로 옮겨 적는 일만 남게 된다.[4]

— 작곡가, 루트비히 판 베토벤

저는 머릿속으로 음악을 연습합니다. 피아노 앞에서 실제 노래를 부르는 것보다 더 많이요. 음악을 봐야만 해요. 그리고 그 곡을 머

릿속에 집어넣어야 합니다. 아주 정확하게 말하자면 사진처럼 그대
로 말이죠.[5]

— 성악가, 루치아노 파바로티

예술가는 이처럼 대상 그 자체가 아니라 자기 머릿속에 있는
이미지를 작품으로 표현한다. 달리 말해 대상(A)을 대상이 아닌
어떤 다른 것(B)으로 표현하는 것이 예술이다. 이런 의미에서 예
술의 본질은 은유(A=B)다. 은유 없이는 예술도 없다. "예술은 사
람들이 진실을 깨닫게 만드는 거짓말이다"[6]라는 말이 그래서 나
왔다. 이것이 은유로 예술작품을 분석 또는 해석할 때 당신이 기
억해야 할 첫 번째 요소다.

사회·문화 바깥에 예술은 없다

당신이 기억해야 할 두 번째 요소는 외적인 것이다. 작가의 작품
제작 과정에 필수적인 주제와 소재의 선택 또는 인물이나 사건,
상황 선택에서 당시의 사회적·정치적·윤리적·종교적·문화적
요소들이 반드시 개입한다. 이 점은 예술이 대상(A)을 대상이 아

닌 어떤 것(B)으로 표현할 수밖에 없다는, 다시 말해 예술은 결국 은유적 사고의 산물일 수밖에 없다는 또 하나의 방증이기도 하다.

당신도 알다시피, 예술은 그 기원부터 신화 또는 종교와 밀접하게 연관되어 있었다. 우리가 이미 시리즈 1권에서 슐기왕과 호메로스 서사시, 그리고 스핑크스와 라마수를 예로 들어 살펴보았듯, 고대의 예술은 동식물과 자연현상에도 영혼이 담겨 있다는 물활론적 사고의 강한 영향을 받았다. 또한 그리스 신화와 예술은 신과 인간을 동일하게 보는 신인동형설anthropomorphism이 부단히 개입했고, 서양 중세의 예술은 기독교 문화의 산물이며, 르네상스 시대의 예술은 그리스·로마 문화와 기독교 문화의 융합이 낳은 결과물이다. 근대 이후에는 인본주의적인 정치·사회·문화 이데올로기와 자연과학과 기술의 발전이 예술작품에 많은 영향을 미쳐왔다.

큰 틀에서 거칠게 구분해도 이렇기 때문에 특정한 시기, 특정한 장소에서 제작된 작품을 분석할 때에는 그것이 어떤 종교적·신화적·사회적·정치적 요소의 영향을 받았는지를 반드시 고려해야 한다. 그러기 위해서는 때로 종교학, 인류학, 민속학, 철학 등을 끌어들여야 하고, 때로 법제사, 사회사, 문화사, 경제사, 자연과학사까지 두루 요구된다.[7] 그런 필요성에서 생겨난 학문도 있다. 조형예술에서는 예술학, 도상학, 도상해석학이고 음악에서 음악사, 음악학, 음악도상학 등이 그것이다.

예술작품 분석을 위해 먼저 해야 할 일

그렇다면 당신이 예술작품을 분석하려면 우선 해야 할 일이 무엇일까? 앞에 열거한 모든 학문을 두루 섭렵해야 할까? 결론부터 말하자. 그건 아니다. 우리가 이 책에서 하려고 하는 작업은 당신을 어떤 예술 분야의 분석 전문가―예컨대 도상학자나 음악학자 또는 비평가―로 만들려는 것이 아니기 때문이다. 이 책의 목적은 단지 예술작품을 은유 패턴에 맞춰 분석하는 훈련을 통해 당신의 은유적 사고력을 향상시키는 것이다. 이 11장의 제목이 '예술작품 분석하기'가 아니라 '은유로 예술작품 분석하기'인 것이 그래서다. 우리의 목표를 위해서는 앞에 열거한 전문 지식이 분명 도움이 되겠지만, 그 지식 쌓기가 우선적으로 해야 할 일은 아니다.

당신이 그 같은 전문 지식을 익히기보다 먼저 해야 할 일은 단순하다. '**모든 예술작품을 은유적 표현으로 간주하는 것**'이다. 앞 장에서 이미 당부했듯이 예술작품을 대할 때마다 ( )→ ( )→작품→( )라는 (d)유형의 빈칸-채우기를 '의식적으로' 그리고 '습관적으로' 떠올려, 빈칸을 차례로 채워나가는 것이다. 다시 말해 작품을 대할 때마다 우선 "작가의 창작 의도는 무엇이고, 그것의 핵심 내용은 무엇일까?", 달리 말하자면 "이 작품의 원관념은 무엇이며, 또 그것의 본질은 또 무엇일까?"를 스스로에게 물어보라는 것이다. 그다음에는 "이 작품이 던지는 메시지는 무엇일까?" 또는 "이 작품을 어떻게 해석할까?" 하는 물음도 던져보아야 한다. 앞에서 예로 든 조형물들을 예로 설명하면, 이렇다.

당신이 어느 날 연세암병원에 가서 로비 천장에 걸린 조형물을 보게 된다면 그냥 지나치지 말고 곧바로 앞에 열거한 질문을 차례로 던져봐야 한다. 그러면 그 조형물이 '노아의 방주'라는 원관념과 '재앙에서 구원해준다'라는 원관념의 본질을 형상화한 매체라는 것을 그리 어렵지 않게―다시 말해 예술학이나 도상학을 전공한 전문가들이 지닌 특별한 지식이 없이도―알아차릴 수 있을 것이다. 왜냐하면 노아의 홍수에 관한 이야기는 전문 지식이 아니라 상식에 속하기 때문이다. 그리고 그것으로부터 '아, 나도 치유받을 수 있다'라는 메시지를 전해 들을 수 있다.

그래야만 회화, 조각, 건축과 같은 조형예술이든 아니면 연극, 음악, 무용과 같은 공연예술이든 일상에서 접하는 은유적 표현물들이 누구나 공감할 수 있는 언어로 우리에게 다가온다. 그러므로 대부분의 경우 그에 대한 전문 지식 없이도—예컨대 안내 팸플릿을 읽어보거나 인터넷을 잠시 검색해보는 정도만으로도—작품 안에 담긴 은유적 사고의 추적이 가능하다. 관건은 단지 당신이 작품을 대할 때 그것을 은유적 표현물로 간주하고 앞에 나열한 질문들을 던지느냐 마느냐.

그러니 당신이 언젠가 프랑스 여행 중에 롱샹 성당을 방문하거나 오사카에 있는 빛의 교회에 들른다면, 또는 어느 미술 전람회나 음악회에 간다면, 가장 먼저 해야 할 일은 빈칸-채우기다. 일상에서 그리 어렵지 않게 또 습관적으로 할 수 있는 간단한 훈련을 통해 당신은 작품에 대한 기대 이상의 이해를 얻을 수 있을 것이고, 은유로 예술작품을 분석하는 능력을 기를 수 있다. 그리 어려운 작업이 아니다. 그렇지 않은가?

물론 예술작품들 가운데는 세밀한 관찰과 자료에 대한 정교하고 전문적인 지식 없이는 분석이나 해석이 불가능한 경우도 있다. 특히 고대와 중세 기독교 예술작품이 그렇다. 왜냐하면 1권에서 살펴본 루블료프의 〈삼위일체〉 성화상이 그렇듯이, 이들 작품은 기독교가 추구하는 미덕을 통해 사람들을 감화시키는 훈도薰陶를 목적으로 제작되어 전문 지식 없이는 그 의미를 알아차리기가 어렵기 때문이다. 조형예술의 경우 이때 비로소 필요한 것이 도상학Iconography 또는 도상해석학Iconology이다.

은유와 도상학

도상학은 조형예술 작품이 담고 있는 내용을 연구하는 미술사학의 한 분야다. 작가의 창작 의도 또는 작품의 주제, 달리 말해 작품 속에 구현된 이념을 그 내용과 기원, 그리고 전개 과정 차원에서 분석하여 작품에 대한 올바른 이해를 도모하고자 하는 학문이다. 《도상학과 도상해석학》의 편집자 에케하르트 캐멀링 Ekkehart Kämmerling은 도상학의 필요성에 대해 다음과 같이 설명했다.

오늘날 우리가 작품의 내용을 읽어내기에도 어려움이 적지 않다. 예컨대 그림에 등장하는 인물들의 표정, 손짓, 몸짓, 이들이 주고받는 행동과 줄거리, 이들이 지닌 상징물Attribut을 있는 그대로 읽어야 할지, 아니면 이런 요소들을 모조리 상징이나 우의로 보고, 직접 드러나지 않은 숨은 의미를 찾아 읽어야 할지 판단하기가 쉽지 않다. (……) 그러나 우리가 작품의 제작 시기에 해당하는 역사와 문화에 관한 체계적인 지식을 의식적으로 잘 습득한다면, 그 균열을 메우고 작품의 올바른 의미를 읽어낼 수 있다.[8]

도상학이 학문의 한 갈래로 등장해 독자적인 연구 영역을 점유한 것은 19세기 중반부터이지만 그 기원은 고대까지 올라가며, 보통 종교적 도상학Religious iconography과 세속적 도상학Secular iconography으로 나뉜다. 세속적 도상학은 일반적 조형예술 작품의 내용과 그 기원, 그리고 전개 과정—예컨대 그리스·로마나 르네상스 시대의 회화, 조각, 장식물 등에 등장하는 인물과 주제 그리고 내용, 점성학 필사본에 그려진 유성 모양의 변천, 풍속화의 발생 원인, 정물화의 기원, 정치적 풍자의 도입 등—과 같은 문제를 다룬다. 이 분야에는 독일의 미술사학자 아비 바르부르크Avy Warburg, 1866~1929와 에르빈 파노프스키Erwin Panofsky, 1892~1968 등이 큰 기여를 했다.

종교적 도상학에 속하는 기독교 도상학Christian iconography은 작품으로 형상화된 그리스도와 그의 추종자들에 대한 이미지의 내용과 그것이 지닌 의미를 분석하는 작업을 가리킨다. 앞에서 잠시 언급했듯이, 이러한 작업의 필요성은 고대와 중세의 기독교 예술작품은 그 자체가 목적이 아니라 종교적 이념을 전달 또는 훈도하려는 의도로 제작되었기 때문에 생겨났다. 예컨대 〈밀로의 비너스〉나 〈벨베데레의 아폴론〉을 감상하는 데에는 그 신화적 배경에 대한 지식이 반드시 필요하지 않지만, 고대 기독교 지하묘지나 건축물에서 자주 발견되는 물고기(◯)*와 비둘기 또는 공작의 형상,** 또 성화상Icon에 자주 등장하는 스타우로그램(✝)이나 치로(✷)에 대한 지식이 없이는 그것들을 이해하기가 불가능하기 때문이다.***

* 초기 기독교인들은 예수에 관한 상징으로 물고기를 가장 중요하게 여겼다. 아우구스티누스에 의하면 그리스어로 물고기를 뜻하는 'Ichthus'라는 단어가 예수를 뜻하는 5개의 그리스어의 첫 글자 Iēsous, Christos, Theou Huios, Sōtēr(우리말로는 예수, 그리스도, 하나님의 아들, 구세주)에서 따왔기 때문이라 한다.(아우구스티누스,《신국론》, XVIII, 23.)
** 예수가 세례받을 때 성령이 비둘기같이 내려와 예수 위에 임했다.(마태복음 3:16) 이러한 이유로 비둘기는 성령의 상징이 되었으며 일반적으로 초기 세례의 표현과 관련하여 자주 나타난다. 그리고 고대 그리스인들은 공작의 살이 죽은 뒤에도 썩지 않는다고 믿었기 때문에 불사의 상징으로 여겼다. 그것이 초기 기독교에 들어가 예컨대 꽃병에서 물을 마시는 공작은 영생의 물을 마시는 기독교 신자의 상징으로, 공작의 꼬리 깃털에 있는 '눈' 모양의 무늬는 모든 것을 보시는 하나님을 상징한다.
*** 스타우로그램Staurogram 십자가 또는 타우-로Tau-Rho라 불리는 기호 '✝'는 초기《신약사본》에서 '십자가'에 대한 그리스어 단어를 축약하는 데 처음 사용되었는데, rho(P) 위에 타우(T)를 겹쳐 십자가에 달린 예수의 형태를 묘사했다. 치로Chi-Rho라 불리는 기호 '✷'는 그리스도를 뜻하는 그리스 단어 'ΧΡΙΣΤΟΣ'의 처음 두 글자(대문자) chi(X)와 rho(P)를 겹쳐서 만들었다.

이러한 연유로 기독교 도상학은 고대에 이미 시작되었다고 보아야 하지만, 현대적 의미의 기독교 도상학은 1850년 이래 종교예술에 대한 새로운 관심에 부응하여 프랑스 미술사학자 아돌프 디드롱Adolphe Didron, 1806~1867에 의해 최초로 개발되었다. 《레미제라블》의 작가 빅토르 위고의 조언을 따라 기독교 고고학에 발을 들여놓은 디드롱은 곧바로 그것에 매료되어 파리에 기독교에 관한 고고학 문헌을 발간하는 인쇄소와 고딕 성당 건축에 사용되는 스테인드글라스 공장을 설립하는 열정을 보였고, 예수의 도상 연구로 이름을 떨쳤다.

《기독교 도상학》을 출간한 디드롱과 그의 동료들의 도움으로 우리는 예컨대 십자가에 매달린 예수의 모습이 어느 시기, 어느 지역에서는 짧은 두건 치마를 두르고 있고 또 어느 시기, 어느 지역에서는 길게 늘어진 차림으로 등장한다는 것을 알게 되었고, 예수의 팔에 박은 쇠못이 세 개 또는 네 개가 되는 시점과 지역에 관한 정보를 얻었다.[9] 도상학은 이처럼 작품의 주제, 내용, 연대 측정, 발생 환경을 탐구하고, 때로는 그것의 진위 여부를 가리는 문제에 이르기까지 관여한다.

이렇게 보면, 은유와 도상학 또는 도상해석학의 관계도 드러난다. 예술작품의 '올바른 의미'를 읽어내는 것이 도상학과 도상해석학이라면, 그것들은 작품 안에 들어 있는 은유적 사고를 추적하는 작업과 겹치는 부분이 많다. 이 말은 우리가 조형예술 작품을 작가의 창작 의도 내지 작품의 주제를 이미지로 형상화한 하나의 보조관념으로 보고, 그것의 원관념과 그 본질을 추적하는 데에 도상학이 귀중한 도움을 줄 수 있다는 것을 뜻한다.

하지만 어디 도상학뿐이겠는가. 음악작품에 대해 음악학이나 음악도상학이 그렇듯이, 다른 모든 예술에서도 그 분야에 대한 역사적·이론적 연구가 우리가 시도하는 은유적 사고의 추적과 그것을 통한 빈칸-채우기 작업에 역시 큰 도움이 된다. 하지만 한정된 지면을 할애할 수밖에 없는 이 책에서는 다른 예술 분야에 관한 이야기는 건너뛰고 지금까지 이어왔던 조형예술 분야에 초점을 맞추기로 하자. 그래서 하는 말인데, 가령 당신이 독일 여행 중 쾰른 대성당Köln Cathedral에 들렀다고 가정해보자.

은유로 쾰른 대성당 분석하기

쾰른 대성당 앞에 서면, 누구나 먼저 성당 정면에 뾰족하게 솟은 두 개의 첨탑을 보고 그 거대함에 압도된다. 어쩌면 발사대 위에 두 개의 우주선을 세워놓은 것 같은 느낌을 받을지도 모른다. 모양뿐 아니라 당대 첨단 과학기술의 집대성이라는 점에서도 쾰른 대성당은 오늘날 우주선과 닮았다. 어쩌면 당신은 "그 옛날에 어떻게 이렇게 거대한 건물을 지을 수 있었을까?" 하고 감탄할지도 모른다. 그래서 안내 팸플릿을 읽어보거나 인터넷을 잠시 검색해보면, 1248년에서 1880년까지 약 280년의 공사 중단

쾰른 대성당 전경 　　　　　　　　　　　　　　사진 11

퀼른 대성당 후면 부분　　　　사진12

기간을 포함해 약 600년에 걸쳐 지어진 이 성당 첨탑의 높이가 157m에 달하고 세계에서 세 번째로 높은 고딕 양식 건물이라는 점을 알게 될 것이다. 이어서 두 개의 첨탑이 성부와 성자를 상징한다는 정보도 읽을 수 있다.

　그뿐인가. 성당 옆면과 후면으로 돌아가보면 12개의 작은 첨탑들이 세워져 있고, 자세히 보면 성당의 지붕 한 중앙에는 중간 크기의 첨탑 역시 하늘을 향해 뾰족하게 솟아 있다. 그래서 〈사진 11〉과 〈사진 12〉에서 보듯이, 건물 자체가 모두 중력을 거슬러 하늘로 치솟아 올라가려 염원하는 느낌을 받을 것이다. 어떤가? 이 점에서도 쾰른 대성당 첨탑들은 오늘날 우주선과 닮지 않았는가? 그렇다면 이번에는 당신에게 "왜 이렇게 지었을까?" 하는 의문이 들 것이다.

신의 나라를 향한 소망

다시 안내 팸플릿을 보면, 12개의 첨탑은 예수의 열두 제자를, 지붕 중앙에 있는 첨탑은 성모를 상징한다는 내용을 찾을 수 있을 것이고, 이 모든 첨탑이 '신과 그의 나라를 향한 소망'이라는 기독교 정신을 나타낸다는 것도 알아낼 수 있다. 그런 다음에는 설령 당신이 기독교 신자가 아니더라도 왠지 경건한 마음이 생기고, 어쩌면 '이곳에서 예배를 드리면 구원에 이를 수 있겠다'라는 생각이 들 수도 있다.

이렇게 안내 팸플릿이나 인터넷에서 얻을 수 있는 정도의 정보만으로도 당신은 이 건축물을 구성한 은유적 사고 하나를 추적해낸 셈이다. 그것은 '기독교 정신'이 원관념이고, 그것의 본질이 '신과 그의 나라를 향한 소망'이며, 그것을 형상화한 보조관념이 '고딕 양식의 첨탑'이다. 그것에서 얻은 창의가 '구원에 이른다'이다. 도식화하면 다음과 같다.

기독교   신과 그의 나라를   고딕 양식의   구원에
정신   ➡   향한 소망   ➡   첨탑   ➡   이른다

도식 57

그런데 언제나 아는 만큼 보이는 법이다. 만일 당신이 고딕 양식 건축물에 대한 도상학적 지식을 지니고 있다면, 쾰른 대성당 건물 곳곳에 숨겨진 은유적 표현이 더 많이 눈에 들어올 것이다. 예를 들어 성당 건물이 십자가 형태로 만들어진 것은 그것이 '십자가에 달린 예수의 몸을 상징한다는 것', '예수의 십자가를 통한 구원이 교회의 본질이라는 것'을 나타낸 은유적 표현이라는 사실을 알 수 있을 것이다. 그리고 십자가의 수평축과 수직축이 교차하는 중심에 제대祭臺를 위치하게 한 내부 설계는 '예배가 교회의 중심'을 뜻하는 은유라는 것도 알 수 있다.

이처럼 도상학의 도움을 받아 살펴보면, 고딕 양식의 쾰른 대성당은—우리가 1부 2장에서 살펴본 본 셰익스피어의 대사가

원관념 하나에 많은 보조관념이 달린 '다중 은유'이듯이—이 밖에도 수많은 은유적 표현을 통해 우리를 기독교 정신의 세계로 이끌고 간다. 사실상 쾰른 대성당은 그 전체가 도상학적 연구 대상이자 은유적 사고의 산물이다. 그러므로 만일 당신이 도상학뿐 아니라 도상해석학의 도움을 받는다면, 고딕 양식의 건축물 자체가 중세 스콜라철학—더 정확하게는 기독교 안으로 스며든 신플라톤주의 철학—을 돌과 유리 같은 물질로 형상화해놓은 은유적 표현물임을 깨닫게 될 것이다.

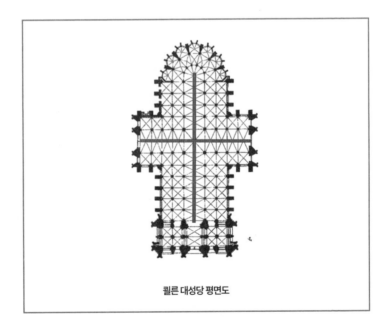

쾰른 대성당 평면도

V.

도상해석학의 창시자 파노프스키는 도상학을 다음 3단계로 구분하였다. 1) 첫 번째 단계는 '전前 도상학적 기술 단계'로서 작품의 순수한 형태들이 어떤 대상을 그려내고 있는지 파악하고 확인하는 작업이다. 2) 두 번째 단계는 '의지적 또는 무의식적'으로 관습적 주제를 다루는 '도상학적 분석 단계'이다. 3) 마지막 단계는 작품 본래의 의미 또는 숨은 내용을 파악하는 '도상해석학 단계'이다.[10]

그런데 작품 본래의 의미를 파악하려면 작품의 발생 환경을 이루는 한 국가, 시대, 계급, 종교적 교리와 철학적 확신에 대한 근본적 이해가 필요하며, 이런 요소들이 개인에게 행하는 영향력, 그리고 어떤 주제가 작품화 과정을 거치면서 드러내는 다양한 관점 뒤에 숨은 기본 원칙을 밝혀야 한다는 것이 그의 주장이다. 이런 의미에서 그는 도상해석학이 "깊은 의미에서의 도상학"이고, "깊은 의미에서의 도상학은 분석보다는 종합을 통해 구현되는 해석 방법"[11]이라고 선포했다. 무슨 소리냐고? 그것은 파노프스키가 《시각예술의 의미》에서 최초의 고딕 양식 성당인 생드니 대성당Basilique-cathédrale de Saint-Denis을 도상해석학적으로 설명한 것을 보면 알 수 있다.

첨탑과 존재의 사다리

성서에 쓰인 진리를 그리스 철학 이론을 통해 합리적으로 증명하려고 했던 스콜라철학은 대강 세 시기로 나뉜다. 플라톤주의 내지 신新플라톤주의 철학의 영향에 입각한 초기(9~13세기), 십자군원정 이후 서양에 들어온 아리스토텔레스 철학을 근거로 하는 중기(14~15세기), 종교개혁 전후 가톨릭과 개신교가 대립하는 후기(16~17세기)이다. 그런데 생드니 대성당이 12세기에 수도원장 쉬제Suger, 1080년경~1151가 고딕 양식으로 개축한 것임을 감안하면, 당시 스콜라철학은 플로티노스에 의해 정립된—더 정확히는 동방정교 신학자인 프로클로스와 위-디오니시우스 Pseudo-Dionysius, 6세기경를 통해 기독교에 전해진—신플라톤주의 사상의 색채를 강하게 띠고 있었다. 이 말은 고딕 양식의 건축 스타일이 신플라톤주의 영향 아래 개발되었다는 의미다.

그렇다. 쉬제는 위-디오니시우스가 전한 신플라톤주의 철학에 매료된 신학자였다. 잘 알려져 있듯이, 또한 파노프스키가 《시각예술의 의미》에서 역설했듯이,[12] 신플라톤주의의 세계는 어둠에서 빛으로, 물질세계에서 비물질세계로, 거짓되고 악하고 추한 지상에서 참되고 선하고 아름다운 천상으로 이어지는 피라미드형 계층구조로 형성되어 있다. 그것이 "하나님께서 지으신 모든 것이 선하다"(디모데전서 4:4)—다시 말해 지상 세계도 하나님이 지으신 만큼, 정도의 차이만 있을 뿐 참되고 선하고 아름답다—라고 주장하는 기독교 안으로 들어가 약간의 변형이 일어났다. 그것은 지상 세계가 거짓되고 악하고 추하기만 한 것은 아니고, 그 안에도 참되고 선하고 아름다움이 정도의 차이만 있을 뿐 들어 있다는 것이다.

카파도키아의 위대한 세 교부와 프로클로스에 이어 동방교회 신학을 구축하는 데 기여한 위-디오니시우스는《천상의 계층구조》에서, 여기서 한발 더 나아가 우리의 마음은 "물질에 의한 안내material manuductione 아래서만 비물질적인 곳으로 올라갈 수 있다"라면서, 다음과 같이 주장했다.

모든 창조물은, 가시적인 것이든 그렇지 않은 것이든, 그 빛들의 아버지이신 신이 창조하신 빛이다. (······) 이 돌이나 저 나뭇조각은 나에게 빛이다. (······) 그리고 이성의 지도를 받아 곧바로 나는 모든 것을 통해서 만물의 근원, 즉 만물에게 장소, 질서, 수, 종류, 미, 본질, 그리고 모든 힘과 재능을 주신 만물의 근원에게로 인도된다.[13]

파노프스키는 생드니 대성당 건축에 구현된 신플라톤주의 철학을 설명하는 자리에서 이 글을 인용하며 "지각 가능한 모든 것은 그것이 인공적인 것이든 자연적인 것이든 지각할 수 없는 것의 상징, 즉 하늘로 통하는 길의 디딤돌이 된다"[14]라는 자연신학적 설명을 덧붙였다. '하늘로 통하는 길의 디딤돌'이라는 말에 주목하자. 왜냐하면 이 말은 중세 서양문명을 구축한 스콜라철학의 '자연의 사다리scala naturae' 개념을 바탕으로 만들어진 것이기 때문이다.

우리는 이 시리즈 3권《은유가 바꾸는 세상》에서 플라톤, 아리스토텔레스, 플로티노스 그리고 토마스 아퀴나스까지 이어 내려오며 구축된 '자연의 사다리' 개념에 대해 자세히 살펴볼 것이다. 그러니 여기에서는 개요만 간단히 언급하고자 하는데, 그것은 지상의 광물로부터 식물과 동물 그리고 인간을 거쳐 천상의 천사와 신에게까지 연결된 관념적 사다리다. 예부터 오른편 그림처럼 땅에서 하늘까지 연결된 사다리나 계단으로 형상화하기도 했지만, 이 책에서는 알아보기 쉽게 '광물→식물→동물→인간→천사→신'으로 표기하기로 하자.

인간은 자신의 욕정을 따라 이 사다리를 한 단씩 내려가 파멸에 이를 수도 있고, 이성을 통해 이 사다리를 한 단씩 올라 신에

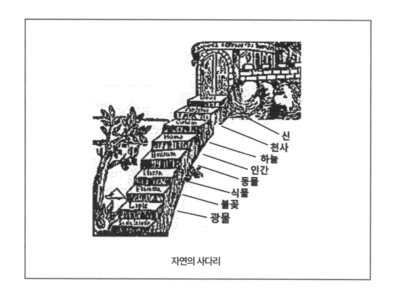

자연의 사다리

게 다가가 구원에 이를 수도 있다. 그래서 영국의 시인 존 밀턴
이 《실낙원》에서 "자연의 사다리를 놓으셨으니, 이로써 / [우리
는] 창조된 사물들을 관조하면서 / 한 단 한 단 신에게로 올라갈
수 있겠나이다"(《실낙원》, 5, 510~512)라고 읊은 그 사다리를 파노
프스키가 '하늘로 통하는 길의 디딤돌'이라고 해석한 것이다. 그
리고 그 디딤돌은 바로 생드니 대성당을 가리켰다.

그렇다면, 성당이 '하늘로 통하는 길의 디딤돌'이라면, 그것은
단 한 치라도 하늘로 더 치솟아야 하지 않겠는가. 그렇다. 파노
프스키의 도상해석학에 의하면, 수도원장 쉬제가 처음으로 고

안해 만든 고딕 양식의 성당은, 더 자세히는 그 성당의 하늘을 향해 치솟은 첨탑들은 사실상 중세 스콜라 신학자들이 그리도 올라가기를 염원하던 '자연의 사다리'의 은유적 표현물인 셈이다. 고딕 성당의 첨탑이 어떤 것은 성부와 성자를, 어떤 것은 성모 마리아를, 또 어떤 것은 열두 사도를 상징한다고 말할 때도 그 안에 들어 있는 은유적 사고는 마찬가지다. 생드니 대성당을 개축할 때 쉬제가 한 은유적 사고는 〈도식 58〉과 같이 나타낼 수 있다.

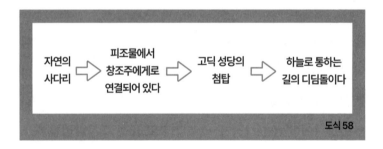

도식 58

파노프스키는 이렇듯 고딕 양식 건축물이 지닌 의미를 당시를 지배하던 스콜라철학을 끌어다가 해석해냈다. 종전의 도상학적 분석만으로는 불가능한 작업이다. 이것이 그가 작품 본래의 의미를 파악하려면 작품의 발생 환경을 이루는 국가, 시대,

계급, 종교적 교리와 철학적 확신에 대한 근본적 이해가 필요하다고 주장한 이유다. 또한 도상해석학이 "깊은 의미에서의 도상학"이고, "깊은 의미에서의 도상학은 분석보다는 종합을 통해 구현되는 해석 방법"이라고 규정한 까닭이기도 하다.

스테인드글라스와 신의 은총

파노프스키가 생드니 대성당의 건축물을 해석할 때 주목한 것 가운데 다른 하나가 고딕 건축 양식의 상징 중 하나인 스테인드글라스stained glass다. 1122년에 수도원장이 된 쉬제는 로마네스크 양식으로 지어진 생드니 대성당의 실내가 너무 어둡다고 생각했다. 로마네스크 양식 건물은 예배당 사이사이에 지붕을 떠받치는 두꺼운 벽이 필요해 소수의 작은 창을 낼 수밖에 없기 때문이다. 쉬제는 더 높고 더 강하고 더 뾰족한 고딕 양식의 아치를 사용해 예배당 사이의 벽을 제거하고 제단과 합창단에 70개의 스테인드글라스 창을 만들어 실내를 빛으로 가득 채웠다. 이것이 이 성당을 최초의 고딕 양식으로 지어진 건축물로 기록되게 했지만, 알고 보면 그것은 건축 위상학적 이유가 아니라 신학적

사진 13

이유에서 이뤄진 작업이었다.

파노프스키에 의하면, 쉬제는 위-디오니시우스의 신플라톤주의 철학을 따라 빛이 '신의 현신'이며, 신실한 사람들을 물질의 세계에서 비물질의 세계로, 지상에서 천상으로 인도한다고 믿었다.[15] 그래서 성당 안으로 빛을 끌어들이기 위해 커다란 창을 만들고 그곳에 그리스도와 예언자 그리고 제자들의 형상을 새긴 스테인드글라스를 끼웠다. 쉬제에게, 하늘에서 내려오는 빛

V.

에 의해 아름다운 형태와 색을 드러내는 스테인드글라스는 '신의 은총에 의해 존재와 미덕(진, 선, 미)이 드러나는 피조물'에 관한 은유적 표현이었다.

파노프스키는 《시각예술의 의미》에서, 쉬제가 성당을 재건하며 남긴 시구절詩句節들을 중간중간에 인용해 넣으며 고딕 양식의 스테인드글라스 창에 다음과 같은 해석을 붙였다.

이런 방법(스테인드글라스 창을 내 성당 안으로 빛을 끌어들인 방법)은 쉬제가 신학자로서 봉헌한, 시인으로서 선언한, 예술의 후원자이자 장려한 교회의식의 계획자로서 실행에 옮긴 그것이다. 위상학적이라기보다 우화적인 성격의 주제를 나타내는 창(예컨대 성 바울이 돌리는 제분기에 곡물을 옮기는 예언자들 또는 십자가 위로 올려진 언약의 궤)은 "우리를 물질(의 세계)에서 떠나 비물질(의 세계)로 올라가도록 충동질한다."[16]

그렇다. 쉬제 이후 고딕 양식 건축물의 상징이 된 스테인드글라스와 그것에 새겨진 문양은 초기 스콜라철학에 들어온 신플라톤주의 철학의 산물이다. 그것에 담긴 은유적 사고는 다음과 같이 도식화할 수 있다.

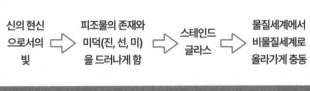

신의 현신 으로서의 빛 ⇨ 피조물의 존재와 미덕(진, 선, 미)을 드러나게 함 ⇨ 스테인드 글라스 ⇨ 물질세계에서 비물질세계로 올라가게 충동

도식 59

《시각예술의 의미》에서 파노프스키는 "높고 둥근 천장을 떠받치고 있는 열두 개의 열주는 '12인의 사도'를 나타내고, 한편으로 회랑의 열주도 열두 개인데, 이들은 (소)예언자들을 나타낸다"라는 식으로 생드니 대성당의 건물과 장식물에 대한 해석을 이어간다. 하지만 우리는 여기서 멈추기로 하자. 우리가 예술작품을 은유적 표현물로 간주하고 그것을 분석 또는 해석할 때 어떤 방식으로 진행해야 하며, 도상해석학이 은유적 사고를 훈련하는 데에 어떤 도움을 줄 수 있는가가 충분히 전해졌으리라 여겨지기 때문이다.

당신은 이 같은 작업의 필요성이 고대와 중세 기독교 조형예술에 국한된 것이 아닌가 생각할 수 있다. 하지만 아니다. 우리가 지금까지 함께 해온 '은유로 예술작품 분석하기'는 시대와 장소를 뛰어넘어 모든 작품에 적용된다. 우리는 당신이 가능한 한 자주 이런 작업을 해보길 바란다. 그때마다 당신의 은유적 사고력이 기대 이상으로 향상될 것이기 때문이다. 과연 그런지, 이번에는 근대 세속 회화 가운데 하나를 함께 분석해보자.

은유로 〈회화의 예술〉 분석하기

당신도 어쩌면 트레시 슈빌리에의 원작 소설을 피터 웨버 감독이 각색해 연출한 〈진주 귀걸이를 한 소녀〉(2003)라는 영화를 보았을지 모르겠다. 여기 등장하는 남자 주인공(콜린 퍼스 분分)이 요하네스 페르메이르J. Vermeer, 1632~1675라는 네덜란드 화가다. 사후 200여 년이 지나서야 널리 알려진 이 불운한 화가의 작품 가운데 아돌프 히틀러가 탐내 지금은 네덜란드가 아니라 빈 미술사박물관에 전시된 것이 있다. 〈진주 귀걸이를 한 소녀〉나 〈우유를 따르는 여인〉이 아닐까 싶지만, 아니다. 그보다는 덜 알려졌지만, 페르메이르의 대표작이라 할 수 있는 〈회화의 예술〉이다.

지금부터 이 작품을 은유 패턴에 맞춰 당신과 함께 분석해보려 한다. 우선 우리가 오스트리아로 여행을 가서 빈 미술사박물관에 들러 이 작품을 보았다고 가정해보자. 그럼 우리는 안내 팸플릿이나 도록에서, 운이 좋다면 큐레이터에게서 이 작품에 대한 일반적 정보를 어렵지 않게 얻을 수 있을 테고, 그것은 대강 다음과 같은 내용일 것이다.

〈진주 귀걸이를 한 소녀〉를 비롯한 페르메이르의 작품들은 대부분 네덜란드 헤이그에 있는 마우리츠하위스 미술관에 전시되어 있다. 그러나 앞서 언급했듯 〈회화의 예술〉은 제2차 세계대전 중 나치가 빼앗아 지금은 빈 미술사박물관에 전시되어 있다. 이 작품의 특징은 영어권에서는 주로 '회화의 우화The Allegory of Painting' 라 불리는 제목에 이미 드러나 있다. '우화'가 그것인데, 이 작품이 다양한 상징적 의미를 내포하고 있음을 함축하는 표현이다.

페르메이르가 대상에 스며드는 빛과 그것이 빚어내는 색의 아름다움을 묘사하는 데에 사용한 기법, 즉 점묘화법은 200여 년이 지난 후 인상파 화가들에게 강한 영향을 주었다. 특히 색채학과 광학이론을 연구하여 체계적으로 점묘화법을 발전시킨 조르주 쇠라Georges Seurat, 1859~1891와 같은 신인상주의 화가들이 페르메이르의 영향을 받았다.

페르메이르의 다른 작품들은 길이와 폭이 대강 40cm인 데 비해, 이 작품은 길이가 120cm이고 폭이 100cm다. 그로서는 대작인 셈이다. 그가 재정상태가 매우 좋지 않았음에도 불구하고 죽

V.

페르메이르, 〈회화의 예술〉, 1665/6   그림 4

을 때까지 이 작품을 소장하고 있었다는 것을 감안하면 페르메
이르 자신에게도 이 작품이 매우 중요한 의미를 지녔던 것으로

짐작할 수 있다.

　팸플릿에서든 큐레이터에게서든, 아니면 인터넷 검색을 통
해서든 이런 정보들을 입수하고 나면, 당신에게 자연스레 떠오
르는 의문이 있을 것이다. 한때 미술학도였던 히틀러가 왜 이 작
품을 탐냈으며, 페르메이르 자신도 어째서 이 그림을 그리 아꼈
을까? 단순히 크기 때문일까? 아니면 무슨 다른 이유가 있었을
까? 우리로서는 알 수 없다. 이를 알아내려면 작품을 꼼꼼히 관
찰해 분석하고 해석해보아야 한다. 이때 필요한 것이 바로 약간
의 도상학 내지 도상해석학적 지식이다. 우선 그림을 자세히 살
펴보자.

예술의 성지—파르나소스

〈회화의 예술〉은 화가가 일하고 있는 화실의 정경을 담고 있다.
화가는 화면 중앙에서 등을 돌리고 앉아 작업에 몰두하고 있다.
머리에 베레모를 쓰고 흰색 상의 위에 검은색 겉옷을 걸쳤다. 그
아래 빨간 바지를 입고 검은 단화를 신고 있다. 화가의 어깨너머
로 보이는 화폭에는 여성 모델이 쓰고 있는 월계관이 조금 보인
다. 화가의 왼쪽에 자리한 테이블 위에는 펼쳐진 책—자세히 보

면 악보樂譜다―과 안면을 조각한 작품이 놓여 있다. 그 뒤로 푸른 드레스를 입은 여성 모델이 서 있는데, 머리에는 월계관을 쓰고 오른손에 긴 나팔을, 왼손에 두껍고 커다란 책을 들고 있다. 그리고 벽에는 대형 네덜란드 지도가 걸려 있다. 왼편으로 난 창으로 햇살이 들어와 천장에 걸린 샹들리에를 비추고 있다.

어떤가? 얼핏 보기에는 특별한 것이 없다. 그렇지 않은가? 그러나 조금만 자세히 살펴보면 무엇인가 다르다. 우선 여성 모델을 보자. 그녀는 왜 월계관을 쓰고 나팔과 책을 들고 서 있을까? 당시나 지금이나 흔히 보는 모습은 아니다. 그림만 보아서는 알 수가 없다. 하지만 만일 당신이 그리스 신화에서 아폴론의 아홉 시녀 가운데 하나로―보통 월계관을 쓰고 나팔과 양피지 두루마리를 들고 있으며―시와 음악과 학문을 관장하는 뮤즈가 클리오 Clio라는 것을 알면 상황이 전혀 달라진다.

도상학적 분석에 의하면, 화가가 그리고 있는 여성 모델이 바로 클리오다! 그녀의 시선이 닿는 곳이 책상 위에 놓인 조각품과 악보인 것도 그래서다. 그렇다면 이 여인이 쓴 월계관은 예술가의 명예와 영광을, 나팔은 음악의 위대함을, 크고 두꺼운 책은 학문의 심오함과 영원함을 상징한다고 해석할 수 있다. 그러고 나서 다시 보면 이젤이 받치고 있는 화폭 위에 클리오의 월계관을 그리고 있는 화가의 차림도 범상치 않다. 그것은 화가가 화실에서 흔히 입는 작업복이 아니다. 무도회나 파티 같은 귀한 초대에 응하려는 귀족의 옷차림이다. 도상학자들에 의하면 클리오를 그리고 있는 이 화가는 다름 아닌 아폴론이다. 그리고 그것은 신처럼 고귀한 예술가의 위상을 나타낸다고 해석할 수 있다.

벽에 걸린 지도는 또 어떤가. 역시 도상학적 분석에 의하면, 그것은 당대 저명한 지도 제작자인 클라에스 얀스 비셔르Claes Jansz Visscher, 1587~1652가 그린 지도다. 지도의 중간을 가로지르는 깊은 주름은 1648년 북네덜란드가 스페인(합스부르크 군주국)의 지배에서 독립하여 현재의 네덜란드로 분리된 역사적 사건을 상징한다. 그렇다면 그것은 예술이 한편으로는 클리오를 통해 표현된 신성한 세계의 아름다움을 대상으로 하지만, 다른 한편으로는 지도를 통해 표현된 현실 세계의 역사적 사명과 연관된다는 것을 나타낸다고 해석할 수 있다.

다음으로, 천장에 달린 화려한 샹들리에를 보자. 자세히 들여다보면 윗부분에 두 개의 머리가 달린 독수리 장식이 있다. 이 독수리 문양은 스페인 합스부르크 왕가의 문장紋章이라는 것이 도상학자들의 견해다. 그렇다면 그것은 고귀한 왕실에 걸릴 등이지 화가의 작업실에 걸리는 등은 아니다. 그렇다면 그것은 무

V.

엇을 의미하는가? 예술가가 작품을 통해 얻어야 하는 존엄을 상징한다고 해석할 수 있다.

요컨대 페르메이르는 화가의 아틀리에를 그린 것이 아니다. 그가 그린 것은 이 책 1장 서두에서 소개한 예술의 성지 '파르나소스'다. 달리 말해 페르메이르의 〈회화의 예술〉은 르네상스 시대의 거장 라파엘로가 바티칸 교황청 궁전에 그린 〈파르나소스〉의 근대적 버전인 셈이다. 라파엘로가 그랬듯이, 페르메이르는 예술의 고귀함과 역사적 사명감 그리고 그것을 구현하는 예술가의 존엄함을 화폭 위에 표현해 남기고 싶었던 것이다. 이것이 이 작품에 대한 해석이다.

페르메이르의 이 같은 창작 의도가 머리에는 월계관을 쓰고 오른손에 긴 나팔을, 왼손에 책을 들고 있는 클리오로, 그녀에게 월계관을 그려주는 정장 차림의 아폴론으로, 벽에 걸린 역사적 지도로, 천장에 걸린 왕가의 샹들리에로 형상화되어 작품이 된 것이다. 그런 점에서 이 그림의 제목은 그 의미가 모호한 '회화의 예술'보다 '회화의 우화'가 낫고, 그보다도 '파르나소스'가 더 적합한 것으로 보인다. 즉 〈회화의 예술〉은 그 자체가 은유다! 레이코프와 존슨이 말하는 "어떤 하나의 정신적 영역을 다른 정신적 영역에 의해 개념화하는 방식", 다시 말해 화실이 상징하는 정신 영역을 파르나소스가 상징하는 정신 영역으로 화폭에 개념화한 작품이다.

이로써 〈회화의 예술〉에 들어 있는 은유적 사고가 모두 드러났다. 클리오를 모델로, 아폴론을 화가로 표현한 '페르메이르의 화실'이 원관념이다. 그것의 본질이 '예술은 신성하고도 역사적인 것이며, 예술가는 존엄한 인간이라는 것'이다. 페르메이르는 그 본질을 그리스 신화에 등장하는 인물들과 배경을 장식하는 고귀한 소품들로 형상화해 〈회화의 예술〉에 담았다. 그럼으로써 화실을 클리오와 아폴론이 사는 예술의 성지 '파르나소스'로 만들었다. 도식화하면 다음과 같다.

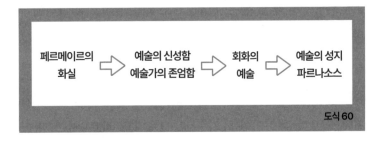

페르메이르의 화실 ⇨ 예술의 신성함 예술가의 존엄함 ⇨ 회화의 예술 ⇨ 예술의 성지 파르나소스

도식 60

평생 무명의 화가로 가난하게 살며 사람들에게 무시를 받아온 한 예술가의 자의식이 표출된 것이라고 해석하면 울림이 더

V.

욱 커진다. 이런 해석을 통해 우리는 작품에 대한 이해뿐 아니라 그가 왜 가난에 시달리면서도 죽을 때까지 이 그림을 팔지 않았는지도 이해할 수 있다.

12. 은유로 예술사조 분석-하기

이 책에서 '은유로 분석하기'라는 말은 대상을 분석해 그 내용을 '원관념→원관념의 본질→보조관념→창의'로 전개되는 은유 패턴에 맞춰 도식화하는 것을 뜻한다. 따라서 '은유로 예술사조 분석하기'와 '은유로 예술작품 분석하기'의 공통점은 지금까지와 마찬가지로 빈칸-채우기를 통해 은유 패턴을 구성하는 네 가지 요소를 차례로 채워가는 작업을 한다는 것이다. 우리는 이제부터 그 훈련을 함께 하려고 한다.

그러나 '은유로 예술사조 분석하기'가 '은유로 예술작품 분석하기'와 다른 점은 한 시대를 지배하는 시대정신 내지 문예사조가 개별적 작품에 미친 영향을 성찰한다는 점이다. 앞에서 이미 언급했듯이, 은유로 예술작품을 분석하는 데에 우리가 기억해야 할 요소가 둘이다. 하나는 예술작품이란 작가 개인의 은유적 표현물이라는 것이고, 다른 하나는 작가의 작품 제작 과정에 필수적인 주제와 소재의 선택이나 인물·사건·상황 선택에서 당시의 사회적·정치적·윤리적·종교적·문화적 요소가 반드시 개입한다는 사실이다.

그 때문에 세월이 흐르면서 예술에도 당대를 지배하는 시대정신 내지 문예사조가 형성되기 마련이고, 그것이 당시뿐 아니라 한동안은 다음 세대 작품에까지 영향을 미친다. 그러나 세월이 지나 새로운 사회적·정치적·윤리적·종교적·문화적 요소들이 나타나면 다시 새로운 시대정신과 문예사조가 형성되어 개개의 작품에 영향을 끼치기 마련이다. 파노프스키가 《도상학과 도상해석학》에서 도상학은 묘사 대상에 대한 단순한 이해 수준을 넘어 역사, 배경 그리고 문화적 현상 등을 고려한 해석에 도달해야 한다고 주장한 것도 그래서다.

예술사조의 일반적 은유 도식

이러한 관점에서 보면, 예술작품 안에 담긴 은유적 사고는 앞서 〈도식 55〉에서 보았듯이 '작가의 의도, 작품의 주제→핵심 내용→예술작품→감상, 해석, 비평'과 같이만 도식화할 수 있는 것이 아니다. 작가가 당대의 시대정신이나 문예사조에 따라 작품을 창작한다고 하면, '시대정신이나 문예사조'가 원관념이고, 그것의 핵심 내용을 형상화한 보조관념이 '예술작품'이며, 그 과정에서 개발된 '새로운 기법이나 양식' 또는 그것에서 이끌어낸 '새로운 시대정신이나 문예사조'가 창의다. 그리고 그것은 다음과 같은 도식으로 나타낼 수 있다.

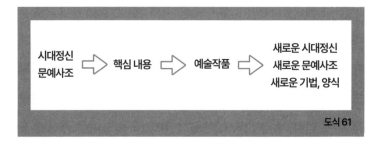

도식 61

우리는 〈도식 55〉를 '예술작품의 일반적 은유 도식'이라 이름 붙인 것처럼, 〈도식 61〉을 '예술사조의 일반적 은유 도식'이라 부르고자 한다. 여기에서 주목할 것은 두 도식의 원관념이 서로 다른 만큼 창의도 다르다는 것이다. 전자에서는 작품에서 이끌어낸 개인의 감상, 해석, 비평이 창의이지만, 후자에서는 그 작품이 새롭게 개발한 기법, 양식, 시대정신, 문예사조 등이 창의다.

우리가 이같이 예술작품에 관한 은유 패턴 도식을 새로이 제시하는 이유는 두 가지다. 하나는 앞에서 언급했듯이 예술작품이 작가 개인의 창작품일 뿐 아니라 시대적 사조의 산물이기도 하기 때문이다. 다른 하나는 파노프스키와 달리 우리들의 목적은 도상해석이 아니고 예술작품 안에 들어 있는 은유적 사고의 추적과 이를 통해 은유적 사고력을 기르는 것이기 때문이다.

정리하자면, 누구든 은유로 예술작품을 분석할 때에는 〈도식 55〉에서 보듯이 작가의 의도를 중심으로 탐색하는 방법과 〈도식 61〉과 같이 시대정신 또는 문예사조를 중심으로 탐색하는 방법 두 가지가 모두 가능하다. 우리는 당신이 어떤 예술작품 앞에 서서 ( )→( )→예술작품→( )라는 (d)유형의 빈칸-채우기를 할 때마다 한번은 전자의 방법으로, 또 한번은 후자의 방법으로 해보길 권한다.

그 이유는 〈도식 61〉에 제시한 은유 패턴 도식이 한 시대를 풍미한 작품들 안에 공통적으로 들어 있는 은유적 사고를 한눈에 보여주기 때문이다. 이 말은 이 유형의 은유 도식은 해당 작품뿐 아니라 그 문예사조에 속하는 다른 작품들 안에 담긴 은유적 사고에 대한 이해도 함께 가져다준다는 뜻이다. 따라서 우리가 지금부터 함께할 훈련이 예술작품에 대한 당신의 이해의 폭을 넓

혀줄 뿐 아니라, 하나의 예술작품을 구성하는 은유적 사고를 추적하는 작업을 용이하게 해줄 것이다. 무슨 이야기인지, 예를 들어 설명해보자.

고대 그리스 정신-신과 같은 인간

고대 그리스인들은 신과 인간이 같은 모습을 하고 있고 또한 같은 감정을 지니고 있다는 신인동형설, 신인동감설anthropopathism을 믿었다. 당신도 잘 아는 〈밀로의 비너스〉나 〈벨베데레의 아폴론〉과 같은 고대 그리스의 조각품에서 보듯 신들이 하나같이 인간의 모습을 하고 있는 것이 그래서다. 어디 그뿐인가. 호메로스와 헤시오도스로부터 핀다로스, 아이스퀼로스, 소포클레스, 에우리피데스와 같은 그리스 시인들은 제우스와 아폴론, 헤라와 아프로디테 같은 신을 인간과 동일한 감정을 지닌 존재로 묘사한 것도 그래서다. 즉 신들도 인간처럼 사랑하고 미워하며, 기뻐하고 슬퍼하며, 질투하고 분노한다.

고대 그리스인들에게 신은 인간을 이상화하거나 그 능력을 극대화한 존재였다. 요컨대 신과 인간이 능력의 차이만 있을 뿐 본성에서는 서로 같다는 것이 그들의 생각이었다. 그렇다고 해서 그들이 신을 폄하했다고 생각하면 안 된다. 그들은 거꾸로 인간을 신처럼 숭배하고 찬미한 것이다. 핀다로스Pindaros, 기원전 518~기원전 438가 지은 시 〈올림픽 경기 찬가〉를 보면 그 이유를 알 수 있다.

같은 종족이어서 / 인간과 신들은 하나라네. / 하나의 어머니에게서 우리는 똑같이 숨을 이끌어내었지. / 모든 것 중에서 단지 힘의 차이가 우리를 구분하나니 / 그것은 사실 아무것도 아닌 듯한데, / 놋쇠처럼 단단한 하늘이 영원히 정해진 인간과 신의 주거지를 갈라 놓는다네. / 하지만 우리도 이 심성의 위대함과 육체의 위대함에서 / 불멸하는 이들과 같을 수 있으리라.

그렇다면 고대 그리스의 예술작품들은 당대의 시대정신이자 예술사조의 본질인 신인동형설과 신인동감설을 형상화한 은유적 표현물로 간주될 수 있다. 달리 말해 숱한 고대 그리스 문학작품과 조각품 들은 신인동형설과 신인동감설이 본질인 그리스 정신을 원관념으로 하는 보조관념으로 규정할 수 있다. 그리고 그것에서 나온 창의가—앞서 소개한 핀다로스의 시구 "우리도

〈벨베데레의 아폴론〉, 기원전 330년경의 청동 원본(소실)을 재현한 로마 대리석 작품(130~140년경)

〈밀로의 비너스〉, 기원전 5세기 후반의 아프로디테를 표본으로 기원전 130~기원전 120년경에 제작되었다고 추정되는 석상

이 심성의 위대함과 육체의 위대함에서 / 불멸하는 이들과 같을 수 있으리라"에서 보듯이—그리스 예술작품에 깃든 인본주의 사상과 인간에 대한 찬미다. 이는 〈도식 62〉와 같이 나타낼 수 있다.

당대의 시대정신이나 문예사조는 이런 방식으로 개개의 작품을 구성하는 근본요소로 작용한다. 따라서 당신이 이 도식을 기

V.

그리스 정신 → 신인동형설 → 올림픽 경기 → 인간 찬미
　　　　　　신인동감설　　　찬가　　　　　인본주의

도식 62

억해둔다면, 〈밀로의 비너스〉와 〈벨베데레의 아폴론〉 그리고 핀
다로스의 〈올림픽 경기 찬가〉뿐 아니라 호메로스의 《일리아스》
와 《오디세이아》에서 그리스 고전기 비극작품에 이르는 다양한
문학작품을 분석하고 이해하는 데 도움이 될 것이다.

　우리가 여기에서 주목해야 할 것은 신인동형설과 신인동감설
을 본질로 하는 그리스 정신에서 인본주의humanism가 나왔다는
사실이다. 그리고 그것이 훗날 헬레니즘 안으로 들어가 르네상
스와 함께 부활했다. "모든 육체는 풀이요. 그 모든 아름다움은
들의 꽃 같으니 (……) 풀은 마르고 꽃은 시드나 우리 하나님의
말씀은 영원히 서리라"(이사야 40:6~8)와 같은 표현으로 신과 인
간 사이의 절대적 상이성을 강조하는 히브리즘에서 신본주의the
God-orientedism가 나온 것과 대비된다고 하겠다.

중세 기독교 전통-내세에 대한 열망

어디 고대 그리스 예술품뿐이겠는가. 중세 예술작품은 또 어떤 가. 앞에서 살펴본 대로, 루블료프의 〈삼위일체〉가 신의 본질인 사랑으로 살육과 전란을 막고자 하는 시대적 요구의 산물이라 는 점, 쉬제가 재건한 최초의 고딕 양식 건물인 생드니 대성당이 기독교 안에 전해진 신플라톤주의의 소산이라는 점에서 알 수 있듯이, 중세 예술작품은 당대를 지배한 시대정신인 기독교의 영향 아래 제작된 은유적 표현물이다. 우리는 중세에 제작된 예 술작품 안에 담긴 인간 육체에 대한 혐오와 현세 부정적 성향에 서 그 사실을 확인할 수 있다.

구약성서를 경전으로 삼는 히브리인들은 전통적으로 옷 벗는 것을 두려워했다. 이런 관습은 "내가 벗었으므로 두려워하여 숨 었나이다"(창세기 3:10)라는 아담의 말에도 이미 드러나 있다. 인 간이 처음 창조되었을 때는 의복이 있었을 리 없다. 그런데도 아 담이 이렇게 말한 것은 옷을 벗으면 안 된다는 히브리인들의 의 식이 그대로 반영된 결과다. 초기 유대교 문헌에 나오는 히브리 인들의 기본 예법 중 하나가 옷을 벗지 말라는 것이었다. 극단적 인 경우이지만, 《사해사본Dead Sea Scroll》을 통해 우리에게 알려진 유대교 분파 에세네Essenes 공동체에서는 이웃 앞에서 이유 없이 옷을 벗고 걸으면 6개월 동안 벌을 받고, 심지어 자기 옷 밑으로 손을 내놓기만 해도 30일간 벌을 받았다고 한다.[17] 그 전통이 암암리에 기독교에도 이어졌다.

그뿐 아니다. 초기 그리스도교 신학은 신플라톤주의에서 지우려야 지울 수 없는 영향을 받았는데, 신플라톤주의자들은 욕정에 물든 자신의 육체에 대한 능멸과 죄악에 찌든 세상에 대한 혐오, 곧 자기 부정과 현세 부정을 통해서만 구원에 이를 수 있다고 믿었다. 이 같은 주장은 사실인즉 〈창세기〉에서 신이 매번 창조 때마다 "보시기에 좋았더라"(창세기 1:1~31)라고 선포한 것이나 "하나님께서 지으신 모든 것이 선하다"(디모데전서 4:4)라는 정통 기독교 교리에서 벗어나는 것이었다. 그럼에도 불구하고 4세기 초부터 오늘날 우리가 수도원주의monasticism라 부르는 새로운 물결이 일어나면서, 인간 육체에 대한 신플라톤주의의 혐오와 현세 부정적 성향이 기독교 안으로 들어갔다.

최초로 수도원을 세운 성 안토니우스St. Antonius, 251~356 같은 은둔수사hermit들의 수도 생활에는 두 가지 공통된 특징이 있다. 1)하나는 세상에 대한 병적 혐오다. 그래서 그들은 단순히 도시와 촌락을 떠나 사막으로 들어갈 뿐 아니라 그곳에서도 주상성인柱上

聖人, Stylites saint 성 시므온St. Symeon, 390~459과 같이 기둥 위로 올라가 살거나, 아니면 나무 위로 올라가 살았다. 세속으로부터 단 한 발짝이라도 더 멀어지려 하는 것이 그들의 뜻이었다.

2)다른 하나는 육체와 육적 욕망에 대한 극단적 능멸이다. 그래서 그들은 육신의 모든 욕망을 없애기 위해 자학적 금식, 금욕과 고행을 스스로 감행하였다. 은둔수사들은 마치 인도의 고행 수행자처럼 거의 벗은 몸으로 광야를 돌아다니거나 스스로에게 고통을 가하는 것을 자랑스럽게 생각했다.[18] 금식도 그중 하나였다. 예컨대 알렉산드리아의 이시도루스Isidorus of Alexandria는 고기는 아예 바라보지도 않았고, 오랜 금식 끝에 살기 위해 음식을 조금 먹는 것조차 부끄러워 식탁 앞에서 종종 눈물을 흘렸다. 그뿐 아니라 대마카리우스Macarius Magnus는 일주일에 한 번만 식사를 했으며, 잠도 선 채로 장대에 기대어 잤다고 한다.[19]

세월이 가며 점차 순화되기는 했지만, 육체에 대한 혐오와 현세 부정은 중세 기독교 수도원 전통 가운데 하나로 자리 잡았다. 이러한 이유로 중세 기독교에서 인간의 육체는 언제나 욕정과 죄의 온상으로 여겨졌고 숨기고 가려야 하는 대상이었다. 그리스 고전기와 달리 르네상스가 시작되기 전까지 중세 서양에서 인간 육체의 아름다움을 묘사한 작품이 제작되지 않은 것이 그래서다.

물론 매우 드물긴 하지만 당시에도 나체화가 있었다. 그러나 그것을 그린 목적은 육체의 아름다움을 찬미하고 표현하기 위함이 아니라 오히려 악마의 거처로서 육체의 추함을 드러내기 위함이었다. 그래서 일부러 혐오스럽게 묘사했다. 과연 그런지 〈그림 5〉와 〈그림 6〉을 살펴보자.

랭브르 형제, 〈에덴동산〉, 1415~1416   그림 5

〈그림 5〉는 랭브르 형제The Limbourg Brothers, 14~15세기*의 〈에덴동

히에로니무스 보스, 〈세속적인 쾌락의 동산〉, 지옥 부분, 1500~1505　　그림 6

산〉이고, 〈그림 6〉은 히에로니무스 보스Hieronymus Bosch, 1450~1516의
세 폭 그림 〈세속적인 쾌락의 동산Garden of Earthly Delights〉 가운데 '지
옥'의 일부다.** 〈에덴동산〉에 묘사된 아담과 이브를 보라.　또

〈세속적인 쾌락의 동산〉에 그려진 남녀의 모습을 보라. 이들의 모습은 〈밀로의 비너스〉와 〈벨베데레의 아폴론〉과 같은 고대 그리스의 조각에 드러난 건장하고 풍만하며 균형이 잘 잡힌 남녀의 모습과는 판이하다. 그뿐 아니라 불과 100년 뒤 시스티나 성당에 미켈란젤로가 그린 〈천지창조〉에 묘사된 아름다운 나체상들과도 전혀 다르다.

특히 여인들의 모습을 보면, 골반은 기형적으로 넓고 복부는 임산부처럼 튀어나왔으며, 팔은 가늘고 가슴은 좁고 작은 밋밋한 몸통으로 그려져, 마치 콩나물 줄기를 보는 것같이 추하게 묘사되어 있다.[20] 육체적 욕정과 현세적 탐욕을 혐오하고 신앙적 정결과 내세적 소망을 권장하던 당시 가톨릭교회의 전통을 따른 것이다.*** 그렇다면 랭브르 형제가 〈에덴동산〉을, 히에로니무스 보스가 〈세속적인 쾌락의 동산〉을 그릴 때 했던 은유적 사

** 〈세속적인 쾌락의 동산〉은 히에로니무스 보스가 1500~1505년에 그린 작품으로, 1939년부터 프라도 미술관에 안치되어 있다. 이 작품은 중앙에 가장 크게 인간세계를, 그 왼편과 오른편에는 그 절반의 크기로 천국과 지옥을 각각 그린 세 폭의 그림으로 구성된다.

*** 전해지는 문서에 따르면, 1398년경에 아버지가 사망한 후 랭브르 삼형제는 당시 프랑스와 부르고뉴 궁정화가였던 삼촌 밑에서 금세공을 배웠다. 1402년 2월부터는 형제 중 바울과 요한이 부르고뉴 공작 필리페 2세와 계약을 맺어 4년 동안 오로지 성경공부에 매진했다고 한다. 이에 영향을 받아 그들 형제가 세속화뿐 아니라 종교화를 그리는 데에 기여한 것으로 보인다. 필리페 2세가 죽은 후에는 그의 형제인 베리 공작이 이들 형제를 후원했다.

고는 다음과 같이 추적해 도식화해볼 수 있다.

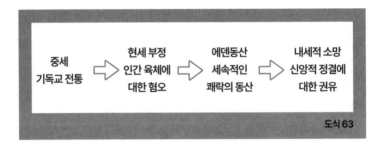

도식 63

　어떤가? 이처럼 한 시대를 풍미한 시대정신이나 문예사조에
속하는 작품을 은유 패턴에 맞춰 분석하고 도식화해보는 작업
은 작품과 그것을 낳은 시대정신을 새롭게 이해할 수 있을 뿐 아
니라 예술작품에 관한 은유적 사고를 기르는 데에도 더없이 좋
다. 그래서 이제 우리는 근대와 현대를 풍미한 시대정신 내지 문
예사조를 하나씩 골라 분석해보면서 그에 속하는 작품들을 만
들어낸 은유적 사고를 살펴보고자 한다. 먼저 근대라는 문을 열
어젖힌 르네상스 시대의 문예사조를 분석해보자!

V.

르네상스-인문주의의 탄생

당신도 알다시피, 르네상스Renaissance는 '아드 폰테스ad fontes', 곧 '근원으로 돌아가라'라는 구호 아래 15세기 시인, 문필가, 화가, 건축가, 문헌학자, 고고학자, 철학자 들이 일으킨 문예운동이다. 그들은 중세 1,000년 동안 라틴어의 그늘에 묻혀 있던 헬라어와 히브리어를 다시 익히고, 고대의 그리스·로마 문헌들을 집중적으로 연구하면서 이 운동을 시작하였다. 이때 이들이 연구했던 고대 문헌에는 헬라어로 쓰인 그리스 고전뿐 아니라, 히브리어로 적힌 성서와 기독교 고전들도 포함되어 있었다. 그로부터 오늘날 우리가 인문주의humanism라고 부르는 문예사조뿐 아니라 기독교 인문주의Christian humanism가 자연스레 싹트기 시작했는데, 에라스무스나 마틴 루터와 같은 16세기 종교개혁자들이 여기에 속했다.

그런데 15세기 이탈리아 인문주의자들이 '아드 폰테스'라고 외쳤을 때, 그 말이 과연 무엇을 뜻했을까? 그것은 흔히 알려진 바와 달리 단순히 그리스·로마 시대의 정신인 헬레니즘을 부활시키자는 운동이 아니었다. 헬레니즘과 헤브라이즘, 바꿔 말해 고대 그리스·로마 문화와 중세 기독교 문화를 하나로 융합하자는 것이었다. 이를 위해 그들은 그리스·로마 신화와 성서 이야기를 융합하여 하나로 만들려는 웅대하지만 무모한 계획을 세웠다. 르네상스 시대 사람들은 그 둘의 융합이 인간이 지향하는 최고의 진리, 최고의 선함, 최고의 아름다움이라고 생각했다.

이 같은 시대정신을 따라 르네상스 시대의 예술가들은 헬레니즘과 헤브라이즘의 융합을 시도한 작품을 탄생시켰다. 이탈리아 르네상스의 시조인 단테Dante Alighieri, 1265~1321의 《신곡》이 그 출발점이자 대표 작품으로, 헬레니즘과 헤브라이즘의 융합을 위해 단테가 개발한 기법은 매우 특이하다. 그것은 그리스 신화와 기독교 성서에 실린 인물들의 이름과 이야기를 혼합하는 방식이었다.

단테 《신곡》의 경우

단테는 《신곡》에서 그리스·로마 신화에 나오는 제우스의 라틴어 명인 '유피테르Jupiter'를 아무 거리낌 없이 기독교에서 섬기는 신인 야훼YHWH라고 바꿔 부르고, 그리스인들의 저승인 하데스Hades를 기독교에서 말하는 지옥hell으로 불렀다. 명칭을 혼합하여 사용하고 서사를 뒤섞음으로써 그리스·로마 신화와 성서 이

야기를 융합하고자 한, 실로 기발하고 담대한 시도였다.²¹ 정말

이냐고? 멀리 갈 것 없다.《신곡》1부 '지옥편'을 보자.

다음 구절들은 단테와 그를 인도하는 고대 로마 시인 베르길

리우스P. Vergilius Maro, 기원전 70~기원전 19의 영혼이 제7지옥에서 카

파네우스의 영혼을 만나는 장면을 묘사한 것이다. 카파네우스

는 테베를 공략한 전투에서* 유피테르(제우스)를 모독한 죄로 벼

락에 맞아 죽어 지옥에서 벌을 받고 있던 중이다. 그럼에도 그는

여전히 다음과 같이 반항한다.

나는 죽어서도 살아 있을 때와 다르지 않나니 // 유피테르가 대장장

이를 녹초로 만들면서까지 / 그에게서 성난 번갯불을 얻어내어 / 나

의 마지막 날에 나를 때려눕혔던 // 플레그라의 싸움에서와 마찬가

지로 / '착한 불카누스여, 도와다오, 도와다오' 하고 외치며, / 몬지벨

로의 새까만 대장간에서** // 대장장이들을 피곤하게 하여 / 나에게

---

* 테베 왕 오이디푸스의 쌍둥이 아들인 에테오클레스와 폴리네이케스는 아버지가 죽
자 한 해씩 번갈아 가며 테베를 다스리기로 약속했지만, 형이 약속을 어기자 동생의 장
인이며 아르고스 왕인 아드라스토스가 사위의 왕권을 찾기 위하여 군대를 일으켜 테베
를 공격했다. 이때 아르고스의 군대를 지휘한 장수들을 '테베 공략 7왕'이라고 하는데,
이들은 테베의 일곱 성문을 하나씩 맡아 공격했다.
** 시칠리아에 있는 에트나 화산을 이탈리아인들은 '몬지벨로Mongibello'라고 부른다.
단테는 이 화산을 '불의 신' 불카누스(헤파이스토스)의 대장간으로 묘사한 것이다.

힘껏 번개 화살을 당길지라도 / 만족할 만한 복수는 하지 못하리라.

　　　　　　　　　　　　　　　　　—단테,《신곡》(1, 14, 51~60)

　그러자 베르길리우스가 "일찍이 들어본 일이 없는 격한 목소리로" 일단 카파네우스를 꾸짖은 다음, 단테에게 그 사연을 다음과 같이 설명한다.

　오, 카파네우스여. 너의 자만이 수그러지지 않는 한 // 더욱 큰 형벌을 받으리니 / 네 음울한 자만에 가장 합당한 형벌은 / 오직 너 자신의 분노이리라. // 그러고 나서 부드러운 얼굴로 나[단테]를 돌아보고 / 말했다. 저 자는 테베를 공략하던 / 일곱 왕 중 하나로, 살아서와 마찬가지로 // 지금도 하나님[야훼]을 경멸하고 섬기지 않는구나.

　　　　　　　　　　　　　　　　　—단테,《신곡》(1, 14, 63~70)

　이처럼 단테는《신곡》에서 로마인들의 신인 유피테르와 히브리인들의 신인 야훼를 아무런 구분 없이, 그때그때 문맥이나 비유에 맞게 사용했다. 오늘날 우리로서는 유피테르를 모독한 카파네우스가 왜 그리스인들의 저승인 하데스에 있지 않고 기독교에서 말하는 지옥에서 벌을 받는지, 또 왜 베르길리우스가 그

리스의 신 유피테르에게 반항하는 카파네우스에게 아직도 하나
님[야훼]을 경멸한다고 꾸짖는지 이해하기가 무척 어렵다. 하지
만 르네상스 시대 사람들은 이런 것을 당연하게 받아들였다. 헬
레니즘과 헤브라이즘, 바꿔 말해 그리스·로마 문화와 기독교 문
화를 하나로 융합하자는 것이 당대의 시대정신이었기 때문이다.

그렇다면 우리는 단테가 《신곡》을 쓸 때 했던 은유적 사고를
다음과 같이 추적할 수 있다. 르네상스 정신이 원관념이고, 그것
의 본질이 헬레니즘과 헤브라이즘의 융합이며, 당시의 예술작
품들이 그것을 형상화한 보조관념이다. 그리고 그것에서 이끌
어낸 창의가 그리스·로마 신화와 성서 이야기를 융합한 인문주
의였다. 도식화하면 다음과 같다.

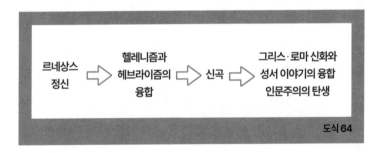

도식 64

미켈란젤로의 〈천지창조〉의 경우

오늘날 우리에게는 매우 생소하고 놀라운 사실인데, 바로 이런 이상을 16세기 이탈리아 인문주의자들과 예술가들이 물려받았다. 부오나로티 미켈란젤로Buonarroti Michelangelo, 1475~1564가 그 가운데 하나다. 미켈란젤로는 단테가 그랬던 것처럼 자신의 회화작품들에서 그리스·로마 신화와 성서 이야기를 융합하여 하나로 만드는 작업을 시도했다. 화가인 만큼 그는 이름이나 이야기가

도식 65

아닌 겉모습의 융합을 꾀했다. 무슨 소리냐고? 〈도식 65〉를 보자.

미켈란젤로는 시스티나 성당의 천장화 〈천지창조〉에서 구약 성서 창세기에 등장하는 야훼의 모습(아랫단 첫 번째)을 그리스·로마 신화에 나오는 제우스의 모습(윗단 첫 번째)에서 따다 그려 넣었다. 아담의 모습(아랫단 두 번째)은 아폴론의 모습(윗단 두 번째)에서 따왔다. 30년쯤 후에 그려진 〈최후의 심판〉에 등장하는 성모 마리아의 모습(아랫단 네 번째)은 로마 시대 조각상 아프로디테(윗단 네 번째)에서 따왔다. 어떤가? 얼굴 모습뿐 아니라 자세까지 똑같이 취하고 있는 것이 눈에 띄지 않는가?

왜 그랬을까? 혹시라도 당신이 '미켈란젤로의 상상력이 부족한 탓이 아닐까'라고 생각했다면, 그건 오해다. 이렇게 말할 만한 근거가 있다. 예컨대 미켈란젤로의 〈천지창조〉에는 300명도 넘는 인물이 등장하는데, 얼굴 모습과 취하고 있는 자세가 모두 다르다. 그것만 보아도 그의 상상력의 빈곤이 가져온 결과라고는 볼 수 없다. 그럼 도대체 그는 왜 모방으로 오해받을 만한 일을 했을까?

게다가 어디 그뿐인가? 〈최후의 심판〉에서 예수의 모습(아랫단 세 번째)이 〈천지창조〉에 그려진 아담의 모습(아랫단 두 번째)과 똑같은 것은 특별히 주목할 만하다. 미켈란젤로가 둘 모두를 로마 시대에 만들어진 아폴론 조각(윗단 두 번째)에서 따왔기 때문이다. 예수를 그렇게 젊은이의 모습으로 그리는 것은 당시에도 누구나 깜짝 놀랄 만큼 파격적인 일이었다. 〈도식 65〉의 윗단 세 번째에 있는 그림, 곧 동시대의 거장 레오나르도 다빈치Leonardo da Vinci, 1452~1519의 〈살바토르 문디〉에서 보듯이, 예수의 모습은 6세기 이후부터 거의 1,000년 동안 오늘날 우리에게 익숙한 모습, 곧 긴 머리에 수염을 기른 모습으로 그려지고 있었기 때문이다.

그럼에도 불구하고 미켈란젤로는 자신의 기념비적 작품인 〈최후의 심판〉에서 예수의 얼굴을 아폴론의 그것으로 채워 넣었다. 왜 그랬는지는 자명하다. 미켈란젤로도 그리스·로마 문화와 기독교 문화를 하나로 융합하려는 당대의 시대정신을 따랐던 것이다. 미켈란젤로와 경쟁하며 함께 르네상스 시대 회화를 빛냈던 라파엘로 역시 같은 방식으로 일했다. 독일의 미술사학자 요한 요아힘 빙켈만Johann Joachim Winckelmann이 전하는 바에 의하면, 라파엘로는 그 일을 위해 제자들을 그리스로 보내 고대 미술품들을 모사해 오게도 했다.[22]

이러한 사실은 당시 예술가들이 어떤 은유적 사고를 거쳐 작품을 만들었는가를 또렷이 보여준다. 단테, 미켈란젤로, 라파엘로와 같은 르네상스 시대 예술가들은 르네상스 정신을 원관념

V.

으로 하고 헬레니즘과 헤브라이즘의 융합을 원관념의 본질로 하여, 그것을 형상화한 보조관념으로 작품을 만들었던 것이다. 그 과정에서 '명칭과 서사의 혼합', '모습의 융합' 같은 무모하지만 새로운 기법이 시도되었고, 거기에서 이후 학자와 예술가 그리고 종교개혁자들이 이어받은 근대 인문주의가 탄생했다.*

우리는 미켈란젤로, 라파엘로를 비롯한 르네상스 시대 예술가들이 작품을 창작할 때 했던 은유적 사고를 다음과 같이 도식화할 수 있다.

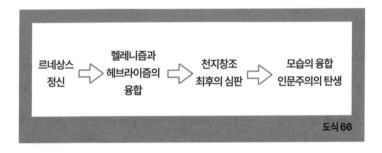

도식 66

---

* '인문주의'는 르네상스 시기 이탈리아에서 시작되어 16세기에는 프랑스, 독일, 영국으로 퍼져나간 특정한 문예사조다. 그것은 "근원으로 돌아가라ad fontes"라는 구호 아래, 시인, 문필가, 화가, 건축가, 문헌학자, 고고학자, 철학자 들이 모여 중세 1,000년 동안 라틴어의 그늘에 묻혀 있던 헬라어와 히브리어를 익히고 고대 문헌들을 연구하면서 시작되었는데, 중세의 신 중심적 사상과 문화로부터의 탈피를 목적으로, 고대 그리스 · 로마 정신을 재발견하여 인간 중심적 문화와 사상을 건립하고자 하는 지적 운동이었다. 이때 이들이 연구했던 고대 문헌에 성서와 기독교 고전도 포함되었기에, 초기 종교개혁자들을 중심으로 '기독교 인문주의'가 자연스레 싹텄다.

이제 현대로 넘어가 20세기 초를 주도했던 문예사조 가운데 하나인 아방가르드를 분석해, 여기 속한 작품들을 낳은 은유적 사고에 대한 이해를 얻는 훈련을 해보자.

아방가르드-제거에 대한 강박

프랑스어 아방가르드avant-garde는 원래 군사용어로 전장에서 선두에 나가 적의 움직임과 위치를 파악하는 척후병을 뜻한다. 그래서 우리말로는 '전위前衛' 또는 '전위예술'이라고 번역되는데, 이 용어가 예술에 사용될 경우에는 기존의 예술개념을 전복할 만한 새롭고 혁명적인 경향 또는 운동을 의미한다. 20세기 초 프랑스와 독일, 스위스, 이탈리아에서, 이후 러시아, 미국, 남미 등에서 이 운동이 일어났다. 미술, 음악, 건축, 문학 등 여러 분야에서 다양한 시도가 있었지만 이들은 공히 그때까지 본질로 인정되어 각 분야를 지배해오던 핵심 내용을 제거하고자 했다.

예컨대 1914년부터 시작된 제1차 세계대전 중에 이탈리아에서 일어난 미래파운동futurism은 "새로운 시대에는 그에 맞는 생활양식과 표현이 필요하다"라고 주장하며, 새로운 예술을 창조

하기 위해서는 기존의 관념을 철저히 붕괴시켜야 한다고 주장
했다. 비슷한 시기에 스위스 취리히에서 일어난 다다이즘dadaism
역시 기존의 관습적 예술을 부정하고 이를 타파하는 예술을 추
구했다. 프랑스 화가 마르셀 뒤샹Marcel Duchamp, 1887~1968의 〈샘〉
이 널리 알려졌지만, 1권에서 소개한 트리스탕 차라의 다다시
dada poem──즉 신문 기사를 적당히 잘라 그 안에 든 낱말들을 오려
서 부대주머니 안에 넣어 섞은 다음 그 조각을 하나씩 꺼내 적은
시─가 그 가운데 하나다. 그 밖에도 초기 초현실주의와 남미와
러시아의 아방가르드도 이에 속한다.

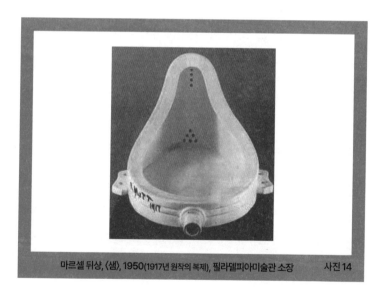

마르셀 뒤샹, 〈샘〉, 1950(1917년 원작의 복제), 필라델피아미술관 소장　　사진 14

그러나 오늘날에는 아방가르드가 특정 유파나 운동에 그치지 않고 기성 예술에 대한 반항이나 혁명 정신을 바탕으로 한 새로운 경향의 예술을 총칭하는 용어로도 사용된다. 요컨대 아방가르드는 시대마다 일어난 전위적 예술운동이나 작품의 양식을 지칭한다.

20세기 초 아방가르드의 문을 연 대표적 사조 몇을 예로 든다면, 회화에서는 칸딘스키와 말레비치 그리고 몬드리안이 개척한 '추상미술abstract art', 건축에서는 아돌프 로스의 '무장식無裝飾주의', 음악에서는 아르놀트 쇤베르크와 그의 제자 안톤 베베른, 알반 베르크 등이 시도한 '무조음악atonal music', 문학에서는 마르셀 프루스트, 제임스 조이스, 그리고 버지니아 울프가 시도했던 '의식의 흐름stream of consciousness' 등이 있다. 그러나 지면이 허락하지 않는 탓에, 우리는 우선 그중 추상미술만 골라 그 시대 문예사조로서의 아방가르드를 은유로 분석하고자 한다.

1789년에 일어난 프랑스혁명을 계기로 화가들이 역사, 종교, 신화와 같은 전통적 주제로부터 자유로워졌다. 그리고 1826년 프랑스의 화학자 조제프 니엡스Joseph Niepce, 1765~1833가 찍은 최초의 사진을 시작으로, 19세기 후반부터 카메라가 널리 보급되면서 화가들은 대상을 인간의 눈에 보이는 대로 재현reappearance할 필요가 없어졌다. 그 결과 성스러운 예수의 탄생이나 부활, 여성의 풍만한 나체 옆에 놓인 먹음직스러운 과일들이 회화에서 추방되었다. 한마디로 근대 이후 회화에는 '재현해야 할 주제'가 없어졌고 '재현해야 할 형상'도 없어졌다. 요컨대 주제와 대상 모두에서 자유로워졌다. 이것이 근대미술modern art의 출발점이다.

칸딘스키와 러시아 추상미술[23]

러시아에서 태어나 법학과 음악을 공부했던 바실리 칸딘스키 Wassily Kandinsky, 1866~1944는 1895년 모스크바에서 열린 인상파 전시회에서 클로드 모네의 〈건초더미〉를 보고 충격을 받았다. 왜냐하면 도록에는 작품의 이름이 분명 '건초더미'라고 적혀 있지만 그것이 건초더미인지 알아보기가 어려웠기 때문이다.* 그때 그는—마치 음악이 그렇듯이—작품의 주제와 인식할 수 있는 대상의 형태가 없이도 회화가 가능하다는 것을 직감적으로 알아

---

* 칸딘스키는 후일 당시 받았던 충격을 "카탈로그가 알려주는 것은 그것이 '건초더미'라는 것이었다. 그러나 나는 그것을 인식할 수 없었다. 그것이 나에게 고통스러웠다. 나는 화가에게 흐릿하게 그림을 그릴 권리가 없다고 생각했다. 나는 그림의 대상이 사라진 느낌을 받았다. 그리고 나는 그 그림이 나를 사로잡았을 뿐 아니라 내 기억에 지울 수 없는 인상을 주었다는 사실을 놀라움과 혼란 속에서 알아차렸다"라고 회상했다.

클로드 모네, 〈건초더미〉, 1891   그림 7

챘다.²⁴ 음악이 소리들의 모음만으로 아름다울 수 있다면, 회화
도 선과 색의 묶음으로 충분히 아름다울 수 있지 않을까 하는 그
야말로 '전위적인' 생각을 처음으로 해낸 것이다.

칸딘스키의 생각이 전위적이라는 사실은 그때까지는 작품의
주제와 대상의 형태가 미술의 핵심적 요소였음을 떠올릴 때 비
로소 드러난다. 그가 참된 아름다움은 오히려 그 같은 것들—예
컨대 종교화에서 수염 기른 예수의 근엄한 얼굴, 인물화에서 여

V.

인의 풍만한 몸매, 정물화에서 먹음직한 과일—이 제거되었을
때, 비로소 선과 색으로만 드러난다는 각성을 한 것이다. 그러나
이런 각성이 오늘날 우리가 말하는 추상미술로 이어지기까지는
15년이라는 적지 않은 숙성의 시간이 걸렸다. 칸딘스키가 1910
년에 그린 수채화 〈무제〉가 작품의 주제와 대상의 형태를 제거
하고 선과 색만으로 그린 최초의 추상미술 작품이다.

　홍미로운 사실은, 추상미술의 이 같은 본질에 관한 뛰어난 표

바실리 칸딘스키, 〈무제〉, 1910　　　　　　　　그림 8

현을 플라톤의 대화록《필레보스》에 실린 소크라테스와 프로타르코스의 대화에서 찾아볼 수 있다는 것이다. 칸딘스키가《필레보스》를 읽어보았는지 아닌지는 모른다. 그러나 만일 보았다면 무릎을 '탁' 치며 경탄했을 것이라 생각한다. 플라톤이 2,400년 전에 이미 소크라테스의 입을 빌려 칸딘스키가 깨달은 추상미술의 원칙들을 조목조목 나열해놓았기 때문이다. 정말인지, 확인해보자.

프로타르코스　그런데 어떤 즐거움을 참된 즐거움으로 보아야 할까요, 소크라테스 선생님?

소크라테스　이른바 아름다운 색깔들, 형태들, 대부분의 향기나 소리, 간단히 말해 그것들의 결핍은 느낄 수 없고 괴롭지 않지만, 그것들의 충족은 느낄 수 있는 즐거움과 관련된 모든 즐거움일세.

프로타르코스　소크라테스 선생님, 그게 정확히 무슨 뜻인가요?

소크라테스　내가 말하는 것은 당장에는 아주 분명하지 않겠지만, 설명해봐야겠지. 내가 말하는 형상의 아름다움이란 많은 사람들이 예상함 직한 생명체나 그것을 재현해놓은 그림의 아름다움을 뜻하는 것이 아닐

세. 내가 말하는 것은 우리의 논의에 따르면 오히려 직선과 원, 또는 컴퍼스나 목수의 자, 직각자로 만들어낼 수 있는 평면과 입체들일세. 자네도 아마 이해하겠지. 나는 그런 것들의 아름다움은 다른 것들의 아름다움처럼 상대적인 것이라 주장하지 않네. 그런 것들은 본성상 언제나 아름다우며, 가려운 곳을 긁는 것과는 전혀 다른 즐거움을 제공한다네. 또한 빛깔 중에도 그런 특성을 지닌 것들이 있네. 어떤가? 내 말을 이해하겠는가?

프로타르코스 이해하려고 노력하고 있습니다만, 소크라테스 선생님, 좀 더 분명하게 설명해주세요.

소크라테스 좋네. 내 말은 부드럽고 맑은 소리 가운데 하나의 순수한 가락[音調]을 내는 소리들은 어떤 다른 것과의 관계에서 아름다운 것이 아니라, 그 자체로 아름다운 것이며, 본성상 그것들에 속하는 즐거움을 수반한다는 뜻일세.

—《필레보스》, 51b~d

보라! 소크라테스는 "아름다움이란 많은 사람들이 예상함 직한 생명체나 그것을 재현해놓은 그림의 아름다움을 뜻하는 것이 아니라"며, 그것은 "오히려 직선과 원, 또는 컴퍼스나 목수의 자, 직각자로 만들어낼 수 있는 평면과 입체들"에서 나오는 것이라 하지 않는가. 그것은 마치 순수한 음악이 어떤 주제를 표현해서가 아니라 그 자체로 아름다운 것과 같다고 하지 않는가. 그리고 그것은 "가려운 곳을 긁는 것과는 전혀 다른 즐거움을 제공한다"고 하지 않는가.

여기에서 우리는 20세기 추상화가들이 작품의 주제와 대상의 형태의 '제거'를 회화에서 구현하게 된 이유와 만나게 된다. 그것은 '제거'가 단순히 추상미술의 표현기법이 아니라 본질이라는 사실이다. 요컨대 '아름다움의 이데아'는 우리가 감각기관을 통해 보고 만질 수도 있는 '가시적可視的 세계'가 아니라 단지 정신을 통해서만 알 수 있는 '가지적可知的 세계'에 영원불변하고 온전하게 존재한다는 것이다.

플라톤은 그 영원불변하고 온전하게 존재하는 대상을 '참으로 있는 것on tos on'이라고 했고, 20세기 초 추상화가들은 그것을 '리얼리티reality'라고 불렀다. 따라서 우리가 감각적으로 느끼는 세상 만물의 아름다움은 영원불변하고 온전한 이데아의 그림자에 불과하다는 것, 그래서 아름다움 자체에 도달하려면 그 같은 감각적 요소를 모두 제거해야 한다는 것이 소크라테스에서 시작해 플라톤을 거쳐 플로티노스로 이어진 신플라톤주의 미학의 기본틀이다.

칸딘스키를 비롯한 일군의 러시아 추상화가들은 신플라톤주의 영향을 강하게 받은 러시아 정교회Russian Orthodox Church와 신지학theosophy*을 통해—직접적으로 또는 간접적으로, 의식적으로 또는 무의식적으로—신플라톤주의 미학을 받아들였다. 그들이 대상의 형태를 제거하고 주로 기하학적 모형을 그린 것이나, 그들의 그림에 작품의 주제를 제목으로 정하는 관례를 거부하고, 아예 '무제'이거나 종종 '무의미한 제목'을 붙이는 것은 그래서라고 보아야 한다.

한마디로 20세기 초 추상화가들은 그때까지 회화의 본질로 여겨졌던 대상의 형태와 작품의 주제를—각각 나름의 방법으로—제거함으로써 대상의 리얼리티를 화폭에 극단적으로 구현했다고 할 수 있다. 그런 만큼 우리 생각에는 여기에서 무엇을

---

* 칸딘스키, 말레비치, 몬드리안을 비롯한 20세기 초 추상화가들이 신지학神智學에 심취했다는 것은 널리 알려진 사실이다. 신약성서 고린도전서 2장 6~7절에 처음 나오는 신지학이라는 말은 어원적으로 그리스어로 신神을 뜻하는 'theo'와 지혜를 의미하는 'sophia'의 합성어다. 내용적으로는 당연히 신학과 철학을 합성해놓은 것이라 할 수 있는데, 서양에서는 신플라톤주의와 영지주의Gnosticism가 이에 속한다.

더 제거할 수 있을까, 여기에서 무엇을 더 추상화할 수 있을까 싶다. 그렇지 않은가? 그런데 여기에서도 한 걸음 더 나간 사람이 있었다. 우크라이나에서 출생한 구소련의 화가 카지미르 말레비치Kazimir Malevich, 1878~1935가 그다.

말레비치의 질대주의의 경우

1915년, 말레비치는 39점으로 구성된 비구상 작품들을 '러시아의 마지막 입체, 미래파 전시회 0.10'전에 선보였다. 〈검은 사각형〉은 그중 가장 급진적인 작품으로, 단지 하얀색 바탕에 오직 검은 사각형 하나가 있을 뿐이다. 이 작품을 보면, 그는 칸딘스키처럼 기하학적 추상을 통해 대상의 바탕에 깔려 있는 근원적 형태를 찾아내려 하지 않았다. 또 칸딘스키가 회화의 본질로 규정한 색마저 제거했다. 그는 대상의 모든 형태와 색을 제거하고 하얀 바탕에 검은 사각형 하나만 남김으로써 추상의 궁극적 한계에 도전했다. 그리고 자신이 도달한, 그리고 회화가 도달한 그 극단의 지역을 '절대주의Suprematisme'라고 이름 붙여 선포했다.

그런데 말레비치는 거기에서 그치지 않았다. 3년 후, 1918년에 제작한 〈절대주의 구성: 흰색 위의 흰색〉에서는 마침내 모

그림 9
〈검은 사각형〉, 1915

그림 10
〈절대주의 구성: 흰색 위의 흰색〉, 1918

든 추상 작업, 모든 제거 작업, 모든 분리 작업의 정점頂點, 나아
가 종점終點에 도전했다. 화폭에서 모든 가시적 대상을 없애버리
고, 검은색마저 제거함으로써 일체의 색을 제외한 것이다. 이 작
품을 일컬어 '절대주의의 논리적 종결점', '말레비치의 철학적 종
결점'이라 평가하는 사람들이 있는데, 수긍이 간다. 그렇지 않은
가? 더 이상의 제거, 더 이상의 추상화는 불가능하기 때문이다.
그래서 말레비치의 작품들이 '무無'를 형상화하였고, 금욕주의적
이며 종교적이라 평가하는 사람도 있다.

　여기에서 우리는 칸딘스키와 말레비치가 추상미술을 창작할

때 했던 은유적 사고를 다음과 같이 추적해볼 수 있다. 아방가르드가 원관념이고, 그것의 본질이 '기성 예술에 대한 반항', '기성 예술의 본질 제거'이며, 그것을 회화에서 형상화한 것이 칸딘스키와 말레비치를 비롯한 20세기 초 추상미술가들의 작품이다. 그 과정에서 이끌어낸 기법이 작품의 주제 제거, 대상의 형태 제거, 색 제거다. 그렇다면 우리는 다음과 같이 도식화할 수 있다.

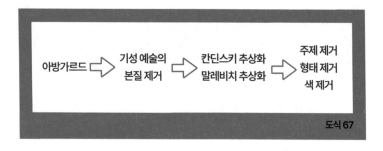

만일 당신이 로버트 들로네, 블라디미르 타틀린과 같은 러시아 추상화가나 피터르 몬드리안, 반 되스부르크, 얀 아르프, 파울 클레와 같은 서구 추상화가들의 작품을 분석해본다면, 그것들도 〈도식 61〉에 제시된 '예술사조의 일반적 은유 도식'을 따른다는 것을 확인할 수 있을 것이다. 이는 당신이 칸딘스키와 말레비치의 작품을 분석해 도식화하면서 아방가르드 작품들에 대한

폭넓은 이해를 이미 얻었다는 뜻이다. 그래서 말인데 이 12장을 마치며 당신에게 당부하고 싶은 것이 있다.

앞에서 아돌프 로스가 내세운 건축에서의 무장식주의, 쇤베르크와 그의 제자들이 시도한 '무조음악', 마르셀 프루스트, 제임스 조이스, 그리고 버지니아 울프가 시도했던 '의식의 흐름'도 역시 아방가르드 작품에 속한다고 했다. 그렇다. 이들 모두가 자신의 분야에서 그간 본질로 인정되고 전승되어오던 내용을 거부 또는 제거함으로써 새로운 예술사조를 개척했다는 점에서 전위적이다. 그래서 이번에는 당신이 이것들을 분석해 도식화해보라는 것이 당신에게 하고 싶은 당부다.

어렵지 않을 것이다. 당신은 이미 칸딘스키와 말레비치의 추상화를 통해 현대의 예술사조인 아방가르드를 은유 패턴에 맞춰 분석해 도식화한 것을 살펴보았기 때문이다. 그렇지 않은가? 그럼에도 노심초사하는 마음에서 약간의 정보를 부록으로 제공하고자 한다. 따라서 만일 필요 없다고 느끼는 경우 이하의 내용은 읽지 않아도 좋다.

무장식주의, 무조음악, 의식의 흐름[25]

아돌프 로스Adolf Loos, 1870~1933는 20세기 초 추상화가들이 회화에서 한 일을 건축에서 구현했던 인물이다. 칸딘스키가 기성 회화에서 본질에 속하는 주제와 형태를 제거했듯이, 로스는 일상적 도구와 예술품을—로스 스스로 쓴 예를 빌리자면, '요강'과 '도자기'를—구분하고, 일상적 도구인 건물과 가재도구 설계에 나타나는 모든 형태의 장식을 제거하려고 했다. 그럼으로써 건축설계의 본질인 유용성과 기능성을 되찾자는 것이다.

이 말을 정확히 이해하려면 세기말 빈 부르주아 계층의 취향과 그 뒤를 이은 아르누보 양식에 맞춘 당시 건축물에 대한 이해가 전제되어야 한다. 미국 태생의 철학자 앨런 재닉Allan Janik과 영국의 저명한 철학자 스티븐 툴민Stephen Toulmin이 쓴《빈, 비트겐슈타인, 그 세기말의 풍경》에는 당대 부르주아 계층의 전형적인 저택을 묘사한 어느 비평가의 다음과 같은 글이 소개되어 있다.

그들의 저택은 생활 공간이 아니라 전당포나 골동품 가게였다. (⋯⋯) 아무런 의미도 없는 장식품들에 미치는 사람들이 있었다. (⋯⋯) 나선형 무늬, 소용돌이 무늬, 당초 문양 따위가 더 많이 들어

갈수록, 색깔이 더 야단스럽고 노골적일수록 그 디자인은 훨씬 더 성공적이었다. 사정이 그러하니 유용성이나 용도에 대한 고려는 확실히 결여되어 있었다. 그 집은 순전히 보여주기 위한 것이었다.**26**

로스가 보기에 당시 건물과 가재도구의 설계에 나타난 '장식'은 빈 부르주아 계층의 허위의식이다. 로스의 설계 원칙은 건축물에서 "기능적으로 필수 불가결한 것들"만 남기고 모든 비본질적 요소를 제거함으로써 극단적 단순화를 꾀하는 것이었다.

로스의 무장식주의

1909년에 출간된 로스의 책 《장식과 범죄Ornament und Verbrechen》가 제목에서 보여주듯이, 로스는 장식을 심지어 범죄로 여겼다. 그의 주장을 '무장식주의'라고 부르는 것이 그래서인데, 로스에게 건축이나 가재도구의 설계는 예술이 아니다. 그것들은 특정한 유용성과 용도를 위해 만들어지는 것이기 때문에, 예술적 양식이 아니라 '삶의 양식the mode of life'을 따라 설계되어야만 한다는 것이다.* 로스가 설계한 건축물들을 당시 빈의 건축물들과 나란히 놓고 비교해보면 그가 주장하는 것이 무엇인지 한눈에 드러난

예술과 은유

A는 슈타이너 하우스, B는 빌라 토스카나,
C는 뮐러 하우스, D는 스톤보로 하우스.

사진 15

다. 〈사진 15〉를 보자.

〈사진 15〉의 A는 로스가 화가 릴리 슈타이너와 그녀의 남편
휴고 슈타이너를 위해 설계한 빈에 있는 '슈타이너 하우스Steiner
House, 1910'이고, B는 철학자 루트비히 비트겐슈타인의 둘째 누나

---

* 로스의 용어인 '삶의 양식the mode of life'이라는 말은 "하나의 언어를 머리에 떠올린
다는 것은 하나의 삶의 양식을 떠올리는 것이다"라는 아포리즘으로 대변되는, 비트겐
슈타인의 후기 철학의 핵심인 언어게임language game 이론에 기반이 되었다.

인 마르가레테 스톤보로-비트겐슈타인의 저택 '빌라 토스카나 Villa Toscana'다. 마치 경기도 어디쯤에 요즈음 세워지고 있는 전원 주택 같은 로스의 슈타이너 하우스와 장식이 많은 세기말 빈의 대저택 빌라 토스카나를 비교해보면, 건축은 "예술적 양식이 아니라 삶의 양식을 따라 설계되어야만 한다"라는 로스의 말이 무엇을 뜻하는지 알 수 있다.

1926년 로스는 우리가 시리즈 1권에서 살펴본 초현실주의 시인 트리스탕 차라의 집을 파리에 세우기도 했는데, 〈사진 15〉의 C는 역시 로스가 건축회사 카프사 & 뮐러의 공동 소유주인 프란티셰크 뮐러를 위해 설계해 프라하에 지은 '뮐러 하우스Müller House'이고, 그 오른편은 로스의 제자인 파울 엥겔만과 루트비히 비트겐슈타인이 함께 설계해 지은 마르가레테의 새로운 집인 '스톤보로 하우스Stonborough House, 1928'이다.

로스의 무장식주의와 비트겐슈타인의 형식논리학의 결정체라 할 수 있는 스톤보로 하우스가 당시 사람들 눈에 얼마나 전위적으로 보였는지는, 비트겐슈타인의 큰누나 헤르미네 비트겐슈타인이 이 건물에 대해 한 말을 들어보면 알 수 있다.

이 집을 처음 보고 저는 아주 감탄했지만, 한시도 이곳에서 살고 싶지도 않고 또 살 수도 없다고 생각했습니다. 정말이지 이 집은 나 같은 보잘것없는 인간보다 신들을 위한 숙소처럼 보입니다. (……) 나는 이 집을 처음 보자마자, 내가 '논리학을 구현한 저택'이라고 이름 지은 이 집에 대하여, 이 완벽한 기념비적인 작품에 대하여, 어렴풋이 생겨난 내적인 부담감을 먼저 극복해야 했습니다.

당시 건축 설계의 핵심이었던 장식을 모두 제거하고 기능성과 유용성을 극대화한 로스의 무장식주의는 이후 발터 그로피우스Walter Gropius가 이끄는 독일의 아방가르드 집단 바우하우스Bauhaus로 이어져 '현대 건축양식'이라는 이름으로 불렸고, 현대 건축의 거장이라 불리는 르 코르뷔지에, 미스 반데어로에, 프랭크 로이드 라이트, 루이스 칸 등이 그 영향을 받았다. 그리고 100년이 지난 오늘날에는 거리 어디에서나 볼 수 있는 일반적 건축양식이 되었다.

  자, 그럼 어떤가? 당신도 이제 로스의 무장식주의를 앞에서 소개한 아방가르드 은유 패턴에 맞춰 분석해 도식화할 수 있지 않을까? 한번 해보길 바란다. 우리 저자들은 다음과 같이 해보았는데 아마 당신이 만든 도식도 다음과 같거나 유사할 것이다.

아방가르드 ⇨ 기성 예술의 본질 제거 ⇨ 로스의 건축 (무장식주의) ⇨ 장식의 제거 기능성의 극대화

도식 68

쇤베르크의 무조음악

아르놀트 쇤베르크Arnold Schönberg, 1874~1951의 무조음악은 바흐 이후 작곡가들이 음악의 본질로 취급해오던 조성tonality을 오히려 음악의 본질을 해치는 것으로 간주하고 제거했다는 점에서 전위적이다. 그가 보기에 19세기를 풍미하던 바그너, 브루크너, 슈트라우스, 말러와 같은 낭만주의 작곡가들은 화성을 과도하게 사용했다. 따져보면 화성은 피타고라스 이후 서양음악의 전통이고, 화성적 조성은 요한 제바스티안 바흐 이후 근대 서양음악 형식의 기반이다. 그러나 이들이 과도한 장식음과 음화音畫, musikalisches Bild(음악으로 특정한 대상이나 정경을 회화적으로 묘사하는 기법)를 사용함으로써 음악의 본질을 해친다는 것이 쇤베르크의 생각이었다.

예술과 은유

343

프랑크푸르트학파의 수장이었던 독일의 철학자 테오도어 아도르노Theodor Adorno, 1903~1969가 《신新음악의 철학》에서 자신의 이데올로기 비판론인 '계몽의 변증법Dialektik der Aufklärung'을 도입해 쇤베르크의 음악을 해석했는데, 흥미롭다. 아도르노가 보기에는, 쇤베르크에게 조성이란 음악의 본질이 아니라 "음악적 합리화 과정의 전개"에 불과하다. 그것은 단지 음악이 '인간화 또는 사회화되는 과정에서 생긴 부산물'이다. 따라서 그것은 "역사적으로 형성된 것", "역사적으로 발원한 것", "역사적으로 진행된 것", 그래서 "지나가는 것"일 따름이라는 이야기다.[27]

그런데 이게 도대체 무슨 말일까? 설명이 필요한데, 귀띔을 하나 주자면, 당신이 지금 회화에서 원근법이 무슨 일을 하는가를 떠올리면 아도르노의 말을 이해하는 데 도움이 될 것이다. 자, 회화에서 원근법이란 무엇이던가? 당신도 알다시피 원근법은 3차원으로 구성되는 자연을 2차원 평면에서 구현하기 위해 개발된 회화기법이다. 즉, 원근법이란 자연을 인간의 눈에 보이는 대로 묘사하는 인위적이고 폭력적인 기법이다. 그리고 그것은 인간중심주의가 부활하던 르네상스 시대에 개발되었다.

그러니 원근법은 아도르노식으로 표현하자면, 회화의 본질이 아니고 '회화적 합리화 과정의 전개'에 불과하며, 회화가 '인간

화 내지 사회화되는 과정에서 생긴 부산물'이자 르네상스 시대
에 '역사적으로 발원, 형성, 진행된 것'일 뿐이다. 그래서 폴 세잔
을 비롯한 인상주의 화가들과 그 이후 칸딘스키, 몬드리안과 같
은 추상화가들이 원근법을 회화에서 제거했던 것이다. 이와 마
찬가지로 쇤베르크는 조성을, 음악이 '인간화 내지 사회화되는
과정에서 생긴 부산물'이자 '역사적으로 형성된 것', '역사적으로
발원한 것', '역사적으로 진행된 것'으로 간주하고 제거했다는 것
이 아도르노의 생각이다.

칸딘스키의 친구이자 동료이기도 했던* 쇤베르크는 오스트
리아의 수도 빈에서 구두공의 아들로 태어나 거의 독학으로 작
곡가, 음악이론가, 화가, 교사, 작가가 된 천재적이고 다재다능
한 인물이었다. 특히 그는 20세기 가장 혁명적인 작곡가이자 영
향력 있는 음악이론가인데, 그가 음악에서 이루려 했던 혁명은
조성에서의 해방, 즉 선율melody이나 화성harmony이 하나의 음(으뜸
음)을 중심으로 종속적으로 진행하는 음악의 전통을 부정하고,

---

* 1911년 12월 18일 독일 뮌헨의 탄하우저 화랑에서 칸딘스키, 마르크, 클레 등이 이끄
는 청기사파靑騎士派, Der Blaue Reiter 화가들의 첫 번째 전시회가 열렸다. 이 전시회에 쇤베
르크의 그림도 함께 걸렸다. 쇤베르크는 표현주의 회화운동에도 적극 참여한 수준급 화
가였다.

한 옥타브 안에 존재하는 12개의 음*들을 모두 자유롭게 해방시키는 것이었다.

쇤베르크가 창시한 이 새로운 음악의 가능성을 무조無調, atonality 또는 12음 기법dodecaphony이라 부르는 것이 그래서다. 정리하자면, 쇤베르크는 칸딘스키가 회화에서, 로스가 건축에서 시도했던 작업, 곧 기성 예술을 지배했던 요소를 부차적인 것으로 간주해 제

칸딘스키, 〈인상 III − 콘서트〉, 1911   그림 11

---

* 한 옥타브는 12개 음(도, 레, 미, 파, 솔, 라, 시, 도#, 레#, 파#, 솔#, 라#)으로 구성되어 있다. 피아노 건반이 7개는 하얀 건반(도, 레, 미, 파, 솔, 라, 시)이고 5개는 검은 건반(도#, 레#, 파#, 솔#, 라#)인 것이 그래서다.

거하고 그 본질을 드러내려는 작업을 음악에서 감행했다.

〈그림 11〉은 칸딘스키의 〈인상 III – 콘서트〉(1911)인데, 칸딘스키가 쇤베르크의 콘서트에서 처음으로 들은 무조음악 〈세 개의 피아노 소품, Op. 11〉(1909)을 듣고 받은 인상을 화폭에 옮긴 것이다. 어떤가? 원근법을 무시한 이 작품이 조성을 제거한 음악을 표현하는 데에 적합하다는 생각이 들지 않는가? 만일 그렇게 생각된다면, 당신은 아방가르드 예술의 본질을 간파한 것이다. 그럼, 역시 쇤베르크의 무조음악도 앞에서 소개한 아방가르드 은유 패턴에 맞춰 도식화해보길 바란다. 우리는 다음과 같이 해보았다.

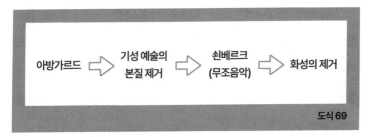

도식 69

의식의 흐름과 부조리극

제1차 세계대전 전후에는 문학에서도 아방가르드 바람이 거세게 불었는데, 그 중심에 마르셀 프루스트, 제임스 조이스, 그리고 버지니아 울프 등이 서 있었다. 이 작가들은 인간의 본질을 드러내기 위해 의식의 흐름이라는 실험적 기법을 개발해 사용함으로써 기존의 소설에서 사건을 이끌고 가는 핵심 요소인 '순차적인 시간의 흐름'을 해체했다. 그럼으로써 소설이 외적 사건보다 인간의 내적 실존과 본질을 드러내는 데 집중하게 했다.

한 세대 건너 활동한 아일랜드 출신의 프랑스 극작가 사뮈엘 베케트Samuel Beckett, 1906~1989는 한발 더 나아갔다. 그는 희곡에서 순차적 시간의 흐름뿐 아니라 극을 구성하는 기본 요소를 제거하는 기법을 자주 사용했다. 그에게는 연극을 지배해온 기존의 기법과 양식들이 모두 '인간화 또는 사회화되는 과정에서 생긴 부산물'이자 '역사적으로 형성된 것'에 불과했던 것이다. 그래서 그것들을 제거했는데, 베케트에게 노벨문학상을 가져다준 《고도를 기다리며》가 대표적 예다.

당신도 잘 아는 이 작품에서 베케트는 기존의 극에서 필수적으로 설정되어 관객에게 이해를 주는 시간적 배경, 공간적 배경,

인물의 성격, 그리고 도입→상승→절정→반전→하강→파국으로 전개되는 사건의 구성 등을 모두 제거했다. 그래서 이 연극을 보는 관객들은 언제, 어디서, 어떤 성격의 인물이, 어떤 사건을 전개하는지 전혀 알 수 없다. 무대에는 시간의 흐름과 공간의 변화가 없고, 일어나는 사건이 없고, 인물들에게는 성격이 없다. 그렇기 때문에 평론가들은 베케트의 연극을 '부조리극' 또는 '반反연극', '전위극Avant-garde Theater'으로 분류하는데, 그것 역시—프루스트, 조이스, 울프의 의식의 흐름이 그렇듯이—인간의 본질을 밝히기 위해서 베케트가 새로이 고안한 장치다.

　베케트가 파악하고자 했던 인간의 본질은 어떤 특별한 시간, 공간, 성격, 사건을 통해 드러나는 개별적 인간의 그것이 아니라 모든 인간에게, 곧 인류에게 공통적이고 근원적이면서 보편적인 어떤 것이다. 프랑스 철학자 알랭 바디우Alain Badiou는 《베케트에 대하여》에서 이것을 '유類적인 것le générique' 또는 '유적인 인류의 본질'이라고 이름 지어 불렀는데, 그것을 탐색하기 위해 베케트가 동원한 수법이 "엄격한 경제성(절약)의 원칙에 의해", 작품에서 "정황상 장식으로 여겨지는 모든 것, 부수적인 유희에 해당하는 모든 것"을 제거하는 것이다.

　바디우는 베케트가 시도한 이 제거 작업을 '감산減算'이라 이름 붙이고, 이에 대해 다음과 같은 설명을 덧붙였다.

장식들의 감산은 베케트의 '소설들' 안에서 그 내적인 메타포를 지닌다. 말하자면, 유적인 글쓰기의 픽션을 실재화하는 등장인물들은 텍스트 전체에 걸쳐 본질적이지 않은 술어들, 의복들, 대상들, 소유물들, 몸의 부위와 언어의 단편들을 잃는다. 베케트는 빈번하게 유적인 기능들이 도래하기 위해 잃어야만 하는 것들의 목록을 작성한다. 그리고 그는 장식과 헛된 소유물을 불쾌한 수식어를 통해 기어코 우스꽝스러운 것으로 만든다. 그럼으로써 그는, 오로지 부수적이고 거추장스러운 것들을 잃어버리고 흩뜨릴 때만이 유적인 인류의 본질을 이해할 수 있다는 것을 지적하는 것이다.[28]

그렇다! 단단한 돌덩이 안에 갇혀 있는 사자를 풀어놓으려면 사자가 아닌 것들을 쪼아내야 하듯이, 어떤 대상에서나 어느 분야에서나, 본질적인 것은 항상 "장식과 헛된 소유물", "부수적이고 거추장스러운 것들"을 제거해야 비로소 드러난다. 이것이 아방가르드의 본질이다. 이런 관점에서 보면, 아방가르드의 본질은 독일의 문호 헤르만 헤세Hermann Hesse, 1877~1962가 《데미안》에서 만들어낸 "새는 알을 깨고 나온다"라는 아포리즘이 대변한다고 할 수 있다.

아방가르드는 또 다른 양식으로 지금도 계속되고 있고 또 앞으로도 계속될 것이다. 그러나 우리는 20세기 초 서구 문학에 나타난 아방가르드를 다음과 같이 도식화할 수 있다.

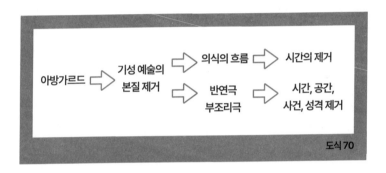

도식 70

이것으로 우리는 20세기 초에 미술, 건축, 음악, 문학에서 일어난 아방가르드 운동에 관한 정보를 대강 전했다. 그리고 각각을 도식화해 보여주었다. 이제 당신 차례다. 이 정보들을 기반으로 널리 알려진 또는 당신이 알고 있는 현대미술, 현대건축, 현대음악, 현대문학 작품들을 분석해 그 안에 들어 있는 은유적 사고를 은유 패턴에 맞춰 도식화하는 작업을 해보기 바란다.

그럼으로써 아방가르드라는 현대의 예술사조 전반에 대한 당신의 이해가 더 폭넓어질 것은 물론이거니와 예술작품에 관한 당신의 은유적 사고력이 더욱 향상될 것이다. 그것을 통해 당신 자신이 관심을 기울이는 분야에서—그것이 문학이든, 미술이든, 건축이든, 음악이든 아니면 제반 공연예술이든 불문하고— 창의적 작업을 수행하고 설득력 있는 설명을 할 수 있게 될 것이다. 그리고 무엇보다도 당신의 삶이 점차 풍성해질 것이다.

V.

연습이 거장을 만든다

사유가 행동을 바꾸고, 행동이 삶을 바꾸며, 삶이 세상을 바꾼다. 일찍이 독일의 시인이자 사상가였던 하인리히 하이네Heinrich Heine, 1797~1856가 선포했듯이 "사유는 행동이 되고자, 말씀은 육신이 되고자 노력하기 때문이다". 은유는 자신이 지닌 마술적 기능인 창의력을 통해 우리의 삶과 세상에 새로운 풍경과 전망을 열어 밝힘으로써 그것들을 만들고 또 바꾸어간다는 것이 이 책을 쓰는 내내 했던 생각이다.

잠시 돌아보자. 시리즈의 1권 《은유란 무엇인가》에서 우리는 칠레 출신 작가 안토니오 스카르메타가 쓴 《네루다의 우편배달부》의 주인공 마리오에게 은유가 무슨 일을 어떻게 했는가를 보았다. 첫째, "가진 것이라고는 알량한 무좀균뿐인" 마리오가 은유를 통해 아름다운 여인을 아내로 얻었고 둘째, 장모가 운영하는 식당 주방에서 보조 요리사로 일하던 그가 삶과 자연의 아름다움을 깨달아 시인이 되었으며 셋째, 시간이 날 때마다 기껏해야 자전거를 몰아 시내로 나가 버트 랭커스터와 도리스 데이가 나오는 영화를 보는 것이 유일한 낙이었던 그가 세상을 보는 눈을 갖게 되어 참세상을 만드는 꿈을 품게 되었다.

한마디로 마리오는 삶에서 값있고 소중한 것들을 모두 은유를 통해 얻었고 전혀 새로운 사람으로 다시 태어났다. 그래서 우리는 마리오에게 일어난 일이 우리 자신에게도 일어나길 바라며, 시리즈의 2권인 이 책의 1, 2, 3, 4부에서 시와 노랫말, 동시와 동요 그리고 광고에 들어 있는 은유적 표현들을 분석해 도식화해보고, 또 빈칸-채우기를 통해 그것들을 스스로 만드는 훈련을 함께 해보았다. 지면이 한정된 탓에 충분하지는 않았지만 우리가 어떤 식으로 은유적 사고력을 기를 수 있으며, 또 그것을 통해 어떻게 시와 노랫말을, 그리고 동시와 동요를 지을 수 있고 또 광고를 만들 수 있는가를 눈치채는 데에는 부족함이 없었으리라 믿는다.

그리고 5부에서는 우리 삶에서 자주 접하는 또는 접할 수 있는 예술작품들을 분석해 도식화하는 작업을 통해 은유적 사고

v.

력과 분별력을 기르는 훈련을 해보았다. 그 과정에서 한 시대를 풍미한 시대정신 내지 예술사조를 지배하는 은유적 사고를 찾아내, 그에 속하는 개별 작품을 분석하는 작업도 해보았다. 역시 한정된 지면 탓에 조형예술을 중심으로 살펴볼 수밖에 없었지만, 은유적 사고가 예술에서 어떤 일을 어떤 방식으로 하는가를 전하는 데에는 충분했으리라 생각한다.

어쩌면 이 책에서 우리가 함께 진행한 실습과 훈련은 당신을 은유가 만드는 풍경과 전망으로 아름다운 섬에 실어다 줄 배가 아니라 그 섬의 위치가 어디인지 가르쳐주는 한 장의 지도에 불과한지도 모른다. 그게 아니라면, 그곳으로 가는 배를 젓는 법을 가르치는 훈련소였을 것이다. 그러니 은유가 만드는 풍요로운 삶을 향해 배를 저어 나아가는 일, 그럼으로써 언젠가 풍경과 전망이 아름다운 섬에 도달해 의미 있는 삶을 사는 일은 이제 오롯이 당신에게 맡겨져 있다. 그래서 이 책을 마치며, 당신에게 들려주고 싶은 독일 속담이 하나 있다. "연습이 거장匠匠을 만든다 Übung macht den Meister!" 당신이 은유와 삶의 장인이 되길, 우리는 바란다.

주

들어가는 말

1 유제프 차프스키, 류재화 옮김, 《무너지지 않기 위하여》, 풍월당, 2021, 13쪽.

I. 시와 은유

1 험프리 키토, 박재욱 옮김, 《고대 그리스, 그리스인들》, 갈라파고스, 2008, 85쪽 참조.

2 데이비드 A. 수자 엮음, 이찬승·김미선 옮김, 《마음·뇌·교육》, 한국뇌기반교육연구소, 2014, 139쪽 참조.

3 같은 책, 163~164쪽.

4 같은 책, 139~143쪽 참조.

5 같은 책, 118~120쪽 참조.

6 로버트 & 미셸 루트번스타인, 박종성 옮김, 《생각의 탄생》, 에코의서재, 2007, 101~102쪽.

7 앙드레 보나르, 김희균 옮김, 《그리스인 이야기》 1권, 책과함께, 2011, 158쪽.

8 같은 책, 160쪽.

9 이에 대한 보다 자세한 내용은 문광영의 《시 작법의 논리와 전략》(개미, 2017) 제13장 '시의 유형'에서 찾아볼 수 있다. 문광영은 이 책에서 시를 네 유형으로 구분한다. 설명시, 논증시, 묘사시, 경험시이다.

II. 동시·동요와 은유

1 허버트 긴즈버그·실비아 오퍼, 김정민 옮김, 《피아제의 인지발달이론》, 학지사, 2006, 48~51쪽 참조.

IV. 광고와 은유

1 하루야마 유키오, 강승구·김관규·신용삼 옮김, 《서양 광고 문화사》, 한나래, 2007, 32~33쪽 참조.

2 같은 책, 50~51쪽 참조.

3 같은 책, 56쪽 참조.

4 같은 책, 58쪽.

5 같은 책, 40~45쪽 참조.

6 같은 책, 67~96쪽 참조.

7 같은 책, 474쪽 참조.

8 엄창호, 《광고의 레토릭》, 한울아카데미, 2004, 158쪽 참조.

9 하루야마 유키오, 《서양 광고 문화사》, 28~29쪽 참조.

10 같은 책, 47쪽.

11 새뮤얼 노아 크레이머, 박성식 옮김, 《역사는 수메르에서 시작되었다》, 가람기획, 2007, 347쪽.

12 수사법에 관한 자세한 설명은 김용규, 《생각의 시대》(김영사, 2020), 3부 5장 '레토리케—수사'에서, 그리고 같은 저자의 《설득의 논리학》(웅진지식하우스, 2020), 1장 '소크라테스의 광고 전략'과 2장 '셰익스피어 씨! 논리학을 좀 아세요?'에서 찾아볼 수 있다.

13 이에 대한 자세한 내용은 《생각의 시대》, 401~410쪽, '역사를 움직인 두 연설'을 참조하기 바란다.

14 예증법, 생략삼단논법, 대증식, 연쇄삼단논법은 대표적인 논증적 수사다. 이에 대한 자세한 내용은 《생각의 시대》, 416~445쪽을 참조해 익혀 유용하게 사용하길 바란다.

15 파스칼 피크·베르나르 빅토리·장 루이 데살, 이효숙 옮김, 《언어의 기원》, 알마, 2009, 110~113쪽 참조.

16 조너선 갓설, 노승영 옮김, 《스토리텔링 애니멀》, 민음사, 2014, 93쪽 참조.

17 같은 책, 166쪽 참조.

18 같은 책, 124쪽.

19 조나 삭스, 김효정 옮김, 《스토리 전쟁》, 을유문화사, 2013, 27~35쪽 참조.

20 이에 대한 자세한 내용은 《생각의 시대》, 300~309쪽에서 볼 수 있다.

V. 예술과 은유

1 로버트 & 미셸 루트번스타인, 《생각의 탄생》, 91~92쪽에서 재인용.

2 같은 책, 74쪽.

3 같은 책, 같은 곳.

4 같은 책, 94쪽.

5 같은 책, 95쪽.

6 같은 책, 47쪽.

7 에케하르트 캐멀링 편집, 이한순·노성두·박지형·송혜영·홍진경 옮김, 《도상학과 도상해석학》, 사계절, 1997, 6~7쪽 참조.

8 같은 책, 5쪽.

9 한국문학평론가협회, 《문학비평용어사전》 상, 국학자료원, 2006, 487~488쪽 참조.

10 에르빈 파노프스키, 이한순 옮김, 《도상해석학 연구》, 시공사, 2002, 23~30쪽 참조.

11 같은 책, 29쪽.

12 에르빈 파노프스키, 임산 옮김, 《시각예술의 의미》, 한길사, 2013, 192~202쪽 참조.

13 같은 책, 194쪽.

14 같은 책, 195쪽.

15 같은 책, 같은 곳 참조.

16 같은 책, 195쪽.

17 조철수, 《유대교와 예수》, 길, 2002, 64쪽 참조.

18 필립 샤프, 이길상 옮김, 《교회사 전집》 3권, 크리스천다이제스트, 2004, 159쪽 참조.

19 같은 책, 158쪽 참조.

20 케네스 클라크, 이재호 옮김, 《누드의 미술사》, 열화당, 1982, 310쪽 참조.

21 자세한 내용은 김용규, 《신》(IVP, 2018), 32~35쪽을 보라.

22 요한 요아힘 빙켈만, 민주식 옮김, 《그리스 미술 모방론》, 이론과실천, 1995, 28쪽 참조.

23 이에 대한 보다 자세한 설명은 김용규, 《소크라테스 스타일》(김영사, 2021), 335~354쪽(11장 '미켈란젤로, 칸딘스키—제거')에서 볼 수 있다.

24 로즈메리 람버트, 이석우 옮김, 《20세기 미술사》, 열화당, 1986, 40쪽 참조.

25 '무장식주의', '무조음악'과 '의식의 흐름'이 지닌 아방가르드적 성격에 대한 자세한 설명은 《소크라테스 스타일》, 376~402쪽에서 찾아볼 수 있다.

26 앨런 제닉·스티븐 툴민, 석기용 옮김, 《빈, 비트겐슈타인, 그 세기말의 풍경》, 이제 이북스, 2005, 154~156쪽.

27 노명우, 《계몽의 변증법을 넘어서─아도르노와 쇤베르크》, 문학과지성사, 2002, 278~279쪽 참조.

28 알랭 바디우, 서용순·임수현 옮김, 《베케트에 대하여》, 민음사, 2018, 12쪽.

주요 도판 저작권

사진 14 © Association Marcel Duchamp / SACK, Seoul, 2023

북클럽 은유 2

은유가 만드는 삶

지은이   김용규·김유림

2023년 4월 21일 초판 1쇄 발행

책임편집   김창한 남미은
기획편집   선완규 김창한
마케팅   신해원
디자인   형태와내용사이

펴낸곳   천년의상상
등록   2012년 2월 14일 제2020-000078호
전화   031-8004-0272
이메일   imagine1000@naver.com
블로그   blog.naver.com/imagine1000

© 김용규·김유림 2023

ISBN   979-11-90413-51-0 04100
          979-11-90413-49-7 (세트)

.